# Grammaire allemande

LAROUSSE

© Larousse 2015
21, rue du Montparnasse
75283 Paris Cedex 06
France
www.larousse.fr

ISBN 978-2-0-3588076-5

Direction de la publication
Carine Girac-Marinier

Direction éditoriale
Claude Nimmo

Édition
Beata Assaf

Rédaction
Hella Straubel

Relecture
Marie Gabiache

Informatique éditoriale
Dalila Abdelkader

Direction artistique
Uli Meindl

Conception de la maquette
Sophie Rivoire

Mise en page
Jérôme Faucheux

Fabrication
Marlène Delbeken

# Avant-propos

Cette nouvelle *Grammaire allemande* a été conçue comme un dictionnaire couvrant, à travers plus de 100 fiches, toutes les notions grammaticales de l'allemand contemporain qui doivent être connues des non-spécialistes ou des personnes désireuses de perfectionner leur allemand.

On y présente, sur une ou plusieurs pages selon les fiches, l'essentiel de ce qui doit être retenu pour chacun des thèmes : un encadré introductif annonce ainsi les différents emplois de la notion traitée qui sont ensuite clairement illustrés par de nombreux exemples traduits systématiquement.

Au fil des pages, des encadrés contenant des mises en garde pointent les risques de confusion, les erreurs à éviter et toutes les astuces pour y remédier.

Une liste de faux-amis, illustrée de nombreux exemples, permet également de déjouer les pièges de ces mots qui ressemblent à leurs homologues français.

Enfin, dans une dernière partie, un grand nombre d'exercices et de QCM progressifs, avec leurs corrigés, vous donneront l'occasion de mettre en pratique tout en vous amusant les règles énoncées dans le corps de l'ouvrage.

L'Éditeur

# Sommaire général

# Glossaire

| | |
|---|---|
| **abstrait** | Un nom abstrait est un nom qui ne désigne pas un objet physique ou une personne, mais une qualité ou un concept. *Bonheur*, *vie*, *longueur* sont des exemples de noms abstraits français. |
| **accord** | En allemand, les adjectifs, les articles et les pronoms s'accordent en nombre, en genre et en cas avec le nom ou le pronom auquel ils se rapportent. Ceci signifie que leur terminaison change suivant le **nombre** du nom (singulier ou pluriel), son **genre** (masculin, féminin ou neutre) et son **cas** (nominatif, accusatif, datif ou génitif). |
| **accusatif** | L'accusatif est le cas employé lorsqu'un nom ou un pronom (et leur(s) adjectif(s)) est le complément d'objet direct d'un verbe. Par exemple, dans les phrases *j'aime cette vieille ville* et *je le vois*, *cette vieille ville* et *le* sont des compléments d'objet direct, et en allemand, il faut les mettre à l'accusatif. On emploie aussi ce cas après certaines prépositions. On dit par exemple für mich (*pour moi*). ***Voir COMPLÉMENT D'OBJET DIRECT***. |
| **actif** | L'actif ou la voix active d'un verbe correspond aux phrases dont le sujet est considéré comme agissant : *mon père lave la voiture*. On l'oppose au passif : *la voiture est lavée par mon père*. ***Voir PASSIF***. |
| **adjectif défini** | Mot adjoint au nom pour le décrire ou le déterminer. Parmi les adjectifs on distingue les adjectifs qualificatifs (*une **petite** maison*), les adjectifs démonstratifs (***cette** maison*), les adjectifs possessifs (***ma** maison*), etc. |
| **adjectif indéfini** | Adjectif employé comme nom. Par exemple *les jeunes*, *le réel*, *le virtuel*, etc. De même en allemand, ein Neuer (*un nouveau*), das Beste (*le meilleur*), etc., sont des adjectifs substantivés. |

| | |
|---|---|
| **adverbe** | Les adverbes accompagnent le plus souvent un verbe pour ajouter une information supplémentaire en indiquant **comment**, **quand**, **où** et **avec quelle intensité** l'action est accomplie (adverbes de manière, de temps, de lieu et d'intensité) ou **dans quelle mesure** elle est accomplie (adverbes de quantité). Certains adverbes peuvent s'employer avec un adjectif ou un autre adverbe (par exemple *une fille **très** mignonne* ; *il y va **trop** souvent*). |
| **apposition** | On dit qu'un mot ou un groupe de mots est en apposition lorsqu'il est placé directement après un autre nom ou une autre proposition, sans y être relié par aucun mot (par exemple *M. Duclos*, ***notre directeur***, *a téléphoné ce matin*). |
| **article défini** | Les articles définis sont *le*, *la*, *les* en français, et der, die, das au singulier et die au pluriel en allemand. Les articles définis allemands sont déclinés selon leur cas. |
| **article indéfini** | Les articles indéfinis sont *un*, *une*, *des* en français et ein, eine, ein en allemand (il n'existe pas de forme au pluriel). Les articles indéfinis allemands sont déclinés selon leur cas. |
| **attribut** | Nom ou, le plus souvent, adjectif, relié au sujet ou au complément d'objet par le verbe *être* ou un autre verbe d'état. Par exemple : **meine Jacke ist** rot (*ma veste est **rouge***). En allemand, l'adjectif attribut reste toujours invariable, contrairement à l'adjectif épithète. *Voir aussi ÉPITHÈTE.* |
| **auxiliaire** | Les auxiliaires sont des verbes qui servent à former les temps composés ou à moduler d'autres verbes. En allemand, on distingue les auxiliaires de temps : haben (*avoir*), sein (*être*) et werden (*auxiliaire du futur et du passif*) et les auxiliaires de mode (ou verbes de modalité) : können, müssen, dürfen, mögen, sollen, wollen. |
| **cardinal** | Les nombres cardinaux sont *un*, *deux*, *trois*, etc. Ils expriment la quantité. On les oppose aux nombres ordinaux. *Voir ORDINAL.* |

| | |
|---|---|
| **cas** | Il existe quatre cas en allemand (***voir NOMINATIF, ACCUSATIF, GÉNITIF et DATIF***). Chaque cas entraîne une déclinaison bien particulière. |
| **collectif** | Un collectif est un nom qui désigne un groupe de personnes ou de choses, mais qui est au singulier. Par exemple, das Vieh (*le bétail*) et das Gepäck (*les bagages*) sont des noms collectifs. |
| **comparatif** | Le comparatif des adjectifs et des adverbes permet d'établir une comparaison entre deux personnes, deux choses ou deux actions. En français, on emploie *plus… que* (comparatif de supériorité), *moins… que* (comparatif d'infériorité) et *aussi… que* (comparatif d'égalité). |
| **complément d'objet direct** | Groupe nominal qui accompagne un verbe (= verbe transitif direct), sans préposition entre les deux. Par exemple, *j'ai rencontré* ***un ami***. Les pronoms peuvent aussi s'employer comme compléments d'objet direct : *je* ***l'****ai rencontré*. |
| **complément d'objet indirect** | Groupe nominal ou pronom qui accompagne un verbe (= verbe transitif indirect), normalement séparé de ce dernier par une préposition (en général *à* en français) : *je parle* ***à mon ami***. Vous noterez qu'en français comme en allemand, on omet souvent la préposition devant un pronom. Par exemple dans *je lui ai envoyé un cadeau*, le complément d'objet indirect *lui* est l'équivalent de *à lui*. |
| **conditionnel** | Mode verbal employé pour décrire ce que quelqu'un ferait ou ce qui arriverait si une condition était remplie. Par exemple : *je* ***viendrais*** *si j'étais en forme* ; *la chaise* ***se serait cassée*** *s'il s'était assis dessus*. Le conditionnel n'existe pas en allemand ; on utilise à la place le subjonctif prétérit. ***Voir SUBJONCTIF***. |

| | |
|---|---|
| **conjonction** | Les conjonctions sont des mots qui relient deux mots ou deux propositions. On distingue les conjonctions de coordination, comme *et*, *ou*, *or* ; et les conjonctions de subordination comme *parce que*, *après que*, *bien que*, qui introduisent une proposition subordonnée. ***Voir SUBORDONNÉE.*** |
| **datif** | Le datif est le cas employé en allemand lorsqu'un nom ou un pronom est le complément d'objet indirect d'un verbe. Par exemple dans **ich habe es** ihm **gegeben** (*je le **lui** ai donné*), ihm est au datif. Le datif est aussi employé après certaines prépositions ou certains verbes : mit mir (*avec moi*), hilf mir (*aide-moi*). ***Voir COMPLÉMENT D'OBJET INDIRECT.*** |
| **déclinaison** | La déclinaison des noms et des adjectifs est le système des terminaisons qu'ils prennent suivant leur cas, leur genre ou leur nombre. |
| **démonstratif** | Les adjectifs démonstratifs (*ce*, *cette*, *ces*, etc.) et les pronoms démonstratifs (*celui-ci*, *celui-là*, etc.) s'emploient pour désigner une personne ou un objet bien précis. |
| **déterminant** | C'est un mot qui détermine un nom. Ainsi les articles, les adjectifs démonstratifs, possessifs, indéfinis, numéraux, etc., sont des déterminants. |
| **épithète** | Adjectif ou nom qui n'est pas relié au nom par un verbe, par opposition à l'attribut. Par exemple, **ein** roter **Hut** (*un chapeau **rouge***). L'adjectif épithète allemand se place toujours devant le nom qu'il qualifie. ***Voir aussi ATTRIBUT.*** |
| **féminin** | ***Voir GENRE.*** |
| **génitif** | Le génitif est le cas qui s'emploie en allemand pour exprimer l'idée d'appartenance. Il s'agit le plus souvent d'un nom (ou groupe nominal) qui complète un autre nom. Il correspond en français à *de la*, *du*, *des* + nom. Par exemple, dans la phrase *la couleur de la voiture*, *de la voiture* serait au génitif en allemand. Autre exemple en allemand : **das Büro** seines Chefs (***le bureau** de son chef*). |

| | |
|---|---|
| **genre** | Le genre d'un nom indique s'il est **masculin**, **féminin** ou **neutre**. En allemand, le genre d'un nom n'est pas toujours déterminé par le sexe de la personne auquel il se rapporte, par exemple das Mädchen (*la fille*) est un nom neutre. |
| **idiomatique** | Les expressions idiomatiques sont des expressions qui ne peuvent normalement pas se traduire mot à mot dans une autre langue. Par exemple *il gèle à pierre fendre* se traduit en allemand par es friert Stein und Bein. |
| **impératif** | Mode employé pour donner des ordres (*mange !*), faire une suggestion (*allons-y !*) ou interdire quelque chose (*n'y va pas !*). |
| **indéfini** | Les adjectifs et les pronoms indéfinis sont des mots qui ne se rapportent pas à une personne précise ou à une chose définie (par exemple *quelques*, *rien*, *quelqu'un*). |
| **indicatif** | Mode qui énonce la réalité et permet de décrire l'action ou l'état de manière neutre : *j'aime* ; *tu viendras* ; *nous avons essayé*. Il s'oppose en français au subjonctif, au conditionnel et à l'impératif. |
| **infinitif** | Forme de base du verbe qui ne porte pas d'indication de personne. Ainsi *manger*, *finir*, *prendre* sont des infinitifs. En allemand, les infinitifs ont une terminaison en -n : leben, lächeln, ärgern, etc. |
| **infinitif substantivé** | Infinitif employé comme nom. Dans la phrase *lire m'intéresse*, *lire* est un infinitif substantivé (ici sujet du verbe *intéresser*) que l'on traduit par (das) Lesen en allemand. |
| **interrogatif** | Les pronoms interrogatifs sont employés pour formuler une **question**. Il peut s'agir d'une question directe (***quand*** *arriveras-tu ?*) ou d'une question indirecte (*je ne sais pas* ***quand*** *il arrivera*). |
| **intransitif** | Se dit d'un verbe qui n'a pas de complément d'objet et dont l'action se limite au sujet, par opposition à un verbe transitif. Par exemple, *marcher* est un verbe intransitif. *Voir TRANSITIF.* |

| | |
|---|---|
| **masculin** | *Voir GENRE.* |
| **mode** | Nom donné aux différentes classes dans lesquelles un verbe peut être conjugué. Le mode représente l'attitude du sujet parlant vis-à-vis de l'action dont il est question dans la phrase. ***Voir INDICATIF, SUBJONCTIF, CONDITIONNEL, IMPÉRATIF.*** |
| **neutre** | *Voir GENRE.* |
| **nom** | Un nom (ou substantif) est un mot qui sert à désigner une chose, un être animé, un lieu ou des idées abstraites. Par exemple *passeport*, *facteur*, *chat*, *magasin*, *vie*. En allemand, tous les noms s'écrivent avec une majuscule : **der** Sohn (*le fils*), **die** Rose (*la rose*), etc. |
| **nom composé** | Nom formé de deux mots distincts ou plus. En français, *ouvre-boîte* et *chou-fleur* sont des mots composés. Tous les noms composés allemands s'écrivent en un seul mot. Le genre d'un nom composé allemand est celui du dernier nom qui compose ce mot : der **Tag** » der **Geburtstag**. |
| **nombre** | Le nombre d'un nom indique si celui-ci est **singulier** ou **pluriel**. Un nom singulier fait référence à une seule chose ou à une seule personne (*train*, *garçon*) et un nom pluriel à plusieurs (*trains*, *garçons*). Il existe cinq formes principales de pluriels en allemand. |
| **nominatif** | Le nominatif est le cas employé lorsqu'un pronom ou un nom (son article et son adjectif) est sujet. Par exemple dans *le nouveau concierge parle allemand*, le groupe de mots *le nouveau concierge* doit être au nominatif en allemand. |
| **objet direct** | *Voir COMPLÉMENT.* |
| **objet indirect** | *Voir COMPLÉMENT.* |
| **ordinal** | Les nombres ordinaux sont *premier*, *deuxième*, *troisième*, etc. Ils expriment l'ordre, le classement. On les oppose aux nombres cardinaux. Les ordinaux allemands se terminent par -te(r/s). ***Voir CARDINAL.*** |

| | |
|---|---|
| **participe passé** | Forme verbale employée avec l'auxiliaire *avoir* ou *être* en français pour former les temps composés (*j'ai **mangé** ; je suis **parti***) ou la voix passive (*la maison vient d'être **vendue***). ***Voir TEMPS COMPOSÉ.*** |
| **participe présent** | Forme verbale qui se termine par -ant en français (*en courant*, etc.) et -end en allemand. |
| **partitif** | En français, l'article partitif *de* (ou *du*, *de la*, *des*) permet de désigner une partie par rapport à un tout qu'on ne peut pas dénombrer. Par exemple, *j'ai **de l'**argent*, *il nous faut **du** bois*, etc. Il n'a pas d'équivalent en allemand. Dans les cas de l'article partitif français, l'allemand omet l'article : *je bois du lait,* ich trinke Milch. |
| **passif** | Un verbe est au passif ou à la voix passive lorsque le sujet n'accomplit pas l'action mais la subit. En français, le passif se forme avec le verbe *être* et le participe passé du verbe : *il est aimé* ; *les tickets sont vendus à l'entrée*, etc. En allemand, on distingue le passif-action et le passif-état. Le premier (werden + participe passé) insiste sur l'action qui a été accomplie, tandis que le second (sein + participe passé) indique le résultat de l'action accomplie : **die Vase** wurde zerbrochen (*le vase a été cassé*), **die Vase** ist zerbrochen (*le vase est cassé*). ***Voir ACTIF.*** |
| **possessif** | Les adjectifs et les pronoms possessifs s'emploient pour indiquer la possession ou l'appartenance. Ce sont des mots comme *mon/le mien*, *ton/le tien*, *notre/le nôtre*, etc. |
| **préposition** | Les prépositions introduisent le complément d'un nom, d'un verbe, d'un adjectif ou d'un adverbe. Ce sont des mots tels que *avec*, *dans*, *vers*, *à*, *de*. Elles sont normalement suivies d'un nom ou d'un pronom, qui en allemand doivent être au cas déterminé par la préposition. Par exemple mit doit être suivi du datif : **er geht mit** einem Stock (*il marche avec une canne*). |
| **principale** | Au sein d'une phrase, la proposition principale est celle dont dépendent les autres propositions (dites subordonnées). Par exemple *il a dit* dans *il a dit qu'il viendrait*. ***Voir SUBORDONNÉE.*** |

| | |
|---|---|
| **pronom** | Mot qui remplace un nom. Les principales catégories de pronoms sont les :<br>* pronoms personnels (*je*, *me*, *moi*, *tu*, *te*, *toi*, etc.)<br>* pronoms démonstratifs (*celui-ci*, *celui-là,* etc.)<br>* pronoms relatifs (*qui*, *que*, etc.)<br>* pronoms interrogatifs (*qui ?*, *quoi ?*, *lequel ?*, etc.)<br>* pronoms possessifs (*le mien*, *le tien*, etc.)<br>* pronoms réfléchis (*me*, *te*, *se*, etc.)<br>* pronoms indéfinis (*quelque chose*, *tout*, etc.) |
| **pronominaux** | Les verbes pronominaux sont des verbes accompagnés d'un pronom réfléchi (*me*, *te*, *se*, *nous*, *vous*) représentant le même être ou la même chose que le sujet. On distingue les verbes pronominaux réfléchis (voir RÉFLÉCHI), les verbes pronominaux non réfléchis (*s'envoler*) et les verbes pronominaux réciproques (*s'entraider* ; *se saluer*). |
| **proposition** | Une proposition est un groupe de mots qui contient au moins un sujet et un verbe : *il chante* est une proposition. Une phrase peut être composée de plusieurs propositions : *il chante* \| *quand il prend sa douche* \| *et qu'il est content*. |
| **question** | Il existe deux types de questions : les questions au style **direct**, qui sont retranscrites telles qu'elles sont dites (par exemple, *quand viendra-t-il ?*) ; les questions au style **indirect,** qui sont introduites par une proposition et ne nécessitent pas de point d'interrogation (par exemple, *je me demande quand il viendra*). |
| **radical du verbe** | Le radical du verbe est l'unité de base à laquelle on ajoute diverses terminaisons. Pour obtenir le radical d'un verbe allemand, il suffit d'enlever la terminaison de l'infinitif -en ou -n. Ainsi, le radical de sagen est sag, le radical de ärgern est ärger. |
| **réfléchi** | Les verbes réfléchis "renvoient" l'action sur le sujet (par exemple *je me suis habillé*). Ils comportent toujours un pronom réfléchi. |

| | |
|---|---|
| **subjonctif** | Mode employé pour exprimer un souhait ou énoncer un doute, une possibilité, etc. Par exemple, le verbe *venir* est au subjonctif dans la phrase *il se peut qu'il vienne*. En allemand, on distingue notamment le **subjonctif présent** (**subjonctif I**) et le **subjonctif prétérit** (**subjonctif II**). Le subjonctif I est principalement utilisé au discours indirect. Le subjonctif II sert essentiellement à exprimer un souhait, une hypothèse réalisable, une hypothèse conditionnelle. Le subjonctif II se présente sous deux formes : la forme simple formée à partir du radical du prétérit ou la forme composée avec würde + infinitif, forme que l'on utilise dans la plupart des cas pour traduire un conditionnel français. |
| **subordonnée** | Au sein d'une phrase, la subordonnée est une proposition qui dépend de la proposition principale. Sans cette dernière, la subordonnée ne formerait pas une phrase complète du point de vue syntaxique. Par exemple dans *il a dit qu'il viendrait*, la proposition subordonnée est *qu'il viendrait*. |
| **substantif** | ***Voir NOM.*** |
| **suffixe** | Élément placé après une racine ou un radical pour former un dérivé. Par exemple, l'adverbe neulich (*récemment*) est formé de l'adjectif neu et du suffixe -lich. |
| **superlatif** | C'est le degré le plus élevé de la comparaison. Le superlatif d'un adjectif ou d'un adverbe se construit en français avec *le plus…, le moins…*. |
| **temps composé** | Les temps composés sont des temps de verbes formés de plus d'un élément. En allemand, les temps composés d'un verbe se forment avec l'**auxiliaire** et le **participe passé** ou l'**infinitif** : ich habe gesehen ; er ist gekommen ; er wird kommen. |
| **terminaison** | La terminaison d'un verbe est déterminée par la personne (1ère, 2ème, 3ème), par le nombre (singulier/pluriel) de son sujet, et par le temps employé. En allemand, les noms et les pronoms peuvent aussi avoir différentes terminaisons suivant leur nombre, leur genre ou leur cas. |

| | |
|---|---|
| **transitif** | Se dit d'un verbe qui se construit avec un complément d'objet. Les verbes transitifs s'opposent aux verbes intransitifs. Les verbes transitifs directs régissent leur complément (complément d'objet direct) sans intermédiaire ; c'est le cas de *manger*. Les verbes transitifs indirects régissent leur complément (complément d'objet indirect) par l'intermédiaire d'une préposition ; par exemple, *parler à*. ***Voir INTRANSITIF***. |
| **verbe de modalité** | Les verbes de modalité permettent de modifier un verbe en exprimant différentes notions : la capacité, la possibilité, l'obligation, etc. Les verbes de modalité allemands sont können, müssen, dürfen, mögen, sollen, wollen. |

# Fiches de grammaire

# Sommaire des notions grammaticales les plus importantes

# L'accusatif



L'accusatif est un cas des langues à déclinaison exprimant la relation entre le verbe et le complément le plus directement affecté par l'action verbale. En allemand, on emploie l'accusatif :

■ comme complément d'objet direct du verbe :

der Schiedsrichter gab **einen Elfmeter**
*l'arbitre accorda un penalty*

■ dans certains compléments circonstanciels (en particulier les compléments circonstanciels de temps) :

er hat **den ganzen Tag** gelesen
*il a lu toute la journée*

■ après cinq prépositions :

durch *à travers*
für *pour*
gegen *contre*
ohne *sans*
um *autour de.*
hier ist ein Paket für dich
*voilà un paquet pour toi*

■ en réponse à la question **wohin?** ***vers où ?*** après une préposition mixte :

wohin geht ihr? – in den Stadtpark
*où allez-vous ? – au parc municipal*

■ en général pour les compléments de temps et de mesure :

ich bin den ganzen Tag im Bett geblieben
*je suis resté(e) au lit toute la journée*
das Baby ist einen Monat alt
*le bébé a un mois*
das Wasser ist einen Meter tief
*l'eau fait un mètre de profondeur*

■ après certains verbes toujours suivis de l'accusatif, par exemple :

fragen *demander :*
wir fragen unsere Lehrerin, wann die Austauschpartner kommen wollen
*nous demandons à notre professeur quand les correspondants veulent venir*

■ mais aussi après les verbes qui sont suivis d'un double accusatif :

lehren *enseigner*
kosten *coûter*
angehen *concerner*
der Schüleraustausch mit Deutschland kostet die Eltern 200 Euro
*l'échange avec l'Allemagne coûte 200 euros aux parents*

## L'accusatif

■ ainsi qu'après certains verbes dont les traductions françaises ne sont pas suivies d'un C.O.D., par ex. :

abonnieren *s'abonner à*
anlügen *mentir à*
brauchen *avoir besoin de*

■ ou après les verbes formés avec le préfixe **be-**, par ex.

beantworten *répondre à :*
sie beantwortet unsere Frage
*elle répond à notre question*

■ L'accusatif absolu (usage littéraire) :

**den Mantel** um die Schultern, ging sie hinaus
*le manteau sur les épaules, elle sortit*

# Les adjectifs

Les adjectifs sont des mots qui complètent généralement un nom ou un pronom :

ein **kleines** Dorf
*un petit village*
meine Jacke ist **rot**
*ma veste est rouge*
das **neue** Lied
*la nouvelle chanson*
es war **fantastisch**
*c'était fantastique*

## Faites la différence

■ Contrairement au français, l'adjectif épithète allemand se place toujours devant le nom qu'il qualifie :

ein **roter** Hut
*un chapeau rouge*
eine **lange** Geschichte
*une histoire longue/une longue histoire*

## EMPLOI

■ Il existe une grande différence entre le français et l'allemand en ce qui concerne l'emploi de l'adjectif comme attribut (après « être » par exemple) ou comme épithète (avant ou après un nom ou un pronom).

| attribut | | épithète |
|---|---|---|
| *ma voiture est vieille* | et | *je conduis une vieille voiture* |

■ Dans ces phrases, la forme de l'adjectif est identique. Mais en allemand, l'adjectif diffère selon sa fonction :

mein Wagen ist **alt** **et** ich fahre einen **alten** Wagen
*ma voiture est vieille* *je conduis une vieille voiture*

Le mot **alt** apparaît sans terminaison de déclinaison dans la première phrase, et avec une terminaison dans la deuxième.

## Bon à savoir

■ En allemand, l'adjectif attribut est toujours invariable :

seine Mutter ist ja so **redselig**
*sa mère est tellement bavarde*

sein Vater ist nicht besonders **redselig**
*son père n'est pas particulièrement bavard*

# Les adjectifs

■ Mais l'adjectif ***épithète***, qui se place toujours avant le nom qu'il qualifie, a différentes terminaisons selon le cas, le genre et le nombre. Vous trouverez ci-dessous les règles qui régissent leur emploi.

## TERMINAISONS

■ La terminaison de l'adjectif épithète en allemand est déterminée par le nom qui le suit, selon trois facteurs :

- son genre (masculin, féminin ou neutre)
- son nombre (singulier ou pluriel)
- son cas (nominatif, accusatif, datif, génitif.)

■ De plus, il existe des différences selon que l'adjectif suit :

- un article défini (**der**, **die**, **das**)
- un article indéfini (**ein**, **eine**)

ou bien :

- s'il n'est pas précédé d'un article, d'un pronom ou d'un adjectif possessif.

**Voir pages 24-9**

## PARTICIPES EMPLOYÉS COMME ADJECTIFS

■ Le participe présent (forme en -**end**) peut s'employer comme adjectif épithète :

ein **weinendes** Baby
*un bébé qui pleure*
das gerade **vorbeifahrende** Auto
*la voiture qui passe en ce moment*

**bellende** Hunde
*des chiens qui aboient*

■ Le participe passé peut s'employer comme épithète et comme attribut :

die **verlorene** Stadt
*la ville perdue*
das Geschirr ist **abgewaschen**
*la vaisselle est lavée*
wegen des noch tiefer **gesunkenen** Dollars
*à cause du dollar qui a chuté*

## EXCEPTIONS

■ Certains adjectifs restent invariables, quel que soit le mot qui les précède et quel que soit le genre, le nombre ou le cas du nom qu'ils qualifient.

# Les adjectifs

■ La forme de l'adjectif dérivé de noms de villes :

wer liest die **Frankfurter** Allgemeine?
*qui lit le Frankfurter Allgemeine ?*
wir treffen uns in einem **Pariser** Lokal
*nous nous rencontrons dans un café parisien*

Remarquez que ces adjectifs commencent par une majuscule.

■ **Halb** et **ganz** avec des villes, des pays et des continents, lorsqu'ils ne sont pas précédés de l'article :

in **halb** Hamburg
*dans la moitié de Hambourg*

**ganz** Frankreich
*toute la France*

***mais :***

die ganz**e** Schweiz
*toute la Suisse*

(Pour l'emploi de l'article, **voir pages 42-5**)

■ **Rosa**, **lila** et **prima** :

ein **rosa/lila** Kleid
*une robe rose/lilas*

eine **prima** Idee
*une idée géniale*

■ Les adjectifs en **-el** et **-er** perdent le e devant le **l** ou le **r** lorsqu'on les emploie comme épithètes :

dunk**el** ➜ ein dunkler Anzug
*sombre* — *un costume sombre*
teu**er** ➜ eine teure Kamera
*cher* — *un appareil photo cher*

## MAJUSCULE OU MINUSCULE ?

■ Tous les adjectifs commencent par une minuscule sauf :

Les adjectifs en **-er** dérivés de noms de villes ou de provinces :

ein **Wiener** Komponist
*un compositeur viennois*

Ainsi que l'adjectif **Schweizer** :

**Schweizer** Käse
*du fromage suisse*

Ces adjectifs sont invariables.

■ Tous les autres adjectifs formés à partir de noms de pays ou de continents commencent par une minuscule, comme en français.

# Les adjectifs

## LA TERMINAISON APRÈS L'ARTICLE DÉFINI (*DER, DIE, DAS*)

| | masculin | féminin | neutre | pluriel |
|---|---|---|---|---|
| nom. | **-e** | **-e** | **-e** | **-en** |
| acc. | **-en** | **-e** | **-e** | **-en** |
| dat. | **-en** | **-en** | **-en** | **-en** |
| gén. | **-en** | **-en** | **-en** | **-en** |

Exemples :

- Nominatif :

  der **alte** Mann wohnt hier *(masc. sing.)*
  *le vieil homme habite ici*
  die **neue** Rektorin heißt Ulrike *(fém. sing.)*
  *la nouvelle directrice s'appelle Ulrike*
  das **grüne** Kleid ist besonders schick *(neut. sing.)*
  *la robe verte est particulièrement chic*
  die **blauen** Fahrräder kosten mehr *(pluriel)*
  *les bicyclettes bleues coûtent plus cher*

- Accusatif :

  haben Sie den **alten** Mann gesehen? *(masc. sing.)*
  *avez-vous vu le vieil homme ?*
  ich kenne die **neue** Rektorin schon *(fém. sing.)*
  *je connais déjà la nouvelle directrice*
  niemand hat das **grüne** Kleid gekauft *(neut. sing.)*
  *personne n'a acheté la robe verte*
  wo haben Sie die **blauen** Fahrräder gesehen? *(pluriel)*
  *où est-ce que vous avez vu les bicyclettes bleues ?*

- Datif :

  die Nachbarn helfen dem **alten** Mann *(masc. sing.)*
  *les voisins aident le vieil homme*
  wir verstehen uns gut mit der **neuen** Rektorin *(fém. sing.)*
  *nous nous entendons bien avec la nouvelle directrice*
  im **grünen** Kleid sehen Sie gut aus *(neut. sing.)*
  *la robe verte vous va bien*
  mit den **blauen** Fahrrädern habe ich viel Erfolg *(pluriel)*
  *j'ai beaucoup de succès avec les bicyclettes bleues*

# Les adjectifs

■ Génitif :

das sind die Kinder des **alten** Mannes *(masc. sing.)*
*ce sont les enfants du vieil homme*
das Büro der **neuen** Rektorin liegt rechts *(fém. sing.)*
*le bureau de la nouvelle directrice est sur la droite*
der Preis des **grünen** Kleid(e)s ist zu hoch *(neut. sing.)*
*le prix de la robe verte est trop élévé*
der Hersteller der **blauen** Fahrräder *(pluriel)*
*le fabricant des bicyclettes bleues*

## Attention !

■ Les adjectifs précédés des mots suivants se déclinent comme s'ils étaient employés avec un article défini :

| | |
|---|---|
| **der-/die-/dasjenige** | *le/la* |
| **der-/die-/dasselbe** | *le/la même* |
| **dieser, diese, dieses** | *ce/cette* |
| **irgendwelche(r)** | *n'importe quel(le)* |
| **jeder, jede, jedes** | *chaque* |
| **jener, jene, jenes** | *ce/cette...-là* |
| **mancher, manche, manches** | *plus d'un/d'une* |
| **solcher, solche, solches** | *tel(le)* |
| **welcher?, welche?, welches?** | *quel(le) ?* |
| **alle** *(pl.)* | *tous/toutes les* |
| **beide** *(pl.)* | *les deux* |

## APRÈS L'ARTICLE INDÉFINI (*EIN, EINE*)

| | masculin | féminin | neutre |
|---|---|---|---|
| nom. | **-er** | **-e** | **-es** |
| acc. | **-en** | **-e** | **-es** |
| dat. | **-en** | **-en** | **-en** |
| gén. | **-en** | **-en** | **-en** |

■ Nominatif :

ein **deutscher** Film läuft heute im Kino (*masc.*)
*un film allemand passe au cinéma aujourd'hui*
eine **kleine** Stadt liegt nicht weit von hier *(fém.)*
*il y a une petite ville pas très loin d'ici*
ein **weißes** Kaninchen wäre ein schönes Geschenk! *(neut.)*
*un lapin blanc serait un beau cadeau !*

# Les adjectifs

■ Accusatif :

einen **deutschen** Film sieht man nicht oft *(masc.)*
*on n'a pas souvent l'occasion de voir un film allemand*
das braucht eine **halbe** Stunde *(fém.)*
*il faut une demi-heure*
hast du ein **tragbares** Radio? *(neut.)*
*tu as une radio portable ?*

■ Datif :

man unterhielt die Besucher mit einem **deutschen** Film *(masc.)*
*on a diverti les visiteurs en leur montrant un film allemand*
nach einer **langen** Pause *(fém.)*
*après une longue pause*
außer einem **langweiligen** Fußballspiel war nichts los *(neut.)*
*à part un match de foot ennuyeux, il ne se passait pas grand-chose*

■ Génitif :

der Titel eines **deutschen** Film(e)s *(masc.)*
*le titre d'un film allemand*
im Laufe einer **schlaflosen** Nacht *(fém.)*
*au cours d'une nuit blanche*
das Foto eines **alten** Pferd(e)s *(neut.)*
*la photo d'un vieux cheval*

## Attention !

■ Les adjectifs employés après les mots suivants prennent la même terminaison que ceux précédés d'un article indéfini, lorsqu'ils sont au singulier:

**irgendein/-eine** *n'importe quel(le)*
**kein, keine** *aucun(e), pas de*

■ Ainsi que tous les adjectifs possessifs : **mein** (*mon/ma*), **Ihr** (*votre*), etc.

■ Après **kein** et les adjectifs possessifs au pluriel, tous les adjectifs se terminent par **-en**, quel que soit leur cas (**voir page 24**).

# Les adjectifs

## SANS AUCUN ARTICLE

■ En l'absence d'articles, l'adjectif porte les indications du genre, du nombre et du cas.

| | masculin | féminin | neutre | pluriel |
|---|---|---|---|---|
| nom. | **-er** | **-e** | **-es** | **-e** |
| acc. | **-en** | **-e** | **-es** | **-e** |
| dat. | **-em** | **-er** | **-em** | **-en** |
| gén. | **-en** | **-er** | **-en** | **-er** |

Exemples :

■ Nominatif :

**feiner** Wein kostet viel *(masc. sing.)*
*le bon vin coûte cher*
**französische** Studentin sucht Arbeit *(fém. sing.)*
*étudiante française cherche travail*
**frisches** Brot schmeckt gut *(neut. sing.)*
*le pain frais est bon*
**junge** Leute sind besonders willkommen *(pluriel)*
*les jeunes gens sont tout particulièrement les bienvenus*

■ Accusatif :

er hat **furchtbaren** Hunger *(masc. sing.)*
*il a une faim de loup*
Polizei fängt **wilde** Katze *(fém. sing.)*
*chat sauvage attrapé par la police*
ich esse gern **frisches** Brot *(neut. sing.)*
*j'aime bien manger du pain frais*
sie hat **wunderbare** Augen *(pluriel)*
*elle a des yeux magnifiques*

■ Datif :

mit **großem** Erfolg *(masc. sing.)*
*avec énormément de succès*
aus **guter** Familie *(fém. sing.)*
*de bonne famille*
unter **lautem** Stöhnen *(neut. sing.)*
*en ronchonnant*
im Vergleich zu **japanischen** Managern *(pluriel)*
*en comparaison avec les directeurs japonais*

# Les adjectifs

■ Génitif :

ein Glas **guten** Wein(e)s genügt *(ou* guter Wein*) (masc. sing.)*
*un verre de bon vin suffit*
**französischer** Herkunft *(fém. sing.)*
*d'origine française*
der Geschmack selbst **gebackenen** Brot(e)s *(neut. sing.)*
*le goût du pain fait maison*
der Genuss **alkoholischer** Getränke *(pluriel)*
*la consommation de boissons alcoolisées*

■ Les adjectifs employés avec les mots suivants ont la même déclinaison que ceux mentionnés ci-dessus :

– singulier seulement

| | |
|---|---|
| **ein bisschen** | *un peu* |
| **ein wenig** | *un peu* |
| **solch** | *un tel/une telle* |
| **viel** | *beaucoup* |
| **wenig** | *peu* |
| **welch** | *quel(le)* |

solch **würzigen** Käse habe ich noch nie gegessen!
*je n'ai encore jamais mangé de fromage aussi fort !*
unter viel **verdientem** Beifall verließ sie die Bühne
*elle a quitté la scène sous des applaudissements bien mérités*

– singulier et pluriel

| | |
|---|---|
| **mehr** | *plus* |
| **weniger** | *moins* |
| **was für** *+ accusatif* | *quelle sorte de* |

mit mehr **finanzieller** Unterstützung
*avec plus de soutien financier*
mit weniger **regionalen** Zeitungen
*avec moins de journaux régionaux*

– pluriel seulement

| | |
|---|---|
| **einige** | *quelques* |
| **ein paar** | *quelques* |
| **einzelne** | *individuel* |
| **mehrere** | *plusieurs* |
| **viele** | *beaucoup* |
| **wenige** | *peu de, quelques* |

es gibt nur noch ein paar **schwierige** Fälle
*il ne reste plus que quelques cas difficiles*

trotz mehrerer **strenger** Warnungen
*malgré plusieurs avertissements sévères*

- nombres (**zwei, drei, vier**, etc.)

gegen den Rat zweier **meiner** Freunde
*contre l'avis de deux de mes amis*

■ Après **etwas**, **mehr**, **nichts**, **viel** et **wenig**, mais quand ils ne sont pas suivis d'un nom, les adjectifs s'écrivent avec une majuscule et se déclinent comme le nom neutre :

nichts **Besonderes** ist heute passiert
*rien de particulier ne s'est produit aujourd'hui*
***mais :*** nichts **anderes**
*rien d'autre*
wer hat (et)was **Interessantes** zu berichten?
*qui a quelque chose d'intéressant à signaler ?*
***mais :*** etwas **anderes**
*quelque chose d'autre*
er hat in seinem Leben nicht viel **Gutes** getan
*il n'a pas fait grand-chose de bon dans sa vie*

■ Si deux adjectifs (ou plus) se suivent avant un nom, ils ont tous les deux la même terminaison :

die Fenster des **großen, hellen** Zimmers
*les fenêtres de la grande chambre claire*
ein Kind mit **gutem, artigem** Benehmen
*un enfant bien élevé*

A

# Les adjectifs employés comme pronoms

Un certain nombre d'adjectifs peuvent s'employer seuls, comme pronoms. Ils ont en général la terminaison de l'adjectif selon le genre, le nombre et le cas, qu'ils soient précédés d'un article ou non :

| | |
|---|---|
| gestern war ein **anderer** da | **Folgendes** muss getan werden |
| *quelqu'un d'autre était là hier* | *il faut faire la suite* |

■ Il est souvent difficile de les discerner des adjectifs substantivés. Pour l'emploi des majuscules, **voir pages 31-2**.

■ Certains adjectifs sont le plus souvent employés comme pronoms indéfinis au pluriel.

■ **Einige** *quelques-uns*, *plusieurs*, **mehrere** *plusieurs*, **viele** *beaucoup* et **wenige** *peu* sont les plus courants :

ich habe schon einige bemerkt
*j'en ai déjà remarqué plusieurs*
der beste unter vielen
*le meilleur parmi beaucoup d'autres*
nur wenige sind gekommen
*seuls quleques-uns sont venus*
er kennt die Arbeiten mehrerer
*il connaît le travail de plusieurs personnes*

■ Tous peuvent aussi s'employer seuls, comme pronoms, au singulier, avec toutefois un certain nombre de restrictions :

■ **Einiges**

Comme pronom singulier, **einiges** s'emploie comme neutre collectif, se rapportant à des objets ; il signifie « plusieurs choses » :

ich habe einiges mitgebracht
*j'ai apporté plusieurs choses*

■ Comme **etwas** et **nichts**, on peut l'employer avec un adjectif substantivé :

einiges Interessantes
*plusieurs choses intéressantes*

■ **Viel** et **wenig** peuvent porter la marque du neutre (**vieles**, **vielem**) :

wir haben viel(es) von ihm gehört
*nous avons beaucoup entendu parler de lui*

■ Les formes avec une terminaison sont plus courantes au datif :

von vielem enttäuscht
*déçu par beaucoup de choses*

# Les adjectifs employés comme pronoms



■ **Viel** et **wenig** sont très souvent employés avec des adjectifs substantivés. Il est plus courant d'employer **viel** et **wenig** sans terminaison, l'adjectif substantivé portant les marques de l'adjectif sans article :

| | |
|---|---|
| viel Überflüssig**es** | mit wenig Gut**em** |
| *beaucoup de superflu* | *avec peu de bonnes choses* |

■ **Sämtlich** (*tous sans exception*) est en général employé comme un adjectif normal, mais il peut rester invariable et suivre le verbe pour accentuer l'idée de totalité :

sie waren sämtlich ausgewandert
*ils avaient tous émigré, sans exception*

A

# Les adjectifs substantivés

Tous les adjectifs, et beaucoup de participes passés, peuvent se substantiver. Ils prennent alors une majuscule mais conservent leur terminaison d'adjectif :

| | | |
|---|---|---|
| der **D**eutsch**e** | ***mais :*** | ein **D**eutsch**er** |
| *l'Allemand* | | *un Allemand* |
| viele **D**eutsch**e** | ***mais :*** | alle **D**eutsch**en** |
| *beaucoup d'Allemands* | | *tous les Allemands* |

## LE MASCULIN ET LE FÉMINININ

■ Les noms masculins et féminins formés à partir de l'adjectif font généralement référence à des personnes :

| | | |
|---|---|---|
| der Erste | die Letzte | ein Neuer |
| *le premier* | *la dernière* | *un nouveau* |

Lorsqu'un adjectif se réfère à un nom mentionné précédemment, il n'a pas de majuscule, le nom étant sous-entendu. Comparez :

zwei Läufer kommen, der **d**eutsche führt knapp
*deux coureurs arrivent, l'Allemand mène la course de justesse*
der **D**eutsche hat gewonnen
*l'Allemand a gagné*

## LE NEUTRE

■ Les noms neutres formés à partir d'adjectifs font en général référence à des idées abstraites ou des qualités indiquées par l'adjectif :

| | |
|---|---|
| das Beste | das Erschreckende |
| *le meilleur* | *ce qui est effrayant* |
| im Allgemeinen | im Großen und Ganzen |
| *en général* | *dans l'ensemble* |

– De tels substantifs s'emploient parfois avec **an** + datif :

das Interessante an dieser Geschichte
*ce qui est intéressant dans cette histoire*

– De tels substantifs s'emploient souvent après **etwas**, **nichts**, **viel**, **wenig**, **alles** :

| | | |
|---|---|---|
| etwas Leckeres | nichts Neues | alles Gute! |
| *quelque chose de bon* | *rien de nouveau* | *bonne chance !* |

Attention !

- Parfois, lorsque ces mots sont employés dans des expressions figées, ils ne prennent pas de majuscule (en cas de doute, consultez un dictionnaire) :

  etwas anderes
  *quelque chose d'autre*

## LES NOMS DE COULEURS

- Les noms de couleurs se forment à partir de l'adjectif, mais il existe des formes qui portent la terminaison de l'adjectif et d'autres pas :

– La forme sans la terminaison de l'adjectif s'emploie normalement pour la couleur dans un sens général :

  das Blau des Himmels
  *le bleu du ciel*
  Rot steht dir nicht
  *le rouge ne te va pas*
  Grün ist meine Lieblingsfarbe
  *le vert est ma couleur préférée*

– La forme avec la terminaison de l'adjectif s'emploie normalement pour qualifier des objets précis de cette couleur :

  das Weiß**e** seiner Augen
  *le blanc de ses yeux*
  das Gelb**e** vom Ei
  *le jaune d'œuf*

- Pour les feux de circulation, on emploie **Rot** et **Grün** :

  bei Rot soll man halten, bei Grün darf man fahren
  *il faut s'arrêter au rouge, au vert on peut passer*

- Notez le pluriel des différentes nuances d'une même couleur :

  die verschiedenen **Rottöne** des Gemäldes
  *les différents rouges de la peinture*

# Les adverbes

En allemand comme en français, il existe, , des adverbes employés en tant que tels, d'autres formés à partir de l'adjectif, et un grand nombre qui, à la différence du français, ont la même forme que l'adjectif ou que le participe.

## LES ADVERBES EN TANT QUE TELS

■ Parmi ceux-ci, on trouve par exemple :

| | |
|---|---|
| **da** | *là* |
| **sehr** | *beaucoup, très* |
| **geradeaus** | *tout droit* |
| **jetzt** | *maintenant* |

da sind sie!
*les voilà !*
nur geradeaus!
*allez tout droit !*

sehr nett
*très gentil*
jetzt nicht!
*pas maintenant !*

## LES ADVERBES AYANT LA MÊME FORME QUE LES ADJECTIFS

■ Parmi les nombreux adjectifs et adverbes qui ont la même forme, on peut citer :

| adjectif | adverbe |
|---|---|
| schön<br>*beau/belle* | **schön**<br>*bien* |
| furchtbar<br>*terrible* | **furchtbar**<br>*terriblement* |

sie ist **schön**, und sie singt auch **schön**
*elle est belle, et elle chante bien aussi*
er hat **furchtbar** gespielt
*il a terriblement mal joué*

es war wirklich **furchtbar**, nicht?
*c'était vraiment terrible, n'est-ce pas ?*

## LES ADVERBES SE FORMANT À PARTIR DU PARTICIPE

**übertrieben** höflich
*excessivement poli*

sie spricht **zögernd**
*elle parle de façon hésitante*

## LES ADVERBES FORMÉS EN AJOUTANT UN SUFFIXE À UN NOM OU À UN ADJECTIF

### ■ -lich

| adjectif | adverbe |
|---|---|
| neu<br>*nouveau, récent* | **neulich**<br>*récemment* |
| kurz<br>*court* | **kürzlich**<br>*récemment* |

**kürzlich** bekamen sie einen Computer
*ils ont récemment acquis un ordinateur*

Ce groupe d'adverbes est toutefois assez restreint.

### ■ -mal(s)

| adjectif ou adjectif numéral | adverbe |
|---|---|
| manch-<br>*plus d'un* | **manchmal**<br>*parfois* |
| ein-<br>*un* | **einmal**<br>*une fois* |
| mehr-<br>*plusieurs* | **mehrmals**<br>*plusieurs fois* |

er hat nur **einmal** geklopft
*il n'a frappé qu'une seule fois*

### ■ -ermaßen

| adjectif | adverbe |
|---|---|
| einig-<br>*quelque* | **einigermaßen**<br>*plutôt* |
| folgend-<br>*suivant* | **folgendermaßen**<br>*comme suit* |

ich war **einigermaßen** überrascht
*j'étais plutôt surpris*

# Les adverbes

## ■ -s

| nom | adverbe |
|---|---|
| (der) Mittag<br>*midi* | **mittags**<br>*à midi* |
| (der) Freitag<br>*vendredi* | **freitags**<br>*le vendredi* |

**mittags** isst er in der Kantine
*il mange à la cantine à midi*

## ■ -(er)weise

On ajoute **-weise** à la fin de certains noms, **-erweise** à la fin de certains adjectifs :

| nom ou adjectif | adverbe |
|---|---|
| (der) Teil<br>*partie* | **teilweise**<br>*en partie* |
| glücklich<br>*heureux* | **glücklicherweise**<br>*heureusement* |

nach dem Brand war die Scheune nur **teilweise** zerstört
*après l'incendie, la grange n'était que partiellement détruite*
die Kartoffeln werden **sackweise** geliefert
*les pommes de terre sont livrées par sacs*
**begreiflicherweise** war sie böse auf ihn
*c'était tout à fait normal qu'elle soit fâchée avec lui*
sie hat uns **freundlicherweise** ihr Auto geliehen
*elle nous a gentiment prêté sa voiture*

## EMPLOI

■ Les adverbes sont souvent employés pour qualifier un verbe, mais aussi pour donner une information supplémentaire sur des adjectifs ou d'autres adverbes :

– Avec un verbe

**morgen** schreibt er
*il écrira demain*
er fährt **schnell**
*il conduit vite*

verlassen Sie uns **hier**?
*vous nous laissez ici ?*

- Avec un adjectif

das ist **fast** einmalig
*c'est presque unique*
es war **schrecklich** kalt
*il faisait horriblement froid*

ein **sehr** langweiliges Buch
*un livre très ennuyeux*

- Avec un autre adverbe

ich koche **ebenso** gut
*je cuisine tout aussi bien*
er spricht **erstaunlich** gut Deutsch
*il parle incroyablement bien l'allemand*

atme **schön** tief!
*respire bien profondément !*

## *HIN* ET *HER*

■ En ce qui concerne les adverbes de lieu, on distingue en allemand :

| | | |
|---|---|---|
| **wo?** | → | ***lieu où l'on est*** |
| **wohin?** | → | ***mouvement d'éloignement par rapport à celui qui parle, employé avec un verbe de mouvement*** |
| **woher?** | → | ***lieu d'où l'on vient ou mouvement vers celui qui parle*** |

■ De même, on ajoute le suffixe **hin** ou **her** aux adverbes de lieu pour indiquer la direction ou la provenance :

| | | |
|---|---|---|
| **wo** arbeiten Sie?<br>*où travaillez-vous ?* | ***mais :*** | **wohin** gehen Sie?<br>*où allez-vous ?* |
| sie saß **da/dort**<br>*elle y était assise* | ***mais :*** | er lief **dahin/dorthin**<br>*il y a couru* |
| wir wohnen **hier**<br>*nous habitons ici* | ***mais :*** | sie fährt **hierher**<br>*elle vient ici* |
| **wo** wartet er?<br>*où est-ce qu'il attend ?* | ***mais :*** | **woher** kommt er?<br>*d'où vient-il ?* |

■ Parmi les adverbes exprimant une direction opposée par rapport au locuteur, on trouve : **dahin/dorthin** *là*, **hinauf** *en haut*, *vers le haut*, **hinaus** *dehors*, **hinunter** *en bas*, etc.

■ Parmi les adverbes exprimant une direction vers le locuteur, on trouve: **daher/dorther** *là*, **herauf** *en haut*, *vers le haut*, **heraus** *dehors*, **herunter** *en bas*, **herein** *dedans*. **Voir aussi page 91**.

# Les adverbes

## Petit rappel

- Dans la phrase, les suffixes **hin** et **her** sont renvoyés en dernière position :

da gehen wir nie **hin**! — *on n'y va jamais !*
wo kommen Sie **her**? — *d'où venez-vous ?*

## *WOHL* ET *GUT*

■ Ils se traduisent tous les deux par « bien » en français. Cependant, **gut** signifie « convenablement » et s'emploie de préférence avec des verbes exprimant une action, une aptitude ou une qualité physique :

sie tanzt gut
*elle danse bien*
er spricht gut Deutsch
*il parle bien l'allemand*
es geht mir ganz gut
*je vais très bien*

■ L'adverbe **wohl** a le sens de « à l'aise », « comme il faut ». On l'emploie avec des verbes indiquant la santé ou une action moralement bonne :

bei Ihnen fühlt man sich wohl
*on se sent bien chez vous*
mir ist überhaupt nicht ganz wohl dabei
*ceci ne me dit absolument rien de bon*

■ **Wohl** peut aussi signifier « vraiment », « probablement » :

sie wird wohl telefonieren
*elle va probablement téléphoner*
das weiß ich wohl
*je le sais bien*

## *VIEL* ET *SEHR*

■ Ils se traduisent tous les deux par « beaucoup ». L'adverbe **viel** indique une quantité :

es hat viel geregnet
*il a beaucoup plu*

■ Devant un comparatif, il signifie « bien » :

es ist viel besser mit Schlagsahne
*c'est bien meilleur avec de la crème fouettée*

■ **Viel zu viel** signifie « beaucoup trop » :

du arbeitest viel zu viel
*tu travailles beaucoup trop*

■ L'adverbe **sehr** indique l'intensité :

sie liebt ihn sehr
*elle l'aime beaucoup*

danke sehr
*merci beaucoup*

## *GENUG* ET *ZIEMLICH*

■ **Genug** et **ziemlich** se traduisent tous les deux par ***assez***. L'adverbe **genug** signifie ***suffisamment***. Il se place généralement après l'adjectif ou l'adverbe et devant ou après le nom :

ist er intelligent genug, um das alleine zu lösen?
*est-il assez intelligent pour résoudre ceci tout seul ?*
sie singt gut genug, um an diesem Konzert teilzunehmen
*elle chante assez bien pour participer à ce concert*
wir haben genug Zeit/Zeit genug
*on a assez de temps*

■ L'adverbe **ziemlich** signifie ***assez*** dans le sens de ***passablement*** :

sie trägt ziemlich alte Kleider
*elle porte des vêtements assez vieux*

es ist ziemlich interessant
*c'est assez intéressant*

## *NOCH, IMMER* ET *WIEDER*

■ L'adverbe **noch** signifie ***encore***, de reste :

hast du noch Geld?
*tu as encore de l'argent ?*
es bleiben uns noch drei Tage (übrig)
*il nous reste encore trois jours*

■ Il peut être accompagné d'autres éléments : **noch immer/immer noch** (*toujours* = encore) :

sie ist noch immer/immer noch böse
*elle est encore/toujours fâchée*

■ Il ne faut pas confondre cette locution avec **immer** (*toujours* = tout le temps) :

sie ist immer böse
*elle est toujours fâchée*

■ L'adverbe **wieder** signifie ***encore, de nouveau*** :

es ist wieder kaputtgegangen
*il est encore une fois en panne*

# Les adverbes

## PARTICULES DE MODALITÉ

■ En allemand, beaucoup d'adverbes intensifient le sens de toute la phrase. Bien souvent, il n'existe pas de traduction mot à mot avec le français. Parmi les exemples les plus courants on trouve **ja**, **aber**, **doch**, **schon**, **wohl** :

du hast es ja gefunden!
*tu l'as bien trouvé !*
das ist aber gescheit!
*ah, c'est astucieux !*
das wäre wohl besser
*ce serait mieux*

du verstehst schon
*tu comprends, hein ?*
aber ich will doch nicht!
*mais je ne veux pas !*
du hast es aber doch versprochen!
*mais tu l'as promis !*

# L'article défini

Il existe trois genres en allemand : le ***masculin, le féminin et le neutre***. La forme de chaque article change selon le genre, le nombre et le cas du nom auquel il se rapporte.

## FORMES

■ L'article défini a trois formes en français : « le », « la » et « les ». En allemand, l'article défini change selon le genre du nom, son cas, et suivant qu'il est singulier ou pluriel.

| | masculin | féminin | neutre | pluriel |
|---|---|---|---|---|
| nom. | **der** | **die** | **das** | **die** |
| acc. | **den** | **die** | **das** | **die** |
| dat. | **dem** | **der** | **dem** | **den** |
| gén. | **des** | **der** | **des** | **der** |

**der** Chef ist heute nicht da
*le patron n'est pas là aujourd'hui*
kennst du **den** Sänger?
*tu connais le chanteur ?*
der Anfang **des** Lied**es**
*le début de la chanson*

hier sind **die** Äpfel
*voici les pommes*
es steht auf **dem** Tisch
*c'est sur la table*
sag es **den** ander**en**!
*dis-le aux autres !*

### Faites la différence

■ Un féminin allemand ne correspond pas toujours à un féminin français. Il en est de même pour le masculin. Il faut donc non seulement apprendre le mot, mais aussi son genre.

■ Un certain nombre de prépositions peuvent se contracter avec l'article. Par exemple **an + das** devient **ans**. Certaines formes contractées sont employées dans la langue écrite et parlée alors que d'autres ne sont employées qu'à l'oral :

- **das**
- **ans, ins**
- en allemand parlé seulement : **aufs, durchs, fürs, hinters, übers, ums, unters, vors**

sie ging **ans** Fenster
*elle est allée à la fenêtre*

es geht **ums** Überleben
*c'est une question de vie ou de mort*

# L'article défini

- **dem**
- **am, beim, im, vom, zum**

■ en allemand parlé seulement : **hinterm, überm, unterm, vorm**

ich gehe **zum** Bäcker
*je vais chez le boulanger*

**vorm** Haus steht ein Baum
*il y a un arbre devant la maison*

- **der**
- **zur**

er fuhr **zur** Erholung in den Schwarzwald
*il est allé en cure dans la Forêt-Noire*

■ La forme contractée n'est pas utilisée lorsque l'auteur ou le locuteur souhaite mettre l'accent sur l'article :

wo? – ach, **in dem** Wirtshaus
*où ? – oh, dans cette auberge*

■ L'article a alors valeur de démonstratif.

■ En général, on n'utilise pas la forme contractée si le nom est suivi d'une proposition relative :

**in dem** Café, **das** gestern eröffnet wurde
*dans le café qui s'est ouvert hier*

## EMPLOIS

■ Comme en français, l'article défini s'emploie pour indiquer une personne ou une chose précise :

**der** Zirkus kommt
*le cirque arrive*

**die** Disco hinter dem Rathaus
*la discothèque derrière la mairie*

Cependant, il existe des différences d'emploi de l'article défini en allemand et en français.

■ On omet l'article défini en allemand

- avec les noms de pays, de régions, de continents :

Frankreich
*la France*

Deutschland
*l'Allemagne*

Europa
*l'Europe*

Bayern
*la Bavière*

■ Il existe cependant quelques exceptions :

**die** Türkei
*la Turquie*

**die** Schweiz
*la Suisse*

**der** Sudan
*le Soudan*

**das** Elsass
*l'Alsace*

**der** Balkan
*les Balkans*

# L'article défini

On garde l'article même lorsqu'il est précédé d'une préposition :

in der Türkei
*en Turquie*

wir fahren in die Schweiz
*nous allons en Suisse*

■ Avec certains noms de pays, l'article est facultatif :

(**der**) Iran
*l'Iran*

(**der**) Irak
*l'Iraq*

**im**/in Iran
*en Iran*

## Bon à savoir

■ Tous les noms géographiques qui ne sont normalement pas précédés de l'article défini, le sont lorsqu'ils sont déterminés par un adjectif, une proposition relative ou un complément du nom. Ils prennent alors l'article neutre **das** :

**das** schöne Berlin
*la belle ville de Berlin*

**das** Frankreich des letzten Jahrhunderts
*la France du siècle dernier*

■ On n'emploie pas d'article dans les cas suivants :

– avec les noms de fêtes :

Pfingsten
*la Pentecôte*

bald ist wieder Fasching
*ce sera bientôt le carnaval*

– avec les titres :

Doktor Klausheimer
*le docteur Klausheimer*

– quand en français on a un ***partitif*** (« de la », « du », « des »), avec les noms de matières pris dans un sens général :

möchtest du Marmelade?
*est-ce que tu veux de la confiture ?*

willst du Milch?
*est-ce que tu veux du lait ?*

ich habe Bücher gelesen
*j'ai lu des livres*

er hat nur Bier getrunken
*il n'a bu que de la bière*

Stahl ist härter als Eisen
*l'acier est plus dur que le fer*

À la forme négative, on a :

ich mag **keine** Marmelade
*je n'aime pas la confiture*

ich habe **keine** Bücher gelesen
*je n'ai pas lu de livres*

– avec les matières scolaires :

Deutsch ist mein Lieblingsfach
*l'allemand est ma matière préférée*

# L'article défini

- dans les généralisations :

Hunde mag ich nicht
*je n'aime pas les chiens*
vor Männern wie ihm solltest du dich in Acht nehmen!
*tu devrais faire attention aux hommes comme lui !*

- parfois avec les ***noms abstraits*** :

was ist Liebe?
*qu'est-ce que l'amour ?*

wir kämpfen für (**die**) Freiheit
*nous luttons pour la liberté*

- avec les parties du corps :

sie hat grüne Augen
*elle a les yeux verts*

***mais :*** sie hat sich **das** Bein gebrochen
*elle s'est cassé la jambe*

- avec les jours de la semaine :

montags gehe ich schwimmen
*le lundi je vais nager*

- avec **ganz, halb, nächst, alle** :

ganz Europa
*toute l'Europe*

halb Deutschland
*la moitié de l'Allemagne*

nächstes Jahr
*l'année prochaine*

■ On emploie l'article défini en allemand

- dans des indications de temps :

**im** Jahre 2004
*en 2004*

**im** Sommer
*en été*

**im** Januar
*en janvier*

■ Cependant, on omet l'article lorsque ces mots s'emploient avec un adjectif épithète :

wir ziehen nächsten Mai um
*nous déménageons en mai prochain*

- dans des appositions :

Frau Krumm, **die** Direktorin des Instituts, war nicht dabei
*Madame Krumm, directrice de l'institut, n'était pas là*

- dans des expressions contenant des noms abstraits :

ein Gefühl **der** Angst
*un sentiment de peur*

ein Professor **der** Philosophie
*un professeur de philosophie*

- avec des verbes exprimant un passage d'un état à un autre, tels que : **werden, krönen, wählen, ernennen... zu** + article :

er ist **zum** Innenminister ernannt **worden**
*il a été nommé ministre de l'Intérieur*

- avec les moyens de transport, en particulier après une préposition :

**mit dem** Wagen — *en voiture*
**mit dem** Schiff — *en bateau*
**mit dem** Fahrrad — *à bicyclette*

- avec les noms propres en allemand parlé :

da kommt **der** Hans! — *voilà Hans qui arrive !*
kennst du **die** Annemarie? — *est-ce que tu connais Annemarie ?*

## L'ARTICLE DÉFINI EMPLOYÉ COMME PRONOM

■ On peut employer l'article défini à la place d'un pronom personnel (voir page 204). Toutefois, on ne trouve cet emploi qu'à l'oral, et en général lorsque le pronom est en tête de phrase :

Paul Gruber? **der** ist mein Freund
*Paul Gruber ? c'est mon ami*
Paul Gruber? **den** kenn' ich nicht
*Paul Gruber ? je ne le connais pas*

■ L'article neutre **das** s'emploie comme démonstratif pour faire référence à des personnes, à des événements ou à une phrase mentionnés plus tôt :

die Frau? **das** ist meine Mutter
*cette femme ? c'est ma mère*
du fährst mit? **das** ist toll
*tu viens avec nous ? c'est génial*
beeil dich! **das** sind sie
*dépêche-toi, ce sont eux !*

■ L'article défini s'emploie avec le pronom relatif dans la construction correspondant en français à « celui/celle(s)/ceux qui » :

**der**, **der** es getan hat, soll sich melden
*celui qui a fait ça doit se faire connaître*
gib es **dem**, **der** es am meisten braucht
*donne-le à celui qui en a le plus besoin*

■ Lorsque l'article défini est employé comme pronom, il a une forme différente au génitif :

| masculin | féminin | neutre | pluriel |
|---|---|---|---|
| **dessen** | **deren** | **dessen** | **derer** |

Ces formes sont relativement peu employées. On les trouve dans des phrases ci-dessus :

auf Kosten **derer**, **die** arbeitslos sind
*aux dépens de ceux qui sont au chômage*

# L'article défini

■ Les formes au génitif présentées ci-dessus sont aussi employées à la place du possessif (**mein** = *mon*, etc.) lorsque l'emploi de celui-ci pourrait être ambigu. La forme plurielle est alors **deren** :

sie sah Petra und **ihren** Mann

On ne sait pas si l'on parle du mari de Petra ou de celui du sujet (**sie**). La forme **dessen/deren** fait référence au dernier élément nommé, et évite ainsi toute ambiguïté :

sie sah Petra und **deren** Mann

Ici, aucune confusion n'est possible : il s'agit du mari de Petra.

# L'article indéfini



L'article indéfini s'emploie pour renvoyer à une personne ou à une chose difficilement identifiables, ou que le locuteur ne peut ou ne veut pas préciser.

## FORMES

Comme l'article défini, l'article indéfini a trois genres. Il change lui aussi selon le genre et le cas du nom qui le suit. Il n'existe pas de forme au pluriel. Pour l'utilisation des cas, **voir pages 19, 70, 100, 133** :

| | masculin | féminin | neutre |
|---|---|---|---|
| nom. | **ein** | **eine** | **ein** |
| acc. | **einen** | **eine** | **ein** |
| dat. | **einem** | **einer** | **einem** |
| gén. | **eines** | **einer** | **eines** |

**eine** Frau
*une femme*
nimm **einen** Stuhl
*prends une chaise*
die Mutter **einer** Schülerin
*la mère d'une élève*
hier ist **ein** Stuhl
*voici une chaise*
mit **einem** großen Hammer
*avec un gros marteau*

### C'est pratique

■ Pour exprimer le pluriel, on emploie simplement la forme plurielle du nom sans aucun article :
es gibt natürlich immer **Ausnahmen**
*il y a bien sûr toujours des exceptions*

## EMPLOIS

■ Comme en français, l'article indéfini s'emploie avec des noms qui font référence à quelque chose ou à quelqu'un qui n'a pas été mentionné auparavant :
hätten Sie zufällig **einen** kleinen schwarzen Hund gesehen?
*auriez-vous vu par hasard un petit chien noir ?*
ich möchte **ein** Bier
*je voudrais une bière*

# L'article indéfini

■ L'emploi de l'article indéfini est très similaire en allemand et en français. Mais voici quelques différences :

er ist Deutscher
*c'est un Allemand*
sie ist Katholikin
*c'est une catholique*
als er **ein** Kind war
*lorsqu'il était enfant*
was für **ein** Buch ist das?
*c'est quel genre de livre ?*

sie ist Französin
*c'est une Française*
er hat **eine** rote Nase
*il a le nez rouge*
welch **ein** Erfolg!
*quel succès !*

## L'ARTICLE INDÉFINI EMPLOYÉ COMME PRONOM

■ Lorsque l'article indéfini est employé seul, comme pronom, il a la même forme que dans le tableau du paragraphe B1, sauf pour le nominatif masculin qui devient **einer** et le nominatif et l'accusatif au neutre qui deviennent **ein(e)s**.

■ Employé comme pronom, il se rapporte à une personne ou à une chose indéterminée :

**ein(e)s** von den Mädchen
*une des filles*

**einer** meiner Freunde
*un de mes amis*

Il est souvent utilisé à la place de **man** (on) :

was soll **einer** da machen?
*qu'est-ce qu'on doit faire ?*

### Bon à savoir

■ **Einen** et **einem** sont aussi les formes respectives de l'accusatif et du datif de **man** (voir page 194) :

es kann **einen** schon ärgern, wenn man…
*ça peut être vraiment énervant si l'on…*
man soll es offen sagen, wenn **einem** etwas nicht gefällt
*il faut dire ouvertement ce que l'on n'aime pas*

## IRGENDEIN

**Irgendein** se traduit en général par « un… quelconque », « n'importe quel ». Il a les mêmes terminaisons que **ein** et peut s'utiliser à la fois en tant qu'article et en tant que pronom :

wir werden irgendeinen Film sehen
*on va voir un film (n'importe lequel)*

irgendeiner hat's gesagt
*quelqu'un l'a dit* (on ne sait pas qui)
irgendeine Ausrede
*n'importe quelle excuse*

Au pluriel, on emploie **irgendwelche** :

hat jemand irgendwelche Fragen?
*quelqu'un a des questions ?*

## L'ARTICLE INDÉFINI EMPLOYÉ COMME ADJECTIF

**Ein** peut s'employer comme adjectif après l'article défini et après un démonstratif ou un possessif. Il se décline alors comme un adjectif (**voir page 24**) :

**der eine** Besucher wollte mehr Auskünfte
*un des visiteurs voulait plus d'informations*
die Frau **des einen** lebt noch
*la femme de l'un d'entre eux est encore en vie*

# Les cas

Il y a quatre cas en allemand : le nominatif, l'accusatif, le datif et le génitif. On les reconnaît grâce à des systèmes de terminaisons appelés déclinaisons, que l'on applique aux articles et aux adjectifs précédant le nom. Il existe aussi des déclinaisons pour les noms, comme nous le verrons ci-dessous.

■ Le but de ces cas est d'indiquer la relation entre les noms et les autres éléments de la phrase, en même temps que la fonction des noms dans la phrase.

■ Ainsi, dans une phrase allemande, il n'y a pas besoin d'avoir recours à des prépositions ou à des paraphrases pour marquer la fonction des noms, pronoms etc. Les cas permettent aussi de changer l'ordre des éléments d'une phrase sans devoir utiliser des paraphrases.

der Mann kauft einen Hut
*l'homme achète un chapeau*

■ **Einen Hut** est le complément d'objet direct, marqué par l'article indéfini à l'accusatif. De même quand on renverse la phrase:

Einen Hut kauft der Mann.
*c'est un chapeau que l'homme achète*
sie dankt ihrer Mutter für das Buch.
*elle remercie sa mère pour le livre*

■ **Ihrer Mutter** est le complément d'objet indirect, marqué par le pronom possessif au datif. **Für das Buch** est ce qu'on appelle un objet prépositionnel, dominé donc par une préposition **für** et le cas qu'elle demande (accusatif) qui a la fonction de complément d'objet direct.

ihrer Mutter dankte sie für das Buch.
*c'est sa mère qu'elle remercie pour le livre*
für das Buch dankte sie ihrer Mutter.
*c'est pour le livre qu'elle remercie sa mère*

# Les comparatifs et les superlatifs



Le comparatif s'emploie pour comparer deux éléments ou deux groupes d'éléments entre eux.
Le superlatif, quant à lui, s'emploie pour comparer un élément à un ensemble d'éléments.

## COMPARATIF D'ÉGALITÉ

■ Le comparatif d'égalité se forme en utilisant :

**so** + ***adjectif*** + **wie**
*aussi* + ***adjectif*** + *que*

ou :

**ebenso/genauso/geradeso** + ***adjectif*** + **wie**
*aussi* + ***adjectif*** + *que*

Par exemple :

er ist (eben)so groß wie ich
*il est aussi grand que moi*

## COMPARATIF D'INFÉRIORITÉ

■ Le comparatif d'infériorité se forme en utilisant :

**nicht so** + ***adjectif*** + **wie**
*ne... pas aussi/moins* + ***adjectif*** + *que*

Par exemple :

er ist nicht so groß wie sein Bruder
*il n'est pas aussi/est moins grand que son frère*

■ Il peut également se construire de la manière suivante :

**kein** + ***adjectif*** + ***nom*** + **wie**
***nom*** + *ne... pas aussi/moins* + ***adjectif*** + *que*

Par exemple :

er hat keinen so schnellen Wagen wie Peter
*sa voiture n'est pas aussi/est moins rapide que celle de Peter*

■ **Kein** se décline suivant sa fonction dans la phrase et le groupe nominal auquel il se rapporte.

C

# Les comparatifs et les superlatifs

## COMPARATIF ET SUPERLATIF DE SUPÉRIORITÉ

■ On forme le comparatif de supériorité en ajoutant **-er** à l'adjectif et le superlatif de supériorité en ajoutant **-st** ou **-est** :

| | comparatif | superlatif |
|---|---|---|
| klein<br>*petit* | klein**er**<br>*plus petit* | (der) klein**st**(e)<br>*le plus petit* |
| intelligent<br>*intelligent* | intelligent**er**<br>*plus intelligent* | (der) intelligent**est**(e)<br>*le plus intelligent* |

■ En allemand, les comparatifs et les superlatifs se placent ***devant*** le nom :

das **interessantere** Buch (von den beiden)
*le livre le plus intéressant (des deux)*
das **interessanteste** Buch (von allen)
*le livre le plus intéressant (de tous)*

■ Vous noterez que l'allemand emploie la forme du comparatif lorsque l'on fait référence à deux personnes ou deux choses, et la forme du superlatif pour faire référence à plus de deux éléments.

Cependant, dans la langue parlée le superlatif s'emploie parfois dans les deux cas :

sie ist die **schönere**/die **schönste** von den beiden
*c'est la plus belle des deux*

# Le comparatif des adjectifs

C

Comme les adjectifs qualificatifs dans leur forme la plus simple, les comparatifs ne sont déclinés que s'ils sont employés comme épithètes (suivant leur genre, leur nombre et leur cas).

■ On ajoute ces déclinaisons après le **-er** du comparatif. Comparez :

die Farbe muss **heller** sein *(attribut)*
*la couleur doit être plus claire*
wir möchten eine **hellere** Farbe *(épithète)*
*nous voudrions une couleur plus claire*
dieses Nilpferd ist **dicker** als das da *(attribut)*
*cet hippopotame est plus gros que celui-là*
ein noch **dickeres** Nilpferd *(épithète)*
*un hippopotame encore plus gros*

Attention !

■ Les adjectifs en **-el** et **-er** perdent normalement le **e** devant le **l** ou le **r** lorsqu'ils sont au comparatif :

dieses Zimmer da ist dunkel aber dieses hier ist dunkler
*cette pièce-là est sombre, mais celle-ci est plus sombre*

■ Certains adjectifs monosyllabiques prennent l'inflexion (¨) + **-er** au comparatif. Les plus courants sont :

| | | | | |
|---|---|---|---|---|
| alt | *vieux* | → | **älter** | *plus vieux* |
| arm | *pauvre* | → | **ärmer** | *plus pauvre* |
| dumm | *stupide* | → | **dümmer** | *plus stupide* |
| grob | *grossier* | → | **gröber** | *plus grossier* |
| groß | *grand* | → | **größer** | *plus grand* |
| hart | *dur* | → | **härter** | *plus dur* |
| jung | *jeune* | → | **jünger** | *plus jeune* |
| kalt | *froid* | → | **kälter** | *plus froid* |
| klug | *intelligent* | → | **klüger** | *plus intelligent* |
| krank | *malade* | → | **kränker** | *plus malade* |
| kurz | *court* | → | **kürzer** | *plus court* |
| lang | *long* | → | **länger** | *plus long* |
| nah | *proche* | → | **näher** | *plus proche* |
| scharf | *perçant, aigu* | → | **schärfer** | *plus perçant/aigu* |
| schwach | *faible* | → | **schwächer** | *plus faible* |
| schwarz | *noir* | → | **schwärzer** | *plus noir* |
| stark | *fort* | → | **stärker** | *plus fort* |
| warm | *chaud* | → | **wärmer** | *plus chaud* |

# Le comparatif des adjectifs

ich brauche einen **jüngeren** Mann!
*j'ai besoin d'un homme plus jeune !*
mein Bericht war lang, aber deiner war **länger**
*mon rapport était long, mais le tien était plus long*

■ Il existe quelques comparatifs irréguliers. Par exemple :

| | | | | |
|---|---|---|---|---|
| gut | *bon* | ➔ | **besser** | *meilleur* |
| hoch | *haut, grand* | ➔ | **höher** | *plus haut/grand* |
| viel | *beaucoup de* | ➔ | **mehr** | *plus de* |

## EMPLOI

■ En plus de l'emploi du comparatif comme épithète et comme attribut :

ich kenne einen kürzeren Weg *(épithète)*
*je connais un chemin plus court*
der Eiffelturm ist höher *(attribut)*
*la tour Eiffel est plus haute*

■ On peut faire une comparaison explicite entre deux éléments en ajoutant **als** :

sie bekommt ein **höheres** Stipendium **als** ich
*elle reçoit une bourse plus importante que moi*
ihre Bibliothek ist **älter als** unsere
*leur bibliothèque est plus vieille que la nôtre*

■ Notez cependant l'expression figée **denn je** :

besser denn je
*mieux que jamais*

weißer denn je
*plus blanc que jamais*

■ Notez aussi la construction **je** + comparatif, **desto/umso** + comparatif :

**je** eher, **desto** besser
*le plus tôt sera le mieux*
**je** höher der Preis (ist), **umso** größer (sind) die Schwierigkeiten
*plus le prix est élevé, plus les difficultés sont grandes*

■ On peut employer le comparatif avec un petit nombre d'adjectifs, sans qu'ils aient le sens d'un comparatif :

eine **ältere** Dame
*une femme d'un certain âge*
das **reifere** Alter
*l'âge mûr*

auf **längere** Zeit
*pendant un certain temps*

# Les comparatifs et les superlatifs des adverbes

## FORMATION

■ Le comparatif des adverbes, comme celui des adjectifs, se forme en ajoutant **-er**. Ceci ne s'applique qu'aux adverbes ayant la même forme que les adjectifs :

| adverbe | comparatif de l'adverbe |
|---|---|
| einfach<br>*simplement* | einfach**er**<br>*plus simplement* |
| selten<br>*rarement* | selten**er**<br>*plus rarement* |

könnten Sie das bitte etwas einfacher ausdrücken?
*pourriez-vous l'exprimer un peu plus simplement, s'il vous plaît ?*
heutzutage kommt das seltener vor
*de nos jours, cela se produit plus rarement*

### Bon à savoir

- Le comparatif de **gern** est **lieber** :
  ich trinke gern Cola, aber ich trinke noch **lieber** Tee
  *j'aime bien boire du Coca®, mais je préfère le thé*
- Pour les autres formes irrégulières, voir page 54.

## COMPARATIF D'ÉGALITÉ

■ Il se forme sur le même modèle que celui de l'adjectif (voir page 51).

## COMPARATIF D'INFÉRIORITÉ

■ Il se construit de la manière suivante :

**nicht so** + ***adverbe*** + **wie**
*ne... pas aussi/moins* + ***adverbe*** + *que*
sie liest nicht so schnell wie Brigitte
*elle ne lit pas aussi/lit moins vite que Brigitte*

C

# Les comparatifs et les superlatifs des adverbes

## COMPARATIF DE SUPÉRIORITÉ

■ Il se forme sur le même modèle que celui de l'adjectif (voir page 52). « Que » se traduit par **als** :

er wächst schneller als sie
*il grandit plus vite qu'elle*

■ « De plus en plus » se traduit par **immer** + comparatif :

das Auto fuhr **immer schneller**
*la voiture allait de plus en plus vite*

■ « Encore plus… que » et « d'autant plus… que » se traduisent par **noch** et **umso** :

jetzt besuchen sie uns noch häufiger als im Vorjahr
*ils nous rendent visite encore plus fréquemment que l'année dernière*
nach einer Pause werden wir umso besser arbeiten können
*nous travaillerons d'autant mieux si nous nous reposons*

# Le conditionnel

À l'inverse du français, l'allemand n'a pas de mode conditionnel. Pour exprimer des hypothèses, on emploie la forme simple du ***subjonctif prétérit,*** ou la forme composée suivante : ***subjonctif prétérit*** de **werden** + infinitif ou infinitif passé.

## FORMATION

### VERBES FAIBLES

■ Le conditionnel et la forme avec **würde** + infinitif

| | fragen | |
|---|---|---|
| ich | würde… fragen | würde… gefragt haben |
| du | würdest… fragen | würdest… gefragt haben |
| er/sie/es | würde… fragen | würde… gefragt haben |
| wir | würden… fragen | würden… gefragt haben |
| ihr | würdet… fragen | würdet… gefragt haben |
| Sie/sie | würden… fragen | würden… gefragt haben |

■ On utilise **würde** + infinitif pour remplacer les formes peu usitées du subjonctif prétérit :

wenn du ihm mehr Geld **gäbest**.../wenn du ihm mehr Geld **geben würdest**...
*si tu lui donnais plus d'argent…*

On emploie parfois aussi la forme composée à la place du subjonctif présent ou passé composé.

■ Dans les tableaux de conjugaison pages 286-99, vous trouverez toutefois l'appellation « conditionnel » pour désigner cette forme composée du subjonctif prétérit, forme que l'on utilise dans la plupart des cas pour traduire un conditionnel français.

### VERBES FORTS

■ Le conditionnel et les subjonctifs avec **würde**

Comme pour les verbes faibles.

# Le conditionnel

## EXPRESSION DE L'IRRÉEL

■ « Si » se traduit par **wenn** pour les hypothèses. Contrairement au français, les deux verbes se mettent au conditionnel et leurs formes conjuguées entournent la virgule :

Wenn ich reich wäre, würde ich eine Weltreise machen.
*Si j'étais riche, je ferais le tour du monde.*
Wenn ich im Lotto gewonnen hätte, wäre ich Millionär geworden.
*Si j'avais gagné au loto, je serais devenu millionnaire.*

# Les conjonctions

Les conjonctions servent à relier des mots ou des propositions.

vor **und** hinter dem Haus
*devant et derrière la maison*
schön, **aber** gefährlich
*beau mais dangereux*
nimm meinen Schirm, **damit** du nicht nass wirst
*prends mon parapluie pour ne pas te mouiller*

■ Elles se divisent en deux catégories : les conjonctions de coordination et les conjonctions de subordination.

■ Il est important de savoir s'il s'agit d'une conjonction de coordination ou de subordination en allemand, car elles ont une influence différente sur la syntaxe de la phrase qui suit.

■ Ainsi, et à la différence, on fait par exemple la différence entre ***car*** - **denn** et ***parce que*** - **weil**:

ich bin im Bett, denn ich bin krank
ich bin im Bett, weil ich krank bin

■ Par ailleurs, on trouve aussi certains adverbes qui peuvent lier deux phrases de la même manière que le conjonctions (par exemple: **nämlich**; cf.fiche subordination) sans pourtant avoir une influence sur la syntaxe.

C

# Les conjonctions de coordination

Elles relient des mots ou des groupes de mots ayant une fonction similaire (par exemple des noms, des adjectifs, des adverbes, des prépositions, des propositions, ou même des phrases). Elles ont pour particularité de ne pas compter comme membre de phrase et elles sont donc placées devant l'élément qui se retrouve en première position. Elles occupent la position dite « zéro » :

| | **aber** | **ich** | **will nicht** |
|---|---|---|---|
| position : | 0 | 1 | 2 |

## LES PRINCIPALES CONJONCTIONS DE COORDINATION

| | | | |
|---|---|---|---|
| **aber**<br>*mais* | **allein**<br>*mais (littéraire)* | **denn**<br>*car* | **oder**<br>*ou* |
| **sondern**<br>*mais* | **sowie**<br>*ainsi que* | **und**<br>*et* | |

■ On peut mémoriser les conjonctions de coordination à l'aide du moyen mnémotechnique

**ADUSO**, der Satz bleibt so :
- **ADUSO** donne les initiales de : aber, denn, und, sondern, oder ;
- der Satz bleibt so = le verbe reste en seconde position.

■ Lorsqu'elles introduisent une proposition, l'ordre des mots est le même que dans une phrase simple, car ces conjonctions occupent la position zéro dans la phrase (voir page 137) :

ich esse gern Käse, **aber** ich trinke nicht gern Milch
*j'aime le fromage mais je n'aime pas le lait*
gehen wir ins Konzert, **oder** bleiben wir zu Hause?
*on va au concert ou bien on reste à la maison ?*
sie schlief nicht ein, **sondern** (sie) lag hellwach im Bett
*elle ne s'endormit pas, mais resta éveillée dans son lit*

■ Six conjonctions entraînent le passage du verbe en première position :

dann *alors* ;
danach *après* ;
daher *c'est pourquoi* ;
darum *c'est pourquoi* ;
deshalb *c'est pourquoi* ;
trotzdem *quand même*.
Es ist heiß, deshalb gehen wir an den Strand.
*Il fait chaud, c'est pourquoi nous allons à la plage.*

# Les conjonctions de coordination

■ Comme le montre l'exemple ci-dessus, **sondern** s'emploie pour deux idées opposées, quand le premier élément de la phrase contient une négation :

nicht schwarz, sondern weiß
*pas noir, mais blanc*

nicht klug, sondern dumm
*pas intelligent, mais bête*

## C'est pratique

■ La conjonction **aber** peut être aussi postposée à un membre de la phrase. On la place alors juste après le membre concerné par l'opposition exprimée par **aber**, membre qui est alors accentué :

Peter will Arzt werden; **aber** ich will Künstlerin werden
ich **aber** will Künstlerin werden
ich will **aber** Künstlerin werden
*Peter veut devenir médecin ; mais moi, je veux être artiste*

## LES CONJONCTIONS SE COMPOSANT DE DEUX PARTIES

**sowohl... als auch**
*non seulement... mais (encore)*

**nicht nur..., sondern auch**
*non seulement... mais aussi*

**entweder..., oder**
*soit... soit, ou... ou*

**weder... noch**
*ni... ni*

**sowohl** deine Mutter **als auch** ich sind dagegen
*non seulement ta mère est contre, mais moi aussi*
**nicht nur** das Essen, **sondern auch** das Bier war sehr teuer
*non seulement la nourriture était chère, mais la bière aussi*
**entweder** sie zahlen mehr **oder** wir kündigen den Vertrag
*soit ils paient plus, soit nous annulons le contrat*
**weder** Rom **noch** Neapel hat ihnen gefallen
*ni Rome ni Naples ne leur ont plu*

■ Remarquez que, contrairement au français, le verbe n'est pas toujours au pluriel en allemand.

## LES ADVERBES

■ Certains adverbes fonctionnent aussi comme des conjonctions de coordination. S'ils sont placés en première position, le sujet se place alors après le verbe conjugué. Parmi ces adverbes, on trouve notamment :

**also**
*donc*

**außerdem**
*de plus*

**deshalb**
*c'est pourquoi*

**inzwischen**
*entre-temps*

**sonst**
*sinon*

**trotzdem**
*malgré cela*

ich stehe morgen früh auf, **ich muss also** jetzt gehen
ich stehe morgen früh auf, **also muss ich** jetzt gehen
*je me lève tôt demain, il faut donc que je parte maintenant*
er muss heute Abend noch arbeiten; **er wäre sonst** gekommen
er muss heute Abend noch arbeiten, **sonst wäre er** gekommen
*il doit encore travailler ce soir, sinon il serait venu*
sie ist 35; **sie benimmt sich trotzdem** wie ein Kind
sie ist 35; **trotzdem benimmt sie sich** wie ein Kind
*elle a 35 ans ; malgré cela elle se comporte comme une enfant*

## LES CONJONCTIONS À VALEUR EXPLICATIVE

**das heißt**
*c'est-à-dire, du moins*

**und zwar**
*à savoir*

er kommt morgen, **das heißt**, nur wenn er mit seiner Arbeit fertig ist
*il vient demain, enfin, seulement s'il a terminé son travail*
er möchte gern nach Deutschland fahren, **und zwar** nach Berlin
*il voudrait bien aller en Allemagne, à Berlin pour être plus précis*

# Les conjonctions de subordination



Les conjonctions de subordination relient une proposition subordonnée à la proposition dont elle dépend.

■ Le verbe conjugué se place à la fin de la subordonnée. Quand la subordonnée précède la principale (c'est-à-dire qu'elle occupe la première position), le verbe conjugué de la principale se place juste après (en deuxième position), suivi du sujet.

## LES PRINCIPALES CONJONCTIONS DE SUBORDINATION

**dass**
*que*
**nachdem**
*après*
**wenn**
*si, quand*
**da/weil**
*parce que*
**obwohl/obgleich**
*au lieu de*
**um (..) zu**
*pour*
**falls**
*au cas où*

**als**
*lorsque, quand*
**seit(dem)**
*depuis que*
**als ob**
*comme si*
**sodass/so dass**
*si bien que*
**ohne (...) zu**
*si*
**ob**
*si*

**bevor/ehe**
*avant que*
**während**
*pendant que*
**damit**
*afin que*
**sobald**
*dès que*
**(an)statt (..) zu**
*au lieu de*
**bis**
*jusqu'à ce que*

bitte sag ihm, **dass** ich große Lust dazu hätte
*dis-lui, s'il te plaît, que j'en aurais très envie*
die Firma ging pleite, **als** sie 50 war
*l'entreprise a fait faillite lorsqu'elle avait 50 ans*
***ou :*** **als** sie 50 war, **ging** die Firma pleite
*lorsqu'elle avait 50 ans, l'entreprise a fait faillite*
**wenn** wir nur Zeit hätten, würden wir so viel tun
*si seulement nous avions le temps, nous ferions tellement de choses*
**wenn** ich dir begegne, siehst du immer so traurig aus
*à chaque fois que je te vois, tu parais toujours si triste*
mein Schirm war kaputt, **sodass** ich bis auf die Haut nass wurde
*mon parapluie était cassé, ce qui fait que j'étais trempé jusqu'aux os*
sie ging, **als ob** sie blind **wäre**
*elle marchait comme si elle était aveugle*

■ On peut supprimer le **ob** de la conjonction **als ob** si l'on place le verbe conjugué juste après **als** :

sie ging, **als wäre** sie blind

# Les conjonctions de subordination

■ Vous noterez que l'allemand utilise l'indicatif après **obwohl/obgleich** et **bevor/ehe**.

■ **Ohne (...) zu**, **um (...) zu** et **(an)statt (...) zu** + infinitif peuvent seulement s'employer lorsque le sujet (implicite) est le même dans chaque proposition :

**ohne** ein Wort **zu** sagen, schlich er aus dem Haus
*sans dire un mot, il sortit furtivement de la maison*
ich rufe sie an, **um** sie ein**zu**laden
*je l'appelle pour l'inviter*

## OMISSION DES CONJONCTIONS DE SUBORDINATION

■ On peut parfois omettre **dass** ou **wenn** :

■ Lorsque la proposition subordonnée en question vient après la proposition principale, le verbe conjugué occupe sa position « normale » (la deuxième position) dans la subordonnée :

bitte sag ihm, ich hätte große Lust dazu
*dis-lui, s'il te plaît, que j'en aurais très envie*

■ Lorsque la proposition subordonnée vient avant la proposition principale, c'est-à-dire qu'elle occupe la première place, le verbe conjugué de la principale se place juste après la proposition subordonnée :

hätten wir nur Zeit, würden wir so viel tun
*si seulement nous avions du temps, nous ferions tellement de choses*

■ Vous noterez que dans cet exemple et celui du point a), les deux propositions sont séparées par une virgule.

## LES INTERROGATIFS ET *OB*

■ Les pronoms interrogatifs (par exemple **was?**, **welcher?**, **wie?**) et **ob** servent de conjonctions de subordination dans les questions au discours indirect :

der Polizist fragte mich, **ob** ich etwas gehört hätte
*le policier m'a demandé si j'avais entendu quelque chose*
dann fragte er mich, **was** ich gehört hätte
*puis il m'a demandé ce que j'avais entendu*

**Voir aussi page 220**.

# La date

L'expression de la date en allemand comporte quelques particularités.

## LES MOIS *DIE MONATE*

| | | | |
|---|---|---|---|
| **Januar** | *janvier* | **Juli** | *juillet* |
| **Februar** | *février* | **August** | *août* |
| **März** | *mars* | **September** | *septembre* |
| **April** | *avril* | **Oktober** | *octobre* |
| **Mai** | *mai* | **November** | *novembre* |
| **Juni** | *juin* | **Dezember** | *décembre* |

■ Les noms de mois prennent une majuscule en allemand.

## LES JOURS DE LA SEMAINE *DIE WOCHENTAGE*

| | |
|---|---|
| **Montag** | *lundi* |
| **Dienstag** | *mardi* |
| **Mittwoch** | *mercredi* |
| **Donnerstag** | *jeudi* |
| **Freitag** | *vendredi* |
| **Samstag** | *samedi* |
| **Sonnabend** | *samedi* (nord de l'Allemagne) |
| **Sonntag** | *dimanche* |

■ Tout comme les mois, les jours prennent une majuscule.

## LES SAISONS *DIE JAHRESZEITEN*

| | | | |
|---|---|---|---|
| **der Frühling** | *printemps* | **der Herbst** | *automne* |
| **der Sommer** | *été* | **der Winter** | *hiver* |

■ Les saisons prennent également une majuscule.

### Petit rappel

■ Attention aux prépositions employées :

**im** Juni
*en juin*

**am** Mittwoch
*(le) mercredi*

**im** Herbst
*en automne*

## LES DATES

■ Contrairement au français, on emploie les nombres ordinaux pour la date :

der 1. (*se dit :* **erste**) Mai
*le 1er mai*

am 11. (*se dit :* **elften**) April
*le 11 avril*

# La date

■ La date sur une lettre ou une carte s'écrit en général de la façon suivante :

Dortmund, (den) 3.7.2003
*(se dit :* **den dritten Siebten zweitausenddrei***)*
***ou*** Dortmund, den 3. Juli 2003

■ « Quel jour sommes-nous ? » peut se traduire de deux manières différentes :

der Wievielte ist heute?
den Wievielten haben wir heute?

■ Pour les années, l'allemand emploie soit l'année seule, c'est-à-dire sans préposition, soit **im Jahr(e)** + date :

wir haben uns 1996/im Jahr(e) 1996 kennen gelernt
*nous nous sommes rencontrés en 1996*

■ Les années « en mille » se lisent comme des multiples de cent, sauf pour les années commençant par 10- et 20- :

1100 elfhundert *(= l'an onze cent)*
1984 neunzehnhundertvierundachtzig *(= dix-neuf cent quatre-vingt-quatre)*
1066 tausendsechsundsechzig *(= mille soixante-six)*
2003 zweitausenddrei *(= deux mille trois)*

■ Le millésime d'un vin prend la terminaison invariable **-er** :

1976er Piesporter Michelsberg

■ Les noms employés comme compléments circonstanciels de temps sont en général à l'accusatif :

| letzt**en** Winter | **den** ganzen Tag | **jede** Nacht |
|---|---|---|
| *l'hiver dernier* | *toute la journée* | *toutes les nuits* |

## EXPRESSIONS UTILES

| | |
|---|---|
| **morgens** | *le matin (= tous les matins)* |
| **am Morgen** | *le matin* |
| **am nächsten Morgen** | *le lendemain matin* |
| **eines Morgens** | *un matin* |
| **(am) Montagmorgen** | *lundi matin* |
| **montags morgens** | *le lundi matin* |
| **guten Morgen!** | *bonjour ! (le matin)* |
| **abends** | *le soir (= tous les soirs)* |
| **am Abend** | *le soir* |
| **(am) Samstagabend** | *samedi soir* |

| | |
|---|---|
| **samstags abends** | *le samedi soir* |
| **eines Abends** | *un soir* |
| **jeden Abend** | *tous les soirs* |
| **guten Abend!** | *bonsoir !* |
| **nachts** | *la nuit* |
| **über Nacht** | *pendant la nuit, du jour au lendemain* |
| **Nacht für Nacht** | *nuit après nuit* |
| **eines Nachts** | *une nuit* |
| **gute Nacht!** | *bonne nuit !* |
| **heute** | *aujourd'hui* |
| **heute früh/morgen** | *ce matin* |
| **heute Nacht** | *ce soir/la nuit dernière* |
| **heutzutage** | *de nos jours* |
| **gestern** | *hier* |
| **gestern Abend** | *hier soir* |
| **vorgestern** | *avant-hier* |
| **gestern vor einer Woche** | *il y a une semaine hier* |
| **morgen** | *demain* |
| **morgen früh** | *demain matin* |
| **übermorgen** | *après-demain* |
| **morgen in einer Woche** | *demain en huit* |
| **von heute auf morgen** | *du jour au lendemain* |
| **am Sonntag** | *dimanche/le dimanche* |
| **erst am Sonntag** | *pas avant dimanche* |
| **sonntags, jeden Sonntag** | *le dimanche, tous les dimanches* |
| **täglich (Tages-)** | *tous les jours, par jour* |
| **alltäglich** | *quotidien* |
| **in drei Tagen** | *dans trois jours* |
| **tagsüber** | *pendant la journée* |
| **eines Tages** | *un jour* |
| **den ganzen Tag** | *toute la journée* |
| **letzte/nächste Woche** | *la semaine dernière/prochaine* |
| **vorletzte Woche** | *il y a quinze jours* |
| **die Woche davor** | *la semaine d'avant* |
| **übernächste Woche** | *dans quinze jours* |
| **die Woche danach** | *la semaine d'après* |
| **wöchentlich (Wochen-)** | *chaque semaine, hebdomadaire* |

# La date

| | |
|---|---|
| **während/unter der Woche** | *pendant la semaine* |
| **am/übers Wochenende** | *le week-end* |
| | |
| **letzten/nächsten Monat** | *le mois dernier/prochain* |
| **monatlich (Monats-)** | *chaque mois, mensuel* |
| **zwei Monate lang** | *pendant deux mois* |
| **vor zwei Monaten** | *il y a deux mois* |
| **er verdient 2 000 Euro im Monat** | *il gagne 2 000 euros par mois* |
| **Anfang/Ende März** | *au début/à la fin du mois de mars* |
| | |
| **letztes/nächstes Jahr** | *l'année dernière/prochaine* |
| **jährlich (Jahres-)** | *chaque année, par an* |
| **2004/im Jahr(e) 2004** | *en 2004* |
| **in den 60er-Jahren** | *dans les années 60* |
| **das Schaltjahr** | *année bissextile* |
| **im 19. Jahrhundert** | *au XIX^e^ siècle* |
| **aus dem 15. Jh.** | *du XV^e^ siècle* |
| **mittelalterlich** | *médiéval* |
| | |
| **500 v. Chr. (= vor Christus)** | *500 avant J.-C.* |
| **500 n. Chr. (= nach Christus)** | *500 après J.-C.* |
| | |
| **Ostern** | *Pâques* |
| **Pfingsten** | *la Pentecôte* |
| **Weihnachten** | *Noël* |
| **Silvester** | *la Saint-Sylvestre* |
| | |
| **er ist 18 Jahre alt** | *il a 18 ans* |
| **sie ist in den Zwanzigern** | *elle a une vingtaine d'années* |
| **er ist Mitte 40** | *il a environ 45 ans* |
| **in mittlerem Alter** | *d'un certain âge* (45-55) |
| **in diesem Alter** | *à cet âge* |
| | |
| **das erste Mal** | *la première fois* |
| **zum ersten Mal** | *pour la première fois* |
| **meine Uhr geht vor/nach** | *ma montre avance/retarde* |
| **der Zug hat 5 Minuten Verspätung** | *le train a 5 minutes de retard* |
| **im Augenblick** | *pour le moment* |
| **früher oder später** | *tôt ou tard* |

| | |
|---|---|
| **mit der Zeit** | *avec le temps, à la longue* |
| **im Laufe der Zeit** | *avec le temps* |
| **seit einiger Zeit** | *depuis quelque temps* |
| **eine Zeit lang** | *pendant quelque temps* |
| **für/auf immer** | *pour toujours* |
| **Zeit verbringen** | *passer du temps* |
| **Zeit vergeuden** | *perdre du temps* |
| **sich** *(dat.)* **Zeit für etwas** *(acc.)* **nehmen** | *prendre du temps pour* |

# Le datif

Le datif est le cas qui permet de répondre à la question « à qui ».

Le datif peut avoir de différentes fonctions :

- Comme complément d'objet indirect :

  er versprach **seiner Frau** die Treue
  *il a promis fidélité à sa femme*

- Comme complément de certains verbes (**danken**, **helfen**, **folgen**, **gratulieren**, etc.) :

  er folgte **dem Verbrecher**
  *il a suivi le criminel*
  helfen Sie **mir** bitte
  *aidez-moi, s'il vous plaît*

- Après certaines prépositions (**voir pages 163-6, 172-181 et 184**)

- Comme complément de certains adjectifs :

  sie ist **ihrer Mutter** sehr ähnlich
  *elle ressemble beaucoup à sa mère*

# La déclinaison des noms

Dans la plupart des cas, les noms allemands ne portent plus de marques de cas. On se contente de décliner l'article. Les exceptions sont le génitif et le datif pluriels.

■ Tous les noms masculins et neutres se terminent par **-(e)s** au génitif singulier.

■ Certains noms masculins et neutres, pour la plupart monosyllabiques, peuvent avoir une terminaison en **-e** au datif singulier. Ceci n'est qu'une option et on en fait usage pour des raisons rythmiques. Il existe quelques expressions idiomatiques où le **-e** est nécessaire, par exemple **im Grunde** *au fond*, mais dans la plupart des cas ce n'est pas une erreur de l'omettre : **zu Haus** ou **zu Hause** *à la maison*.

■ Tous les noms ont une terminaison en **-n** au datif pluriel, sauf ceux qui ont un pluriel en **-s**.

## LE MASCULIN

| | singulier | pluriel | |
|---|---|---|---|
| nom. | de**r** Vater | di**e** Väter | *père* |
| acc. | de**n** Vater | di**e** Väter | |
| dat. | de**m** Vater | de**n** Väter**n** | |
| gén. | de**s** Vater**s** | de**r** Väter | |
| nom. | de**r** Tag | di**e** Tage | *jour* |
| acc. | de**n** Tag | di**e** Tage | |
| dat. | de**m** Tag**(e)** | de**n** Tage**n** | |
| gén. | de**s** Tag**(e)s** | de**r** Tage | |

■ Un certain nombre de noms masculins ont une déclinaison faible et prennent la terminaison **-(e)n** à tous les cas, au singulier et au pluriel, sauf au nominatif singulier :

| | singulier | pluriel | |
|---|---|---|---|
| nom. | de**r** Löwe | di**e** Löwen | *lion* |
| acc. | de**n** Löwe**n** | di**e** Löwen | |
| dat. | de**m** Löwe**n** | de**n** Löwen | |
| gén. | de**s** Löwe**n** | de**r** Löwen | |

# La déclinaison des noms

| | singulier | pluriel | |
|---|---|---|---|
| nom. | de**r** Christ | di**e** Christen | *chrétien* |
| acc. | de**n** Christ**en** | di**e** Christen | |
| dat. | de**m** Christ**en** | de**n** Christen | |
| gén. | de**s** Christ**en** | de**r** Christen | |

| | | | |
|---|---|---|---|
| nom. | de**r** Student | di**e** Studenten | *étudiant* |
| acc. | de**n** Student**en** | di**e** Studenten | |
| dat. | de**m** Student**en** | de**n** Studenten | |
| gén. | de**s** Student**en** | de**r** Studenten | |

| | | | |
|---|---|---|---|
| nom. | de**r** Herr | di**e** Herren | *monsieur* |
| acc. | de**n** Herr**n** | di**e** Herren | |
| dat. | de**m** Herr**n** | de**n** Herren | |
| gén. | de**s** Herr**(e)n** | de**r** Herren | |

■ Les noms masculins qui ont des terminaisons en **-(e)n** au singulier sont :

– des noms en **-e** désignant des hommes ou des animaux :

der Erbe — *l'héritier*
der Zeuge — *le témoin*
der Bulle — *le taureau*

– un certain nombre de monosyllabes se terminant par une consonne et désignant des hommes ou des animaux :

der Bär — *l'ours*
der Fürst — *le prince*
der Held — *le héros*
der Mensch — *l'homme*
der Narr — *le fou*
der Prinz — *le prince*

***ainsi que :*** der Bauer — *le fermier*; der Nachbar — *le voisin*

– les mots dérivés de mots étrangers ayant une terminaison en **-ant**, **-and**, **-ent**, **-graph**/**-graf**, **-at**, **-et**, **-ist**, **-log**, **-nom**, etc.La plupart désignent des occupations :

der Astronom — *l'astronome*
der Automat — *l'automate*
der Athlet — *l'athlète*

# La déclinaison des noms

der Emigrant
*l'émigré*
der Doktorand
*l'étudiant en doctorat*
der Polizist
*le policier*
der Fotograf
*le photographe*
der Bürokrat
*le bureaucrate*
der Geologe
*le géologue*

■ Un petit nombre de masculins ont une terminaison en **-(e)n** au pluriel, à l'accusatif et au datif singulier, mais forment leur génitif singulier en ajoutant **-(e)ns**. **Das Herz** suit cette règle, sauf à l'accusatif singulier :

| | singulier | pluriel | |
|---|---|---|---|
| nom. | de**r** Name | di**e** Namen | *nom* |
| acc. | de**n** Name**n** | di**e** Namen | |
| dat. | de**m** Name**n** | de**n** Namen | |
| gén. | de**s** Name**ns** | de**r** Namen | |
| | | | |
| nom. | da**s** Herz | di**e** Herzen | *cœur* |
| acc. | da**s** Herz | di**e** Herzen | |
| dat. | de**m** Herz**en** | de**n** Herzen | |
| gén. | de**s** Herz**ens** | de**r** Herzen | |

**Der Buchstabe** *la lettre* suit la même irrégularité que **der Name**.

■ Il existe un petit groupe de mots qui ont deux formes au nominatif, et qui prennent **-ns** au génitif singulier quelle que soit la forme au nominatif :

der Fried**e**/Fried**en**
*la paix*
der Gedank**e**/Gedank**en**
*la pensée*
der Sam**e**/Sam**en**
*la graine*
der Funk**e**/Funk**en**
*l'étincelle*
der Glaub**e**/Glaub**en**
*la croyance*
der Will**e**/Will**en**
*la volonté*

| | singulier | pluriel | |
|---|---|---|---|
| nom. | de**r** Funke**(n)** | di**e** Funken | *étincelle* |
| acc. | de**n** Funke**n** | di**e** Funken | |
| dat. | de**m** Funke**n** | de**n** Funken | |
| gén. | de**s** Funke**ns** | de**r** Funken | |

D

# La déclinaison des noms

## LE FÉMININ

| | singulier | pluriel | |
|---|---|---|---|
| nom. | di**e** Frau | di**e** Frauen | |
| acc. | di**e** Frau | di**e** Frauen | |
| dat. | de**r** Frau | de**n** Frauen | *femme* |
| gén. | de**r** Frau | de**r** Frauen | |
| | | | |
| nom. | di**e** Nacht | di**e** Nächte | |
| acc. | di**e** Nacht | di**e** Nächte | |
| dat. | de**r** Nacht | de**n** Nächte**n** | *nuit* |
| gén. | de**r** Nacht | de**r** Nächte | |

## LE NEUTRE

| | singulier | pluriel | |
|---|---|---|---|
| nom. | da**s** Gebäude | di**e** Gebäude | |
| acc. | da**s** Gebäude | di**e** Gebäude | |
| dat. | de**m** Gebäude | de**n** Gebäude**n** | *bâtiment* |
| gén. | de**s** Gebäude**s** | de**r** Gebäude | |
| | | | |
| nom. | da**s** Gras | di**e** Gräser | |
| acc. | da**s** Gras | di**e** Gräser | |
| dat. | de**m** Gras**(e)** | de**n** Gräser**n** | *herbe* |
| gén. | de**s** Gras**es** | de**r** Gräser | |

# La déclinaison des noms

## REMARQUES DIVERSES SUR LES FORMES

■ Génitif en **-s** ou **-es** ?

– On ajoute **-es** à la fin des mots se terminant par **-s**, **-ß**, **-x**, **-z**, **-sch** :

der Krebs → **des** Kreb*s***es**
*le crabe*

der Sitz → **des** Sitz**es**
*le siège*

der Kitsch → **des** Kitsch**es**
*le tape-à-l'œil, le kitsch*

– On ajoute **-es** à la fin des mots se terminant par deux consonnes :

der Kopf → **des** Kopf**es**
*la tête*

das Hemd → **des** Hemd**es**
*la chemise*

(der) Gott → (**des**) Gott**es**
*(le) Dieu*

– On ajoute normalement **-s** aux mots se terminant par une syllabe non accentuée :

der Anfang → **des** Anfang**s**
*le commencement*

– On ajoute normalement **-s** aux mots se terminant par une voyelle ou une voyelle + **h** :

das Kino → **des** Kino**s**
*le cinéma*

der Schuh → **des** Schuh**s**
*la chaussure*

– On ajoute un **-s** à la plupart des noms étrangers et des noms de couleurs :

das Rot → **des** Rot**s**
*le rouge*

das Restaurant → **des** Restaurant**s**
*le restaurant*

– Les noms étrangers en **-as**, **-os**, **-us** n'ont pas d'autre termi-naison au génitif singulier :

der Mythos → **des** Mythos
*le mythe*

der Kommunismus → **des** Kommunismus
*le communisme*

■ Les noms neutres se terminant par **-nis**

Ces noms doublent le **-s** avant la terminaison du génitif :

das Bildnis → **des** Bildnis**ses**
*le portrait*

# La déclinaison des noms

## LE GÉNITIF DES NOMS PROPRES ET DES TITRES

■ Il existe une forme de génitif où le complément du nom précède le nom auquel il fait référence et qui s'appelle ***le génitif saxon*** (similitude avec l'anglais). On emploie le génitif saxon pour indiquer l'appartenance à un nom propre. L'article défini disparaît et le nom propre prend la place de l'article avec une terminaison en **-s** :

Bach**s** Kantaten
*les cantates de Bach*

On trouve aussi la construction suivante :

die Kantaten Bach**s**
*les cantates de Bach*

■ Tous les noms propres prennent un **-s** au génitif, qu'ils soient masculins ou féminins :

Paul**s** Vater
*le père de Paul*
Frau Schmidt**s** Geburtstag
*l'anniversaire de Mme Schmidt*

Monika**s** Freund
*le petit ami de Monika*

■ Pour les noms composés de plus d'un mot, on place le **-s** à la fin du dernier élément :

die Stücke Friedrich Dürrenmatt**s**
Friedrich Dürrenmatt**s** Stücke
*les pièces de Friedrich Dürrenmatt*

À l'exception de certains noms médiévaux :

die Werke Gottfried**s** von Straßburg
*les œuvres de Gottfried von Straßburg*

■ Les noms se terminant par **-s**, **-ß**, **-x**, **-z** sont traités différemment. L'addition de **-ens** (**Fritzens** par exemple) était courante, mais elle est aujourd'hui désuète. On emploie parfois une apostrophe après le **-s** en allemand écrit (**Grass' Stücke** *les pièces de Grass*). Mais en général, on évite cet usage en employant **von** ou **des/der** :

der Einfluss von Marx
*l'influence de Marx*
die Reise des Kolumbus
*le voyage de Christophe Colomb*

■ On omet le **-s** du génitif lorsque le nom propre est précédé d'un article au génitif. Notez que cet usage s'emploie surtout pour les titres (livres, chansons, etc.) :

der aufhaltsame Aufstieg **des** Arturo Ui
*la Résistible ascension d'Arturo Ui*

# La déclinaison des noms



■ Lorsque le nom propre est précédé d'un titre (président, P.D.-G., etc.), il prend un **-s** alors que le titre n'en prend pas :

die Politik Präsident Bush**s**
*la politique du président Bush*

Tante Frieda**s** Schmuck
*les bijoux de tante Frieda*

■ Mais **Herr** se décline dans toutes ses formes :

Herrn Köpke**s** Angebot
*l'offre de M. Köpke*

Herrn Professor Winter**s** Aufsatz
*l'essai du professeur Winter*

ein Brief an Herrn Doktor Weiß
*une lettre au docteur Weiß*

Notez que lorsqu'on écrit une lettre, on l'adresse à **Herrn X**. On ajoute parfois **an** devant, mais ce mot est toujours sous-entendu.

■ Après **statt**, **trotz**, **wegen**, les noms propres et les titres ne se déclinent pas :

trotz Peter
*malgré Peter*

wegen Direktor Braun
*à cause du directeur Braun*

■ Lorsqu'ils sont précédés d'un article, d'un adjectif démonstratif ou possessif, les noms propres et les titres ne se déclinent pas :

das Schwert **des** General Herder
*l'épée du général Herder*

■ Les titres placés après le nom propre sont toujours déclinés :

das Leben Peter**s** **des** Großen
*la vie de Pierre le Grand*

# Les démonstratifs

Les différentes formes de démonstratifs doivent être déclinées en allemand.

| **dieser** | **jener** | **jeder** | **mancher** | **solcher** | **aller** | **welcher** |
|---|---|---|---|---|---|---|
| *ce* | *ce* | *chaque* | *maint, plus d'un* | *tel* | *tous* | *quel* |

■ On les appelle généralement adjectifs (ou pronoms) démonstratifs. Les adjectifs qui les suivent ont la même terminaison que ceux précédés de l'article défini.

## FORMES

| | masculin | féminin | neutre | pluriel |
|---|---|---|---|---|
| nom. | **dieser** | **diese** | **dieses** | **diese** |
| acc. | **diesen** | **diese** | **dieses** | **diese** |
| dat. | **diesem** | **dieser** | **diesem** | **diesen** |
| gén. | **dieses** | **dieser** | **dieses** | **dieser** |

■ Les autres adjectifs démonstratifs ont les mêmes terminaisons. Cependant, **jeder** n'est employé qu'au singulier.

## *DIESER* (CE)

■ On emploie **dieser** pour indiquer une personne ou un objet précis. On peut l'utiliser avec un nom (article démonstratif : « ce », « cette », « ces »), ou seul (pronom démonstratif : « celui-ci », « celle-ci », « ceux-ci », etc.)

gefällt dir **dieser** Mantel?
*tu aimes ce manteau ?*
nein, ich nehme **diesen**
*non, je vais prendre celui-ci*

■ Il est souvent renforcé par **hier** ou **da**, placés après le nom qu'il accompagne. Il correspond en français à « ce…(-ci) » et « ce…(-là) » :

**diese** Jacke **hier** ist schöner
*cette veste(-ci) est plus belle*
aber probier **diese da** an
*mais essaie donc celle-là*

■ Lorsqu'il est employé seul, avant **sein** (à n'importe quel temps), on emploie généralement la forme **dies**, quel que soit le nombre ou le genre du nom auquel il se rapporte. Le verbe est au singulier ou au pluriel suivant le nombre du nom qui le suit :

**dies** sind meine Eltern
*ce sont mes parents*
**dies** hier ist meine Tochter
*c'est ma fille*
**dies(es)** waren die besten Bilder
*c'étaient les meilleures photos*

■ Remarquez que l'on emploie parfois la forme contractée **dies** au neutre nominatif et à l'accusatif.

## *JENER* (CE)

■ **Jener** est relativement peu employé dans la langue parlée. Pour exprimer « ce…-là » par opposition à « ce…-ci », on emploie normalement **der/die/das** (voir c) ci-dessous). Dans l'exemple suivant, qui est d'un niveau de langue plutôt soutenu, on pourrait remplacer **jene** par **die**, mais **jene** est un peu plus emphatique :

er meint **jene** Person, die chemische Kenntnisse hat
*il pense à cette personne qui a des connaissances en chimie*

■ On emploie **jener** et **dieser** dans l'opposition « le premier… ce dernier » ou « celui-là… celui-ci » dans un langage plus soutenu :

ich möchte nicht **dieses**, sondern **jenes** Bild
*je ne veux pas de cette image-ci, je veux plutôt celle-là*

## *DER, DIE, DAS*

■ L'article défini s'emploie aussi en allemand dans le sens de « ce…(-là) ». On ajoute parfois le mot **da** après le nom :

**der** Mann (da) **die** Schule (da)
*cet homme(-là) cette école(-là)*

## *JEDER* (CHAQUE, CHACUN)

■ **Jeder** peut s'employer avant un nom ou seul, comme pronom :

**jedes** Kind weiß das
*chaque/tout enfant sait cela*
**jeder** soll kommen
*tout le monde doit venir*

■ Notez que **jedermann** est un peu plus soutenu. On emploie plus couramment **jeder**.

# Les démonstratifs

■ On peut renforcer **jeder** en ajoutant **ein** devant. Il garde toutefois les mêmes terminaisons :

**ein jeder** muss was mitbringen
*chacun doit apporter quelque chose*

## *MANCHER* (MAINT, PLUS D'UN)

■ **Mancher** peut s'employer avec un nom ou seul, comme pronom. Il indique un nombre incertain et peut se traduire par « plusieurs », « beaucoup », « plus d'un » :

**manche** älteren Leute
*quelques personnes plus âgées*
**mancher** Mann möchte reich sein
*plus d'un homme voudrait être riche*

**manche** hundert Euro
*plusieurs centaines d'euros*
**manches** blieb unerledigt
*il restait beaucoup à faire*

– On peut employer **manch** au singulier sans terminaison devant un adjectif suivi d'un nom :

sie hat **manch** schöne Stadt gesehen
*elle a vu beaucoup de belles villes*

■ Mais attention, cet usage est très littéraire.

– **Manch** reste invariable devant un article indéfini :

**manch eine** interessante Geschichte
*plus d'une histoire intéressante*
**manch ein** Roman
*plus d'un roman*

■ Employé seul, le nominatif masculin devient **manch einer** :

**manch einer** würde gern berühmt sein
*plus d'un voudrait bien être célèbre*

## *SOLCHER* (UN TEL)

■ Au singulier, on emploie rarement **solcher** avec des personnes ou des objets particuliers. On l'utilise en général avec des noms de qualités, des noms abstraits, etc. :

**solches** Wetter!
*quel temps !*

er hat **solche** Kraft
*il a tant de force*

mit **solcher** Geschwindigkeit, dass…
*à une telle vitesse que…*

■ Avec des personnes ou des objets précis, on emploie **so ein** :

**so ein** Fahrer
*un conducteur comme lui*

haben Sie **so eine** Tasche?
*avez-vous une sac comme celui-ci ?*

■ Au pluriel, on l'emploie avec tous les noms :

**solche** Frauen sind gefährlich
*de telles femmes sont dangereuses*

■ On peut aussi l'employer seul, comme pronom, en général au pluriel :

ich kenne auch **solche**
*j'en connais aussi*

■ Au singulier, on ne l'emploie couramment seul qu'au neutre, sous la forme **solches** :

hast du je **solches** gehört?
*as-tu déjà entendu une chose pareille ?*

– **Solch** reste invariable lorsqu'il est employé avant un adjectif suivi d'un nom (il se traduit alors par « tellement », « si ») :

ein **solch** altes Schloss
*un château tellement vieux*
**solch** schicke Kleider
*des robes si élégantes*

– **Solch** reste invariable lorsqu'il est suivi d'un article indéfini :

**solch ein** altes Schloss
*un si vieux château*
mit **solch einem** Freund
*avec un tel ami*

■ Employé comme pronom, le nominatif masculin est **solch einer**, le neutre au nominatif et à l'accusatif est **solch eines** :

**solch einer** war's
*c'en était un comme ça*
hast du je **solch eines** gesehen?
*tu en as déjà vu un comme ça ?*

– On peut aussi employer **solcher** après **ein** ou **kein**. Dans ce cas, il se décline comme l'adjectif (voir page 25). Comparez :

bei **solchem** schrecklichem Sturm
bei **einem solchen** schrecklichen Sturm
*pendant une tempête tellement épouvantable*

## *ALLER* (TOUT, TOUS)

■ Au singulier, **aller** ne peut s'employer qu'avec des noms de qualités, de matières ou des noms abstraits :

bei **aller** Bewunderung
*malgré toute mon admiration*

er hat **alles** Geld ausgegeben
*il a dépensé tout l'argent*

## Les démonstratifs

■ Au pluriel, il peut s'employer avant n'importe quel nom :

**alle** Spieler
*tous les joueurs*

für **alle** Kunden
*pour tous les clients*

der Beste von **allen** Gruppen
*le meilleur de tous les groupes*

■ Au neutre singulier et au pluriel, on peut l'employer seul, comme pronom :

nach **allem**, **was** du mir gesagt hast
*après tout ce que tu m'as dit*

**alles** in Ordnung?
*tout va bien ?*

Sie müssen **alle** kommen
*vous devez tous venir*

**alle** waren dagegen
*tout le monde était contre*

■ Remarquez les expressions suivantes :

**alle** Welt
*tout le monde*

die ganze Welt
*le monde entier*

Notez aussi que la forme normale avec la plupart des noms masculins et neutres au génitif singulier est **allen** :

**allen** Ernstes
*sérieusement*

■ Devant un article, un adjectif démonstratif ou possessif, la forme habituelle est **all**, qui reste invariable. L'adjectif, le démonstratif et le possessif gardent leurs terminaisons normales :

**all** unsere Bekannten
*toutes nos connaissances*

mit **all** diesem Geld
*avec tout cet argent*

**all** die Männer
*tous les hommes*

■ On peut aussi employer **das alles** et **dies alles** à la place de **all das** et **all dies**.

■ Notez l'ordre des mots :

- après un pronom :

es **alles**
*le tout*

mit uns **allen**
*avec nous tous*

- devant **beide** ou un nombre :

**alle** beide
*tous les deux*

von **allen** vier(en)
*de tous les quatre*

■ Deux structures sont possibles dans ce cas ; « tous les trois sont venus » peut se traduire des deux façons suivantes :

**alle** drei sind gekommen
sie sind **alle** drei gekommen

# Les démonstratifs

## *WELCHER?* (QUEL ?, LEQUEL ?)

■ **Welcher** est un adjectif ou pronom interrogatif. On peut donc l'employer devant des noms ou bien seul, comme pronom :

**welche** Farbe nehmen wir?
*quelle couleur allons-nous choisir ?*
bei **welcher** Familie wohnt sie?
*dans quelle famille loge-t-elle ?*
**welche** kommen mit?
*lesquels viennent avec nous ?*
**welches** gefällt dir am besten?
*lequel tu préfères ?*

■ Avant le verbe « être » (à tous les temps), on emploie souvent la forme **welches** pour tous les genres, au singulier et au pluriel. Le verbe est au singulier ou au pluriel suivant le nombre du nom qui suit :

**welches** ist der nächste Weg?
*quel est le plus court chemin ?*
**welches/welche** waren die besten?
*quels étaient les meilleurs ?*

■ On peut employer **welch** devant un adjectif suivi d'un nom dans les phrases exclamatives. Il reste alors invariable dans cet usage assez littéraire. On préfère l'emploi de **was für** dans la langue de tous les jours :

**welch** furchtbarer Kampf!
*quel combat effroyable !*
**was für ein** schlechtes Spiel!
*quel mauvais jeu !*

■ Dans les exclamations, on peut employer **welcher** avec un article indéfini devant un nom ou un adjectif suivi d'un nom :

**welch ein** schrecklicher Kerl!
*quel affreux individu !*

On peut aussi employer **welcher** devant un nom dans les phrases exclamatives. Cet emploi est très formel, bien que quelques expressions avec des noms féminins soient d'un niveau moins soutenu :

**welche** Freude!
*quelle joie !*
**welche** Schande!
*quelle honte !*

■ Comme adjectif ou pronom interrogatif, **welcher** peut introduire une proposition faisant fonction de complément d'objet d'un verbe d'expression, etc. Le verbe de la proposition introduite par **welcher** se place à la fin de celle-ci :

sag mir, **welche** CD mehr kostet
*dis-moi quel CD coûte le plus cher*
weißt du, **welche** mehr kostet?
*sais-tu laquelle coûte le plus cher ?*

■ **Welcher** peut aussi s'employer seul comme pronom indéfini, à la place de **etwas** et **einige**, etc. Dans cet usage, il n'indique pas une question. C'est un emploi très fréquent dans la langue de tous les jours. Il se traduit par « en » en français :

ich hab' kein Geld mehr, hast du **welches**?
*je n'ai plus d'argent, tu en as ?*
lass sie zu Hause, ich habe **welche**
*laisse-les à la maison, j'en ai*

■ La forme négative de **welcher** dans cet usage est **kein** :

bring sie mit, ich hab **keine**
*apporte-les avec toi, je n'en ai pas*

■ **Welcher** peut s'employer comme pronom relatif, sans indiquer une question. Son usage est moins courant que celui de **der/die/das,** mais est très utile pour éviter les répétitions :

das ist die Bluse, **welche** sie gewählt hat
*c'est le chemisier qu'elle a choisi*
wähle **die**, **welche** dir gefallen
*choisis ceux qui te plaisent*

# Derjenige et Derselbe



**Derjenige** et **Derselbe** correspondent au français « celui », « le même ».

■ Ces adjectifs démonstratifs sont formés de deux éléments : le premier prend la marque de l'article défini, le deuxième celle de l'adjectif lorsqu'il est précédé de l'article défini (voir page 24) :

| | masculin | féminin | neutre | pluriel |
|---|---|---|---|---|
| nom. | derjenige | diejenige | dasjenige | diejenigen |
| acc. | denjenigen | diejenige | dasjenige | diejenigen |
| dat. | demjenigen | derjenigen | demjenigen | denjenigen |
| gén. | desjenigen | derjenigen | desjenigen | derjenigen |

**Derselbe** suit le même modèle.

■ **Derjenige** peut s'employer avant un nom ou bien seul, comme pronom. On l'utilise pour préciser la personne ou la chose sur laquelle on va donner plus d'informations. Il est donc toujours suivi d'une proposition relative, d'un nom au génitif, ou bien d'une préposition suivie d'un nom.

Un nom précédé de **derjenige** est toujours suivi d'une proposition relative.

**diejenigen**, **die** schon Karten haben, sollen vortreten
*ceux qui ont déjà leurs billets doivent s'avancer*
**diejenigen** mit Karten sollen vortreten
*ceux qui ont des billets doivent s'avancer*
kennst du **diejenigen** Mitglieder, **die** dagegen gestimmt haben?
*connais-tu les membres qui ont voté contre ?*

■ On emploie **derselbe** devant un nom ou bien seul, comme pronom. Il se traduit par « le même » et s'écrit en un seul mot :

das ist nicht mehr **dieselbe** Mannschaft
*ce n'est plus la même équipe*
es läuft auf **dasselbe** hinaus
*cela revient au même*

## Attention !

■ L'article (**der**, etc.) dans **derselbe** peut se contracter avec certaines prépositions (voir pages 41-2). Il s'écrit alors en deux mots :

**im selben** Haus
*dans la même maison*

**zur selben** Schule
*à la même école*

# Derjenige et Derselbe

## *DERGLEICHEN* (UN TEL, UN PAREIL)

■ **Der gleiche** s'écrit en deux mots, sauf lorsqu'il signifie « un tel », auquel cas il s'écrit **dergleichen**. **Dergleichen** peut s'employer tout seul ou avant un nom, mais dans les deux cas, sa forme reste la même :

ich habe nichts **dergleichen** gesagt!
*je n'ai jamais dit ça !*

**dergleichen** Fälle
*de tels cas*

### Attention !

■ Attention à ne pas confondre l'usage de **derselbe/dasselbe/dieselbe** avec **der/die/das gleiche.** Les deux peuvent être traduits par ***le même.*** Cependant, **derselbe/dasselbe/dieselbe** présupposent que l'on parle du même objet, alors que **der/die/das gleiche** indiquent qu'il y a un objet semblable.

er hat dieselbe Hose wie gesten getragen
*il a porté le même pantalon qu'hier*
Ich habe die gleiche Hose wie er gekauft
*j'ai acheté le même pantalon que lui*

# Le discours indirect



Le discours indirect s'emploie lorsqu'une déclaration ou une question est rapportée dans une proposition subordonnée :

***il a dit : « j'irai là-bas » → il a dit qu'il irait là-bas***

■ Le discours indirect apparaît normalement après un verbe qui permet d'exprimer une affirmation ou une question : **äußern** *déclarer*, **behaupten** *affirmer*, **fragen** *demander*, **meinen** *croire*, *penser*, **sagen** *dire*, etc.

### Bon à savoir

■ En allemand, de telles propositions sont les seules dans lesquelles on peut se permettre d'omettre **dass**. Si **dass** est omis, l'ordre des mots est le même que dans une phrase simple :

er sagte, **dass** er **kommen würde**
*il a dit qu'il viendrait*
er sagte, er **würde kommen**
*il a dit qu'il viendrait*

## LE DISCOURS INDIRECT SANS LE SUBJONCTIF

■ En allemand, on transforme le discours direct en discours indirect en employant le subjonctif (**Konjunktiv I**). Mais si le verbe qui introduit la subordonnée est au présent, c'est l'indicatif qui est le plus couramment employé :

er sagt, dass er kommt
*il dit qu'il vient*

■ En allemand familier, on évite le subjonctif et on conserve l'indicatif du discours direct :

er hat gesagt, dass er kommt
*il a dit qu'il viendrait*

## LE DISCOURS INDIRECT AVEC LE SUBJONCTIF

■ Le choix du temps au discours indirect dépend du temps employé au discours direct d'origine, comme le montrent le tableau et les exemples suivants :

# Le discours indirect

| indicatif | subjonctif |
|---|---|
| au discours direct | au discours indirect |
| ***présent*** | ***présent ou prétérit*** |
| ***prétérit, passé composé, plus-que-parfait*** | ***passé composé, plus-que-parfait*** |
| | |
| ***futur*** | ***futur,* würde *+ infinitif*** |

Exemples :

ich **finde** es schwierig
*je trouve ça difficile*
er hat gesagt, er **finde** es schwierig
*il a dit qu'il trouvait ça difficile*
ich **fand** es schwierig
ich **habe** es schwierig **gefunden**
*j'ai trouvé ça difficile*
ich **hatte** es schwierig **gefunden**
*j'avais trouvé ça difficile*
er hat gesagt, er **habe** es schwierig **gefunden**
*il a dit qu'il avait trouvé ça difficile*
ich **werde** es schwierig **finden**
*je trouverai ça difficile*
er hat gesagt, er **werde** es schwierig **finden**
*il a dit qu'il trouverait ça difficile*

## LE CHOIX DU TEMPS DU SUBJONCTIF AU DISCOURS INDIRECT :

### Allemand écrit

■ En allemand écrit, on emploie de préférence les formes du **Konjunktiv I** (subjonctif présent), le subjonctif passé composé et le subjonctif futur.

■ Cependant, il y a exception lorsque la forme du subjonctif est identique à celle de l'indicatif remplacée. Dans de tels cas, c'est le **Konjunktiv II** que l'on emploie pour lever toute ambiguïté :

sie sagten, sie **fänden** *(**et non*** finden*)* es schwierig
sie sagten, sie **hätten** *(**et non*** haben*)* es schwierig gefunden
sie sagten, sie **würden** *(**et non*** werden*)* es schwierig finden

# Le discours indirect

■ Si le présent et le prétérit du subjonctif ont la même forme qu'à l'indicatif, on emploie de préférence le subjonctif prétérit :

sie sagten, sie **arbeiteten** *(**et non*** arbeiten*)* fleißig

## Allemand parlé

■ En allemand parlé, on emploie de préférence le subjonctif prétérit, le plus-que-parfait et la forme **würde** + infinitif (la deuxième possibilité donnée dans la colonne de droite des exemples des pages 87-8).

■ La forme **würde** + infinitif s'emploie couramment à la place du subjonctif prétérit (sauf avec **sein** et **haben**) :

sie sagte: "ich wohne hier" → sie sagte, sie **würde** hier **wohnen**
*elle a dit : « j'habite ici" » → elle a dit qu'elle habitait là*

# « En train de »

En allemand, pour pouvoir exprimer une action en train de se faire, on fait appel à plusieurs constructions.

■ On peut employer **gerade** :

sie isst gerade Bonbons
*elle est en train de manger des bonbons*

■ On peut aussi employer l'expression **beim** + verbe substantivé ou **am** + verbe substantivé dans la langue de tous les jours :

Gisela ist beim Lesen
*Gisela est en train de lire*
er ist am Schlafen *(Fam)*
*il est en train de dormir*

■ Finalement, on utilise l'expression **dabei** + infinitif :

er ist dabei, sich auzuziehen
*il est en train de s'habillier*

# Expressions de lieu

L'allemand distingue très précisément si une expression de lieu indique une position ou un mouvement. Pour un mouvement, on indique s'il y a rapprochement ou éloignement par rapport à celui qui parle en ajoutant la particule **her** (rapprochement) ou **hin** (éloignement).

## *WO*

- position :

**wo** bist du?
*où es-tu ?*
die Kirche steht links
*l'église est à gauche*
bleib hier!
*reste ici !*
es ist dort
*c'est là*
sie bleibt draußen
*elle reste dehors*
er ist oben
*il est en haut*
sie warten schon drinnen
*ils attendent à l'intérieur*
sie sitzt hinten
*elle est assise derrière*

## *WOHIN*

- mouvement, éloignement, lieu où l'on va :

**wohin** gehst du?
*où vas-tu ?*
geh **hin**!
*vas-y !*
es kommt dort**hin**
*ça se met là-bas*
sag mir, **wohin** du gehst
*dis-moi où tu vas*
geh schnell nach draußen!
*sors vite !*
er ging nach hinten
*il est allé derrière*

## *WOHER*

- mouvement, rapprochement, lieu d'où l'on vient :

**woher** kommst du?
*d'où viens-tu ?*
**her** zu mir!
*viens me voir !*
komm herein!
*entre !*
komm mal **her**!
*viens par ici !*

# Le féminin

Tout comme en français, le féminin dispose de marqueurs aisément reconnaissables qui permettent de reconnaître le genre.

## FÉMININ SUIVANT LE SENS

- les noms désignant des êtres animés de sexe féminin :

| die Mutter | meine Frau | eine Kuh |
|---|---|---|
| *la mère* | *ma femme* | *une vache* |

- les noms de métiers féminins dérivés du masculin et se terminant par **-in** :

| die Ärztin | die Journalistin | die Geologin |
|---|---|---|
| *le docteur* | *la journaliste* | *la géologue* |

- Remarquez que les noms de produits chimiques en **-in** sont neutres :

das Benzin *le pétrole*

- la plupart des noms d'arbres, de fruits et de fleurs :

| die Pappel | die Kirsche | die Ananas |
|---|---|---|
| *le peuplier* | *la cerise* | *l'ananas* |
| die Kiefer | die Nelke | die Rose |
| *le pin* | *l'œillet* | *la rose* |

mais :

| der Ahorn | der Apfel | der Pfirsich |
|---|---|---|
| *l'érable* | *la pomme* | *la pêche* |

- les marques d'avions et les noms de bateaux :

die Boeing die Graf Spee

mais :

der Starfighter der Airbus

- les nombres :

| eine Null | die Sieben |
|---|---|
| *un zéro* | *le sept* |

## FÉMININ SUIVANT LA TERMINAISON

| **-a** | die Kamera | die Tuba |
|---|---|---|
| | *l'appareil photo* | *le tuba* |
| **-ei** | die Kartei | |
| | *le fichier* | |

- Mais remarquez que les mots composés avec le nom neutre **Ei** *œuf* restent neutres :

das Entenei *l'œuf de cane*

# Le féminin

| | | | |
|---|---|---|---|
| **-enz** | | die Frequenz<br>*la fréquence* | |
| **-heit** | | die Freiheit<br>*la liberté* | |
| **-ie** | | die Chemie<br>*la chimie* | |
| | ***mais :*** | das Genie<br>*le génie* | |
| **-ik** | | die Technik<br>*la technique* | |
| | ***mais :*** | der Pazifik<br>*le Pacifique* | der Katholik<br>*le catholique* |
| **-keit** | | die Süßigkeit<br>*la sucrerie* | |
| **-schaft** | | die Mannschaft<br>*l'équipe* | |
| **-tät** | | die Pubertät<br>*la puberté* | |
| **-tion** | | die Reaktion<br>*la réaction* | |
| **-ung** | | die Eroberung<br>*la conquête* | |
| | ***mais :*** | der Sprung<br>*le saut* | |
| **-ur** | | die Natur<br>*la nature* | |

F

# Les formes impersonnelles

Comparé au français, l'allemand utilise plus souvent des formes impersonnelles.

## LES VERBES IMPERSONNELS

■ Les verbes impersonnels sont des verbes qui ont **es** pour sujet lorsque **es** ne se rapporte pas à une personne, une chose ou une action particulière. Comparez :

es ist besser zu gehen *(impersonnel)*
*il est préférable de partir*
dieses Buch? es ist mein Lieblingsbuch *(personnel,* **es** *fait référence au livre)*
*ce livre ? c'est mon livre préféré*

■ Les verbes impersonnels peuvent se diviser en deux groupes, suivant que l'on garde le **es** ou non lorsque le verbe est précédé d'un complément, d'un pronom ou autre :

**es** gibt kein Essen heute → heute gibt'**s** kein Essen
*il n'y a rien à manger aujourd'hui*
**es** ist mir schlecht → mir ist schlecht
*je me sens mal*

■ Les expressions et les verbes impersonnels gardent le **es** même lorsqu'il n'est pas en début de phrase. Dans certains cas, le **es** disparaît lorsqu'il n'occupe pas la première place dans la phrase devant le verbe conjugué. Vous trouverez ci-dessous les principaux types de verbes impersonnels qui gardent le **es** :

- Les verbes qui décrivent un phénomène atmosphérique, etc. :

| | |
|---|---|
| **es regnet** | *il pleut* |
| **es schneit** | *il neige* |
| **es hagelt** | *il grêle* |
| **es blitzt** | *il y a des éclairs* |
| **es donnert** | *il tonne* |
| **es dunkelt** | *la nuit tombe* |
| **es friert** | *il gèle* |
| **es tagt** | *le jour se lève* |
| **es dämmert** | *le jour se lève* |
| **es wird Sommer** | *l'été arrive* |
| **es brennt** | *il y a le feu, au feu* |
| **es zieht** | *il y a un courant d'air* |
| **es spukt** | *il y a des fantômes* |

# Les formes impersonnelles

## Bon à savoir

- Certains d'entre eux font parfois référence à une personne :

| | |
|---|---|
| es friert mich | es ist mir kalt |
| *je gèle* | *j'ai froid* |

- Cette structure est assez formelle et **es** peut changer de place dans la phrase :

| | |
|---|---|
| mich friert (es) | mir ist (es) kalt |

- On peut garder le **es**, mais en général on l'omet.

– Les verbes qui décrivent un bruit :

| | |
|---|---|
| **es klingelt** | *on sonne* |
| **es klopft** | *on frappe* |
| **es läutet** | *on sonne* |
| **es raschelt** | *il y a un léger froissement* |

– D'autres verbes impersonnels :

| | |
|---|---|
| **es gefällt mir** | *ça me plaît* |
| **es geht** | *ça va* |
| **es gibt** | *il y a* |
| **es handelt sich um** | *il s'agit de* |
| **es kommt darauf an** | *ça dépend* |

Dans **es war einmal** (*il était une fois*), le sujet et le verbe gardent toujours cet ordre.

- Les verbes impersonnels où le **es** disparaît :

Dans des expressions composées de **es ist** + adjectif ayant trait à un état d'esprit, au corps ou à la santé, on omet normalement le **es** quand il n'occupe pas la première place devant le verbe conjugué :

| | |
|---|---|
| ihm war traurig zumute | mir ist warm |
| *il était triste* | *j'ai chaud* |
| mir wird besser | ihr ist schlecht |
| *je me sens mieux* | *elle ne se sent pas bien* |

- Au passif impersonnel, on omet toujours le **es** quand il n'est pas devant le verbe conjugué :

die ganze Nacht hindurch wurde getanzt
*on a dansé toute la nuit*
ihm wurde der Preis verliehen
*on lui a attribué le prix*

# Les formes impersonnelles

Il en va de même pour les verbes de position. Les plus courants sont **liegen**, **sein** et **stehen** :

**es steht** in der Zeitung, dass... → in der Zeitung **steht**, dass...
*on dit dans le journal que...*

## ES GIBT OU ES IST ?

■ L'expression **es gibt** est la traduction allemande de « il y a » :

gibt es einen Aufzug?
*y-a-t-il un ascenseur ?*
es gibt nie Ruhe hier
*on ne peut jamais être au calme ici*
zum Abendessen gibt es Forellen
*il y a de la truite pour le dîner*

■ **Es ist/sind** ne s'emploie que pour indiquer le lieu ou la position. Comparez les deux exemples suivants :

**es ist** Post da
*le courrier est arrivé*

heute **gibt es** keine Post
*il n'y a pas de courrier aujourd'hui*

■ **Es ist/sind** est particulièrement courant lorsque la présence est seulement temporaire :

es sind zwei Mädchen an der Tür
*il y a deux filles à la porte*

■ L'expression **es ist/sind** perd le **es** quand celui-ci ne précède pas le verbe conjugué :

in München war eine Demonstration
*il y avait une manifestation à Munich*

■ **Es ist/sind** peut s'employer pour les phénomènes atmosphériques, mais on trouve aussi **es gibt** :

es gab diesen Sommer wenig Sonne
es hat diesen Sommer wenig Sonne gegeben
*il n'y avait pas beaucoup de soleil cet été*

# Les fractions et les proportions

## LES FRACTIONS

■ Les fractions se forment en remplaçant le **-te** de la terminaison des nombres ordinaux par **-tel**. Ce sont des noms neutres, qui ne sont déclinés qu'au génitif singulier, où ils prennent un **-s** :

ein Drittel
*un tiers (1/3)*
zweieinhalb
*deux et demi (21/2)*

vier Fünftel
*quatre cinquièmes (4/5)*

■ « La moitié » se traduit généralement par **die Hälfte** et « demi » par **halb** :

die Hälfte der Studenten
*la moitié des étudiants*
eine halbe Stunde
*une demi-heure*

die größere Hälfte
*la plus grande moitié*
ein halbes Kilo Äpfel
*un demi-kilo de pommes*

***mais :*** halb so viel
*moitié plus*

halb tot
*moitié mort*

### C'est pratique

■ Notez que **anderthalb/eineinhalb** *un(e) et demi(e)* sont invariables et suivis d'un pluriel :

anderthalb Jahre
*un an et demi*

## LES DÉCIMAUX

zwei **Komma** fünf (2,5)
*deux virgule cinq*

## ARITHMÉTIQUE

| | | |
|---|---|---|
| ***addition :*** | zwei **plus/und** drei gleich fünf | ***2 + 3 = 5*** |
| ***soustraction :*** | sieben **minus/weniger** eins gleich sechs | ***7 - 1 = 6*** |
| ***multiplication :*** | vier **mal** zwei gleich acht | ***4 x 2 = 8*** |
| ***division :*** | neun **(geteilt) durch** drei gleich drei | ***9 ÷ 3 = 3*** |
| ***puissance :*** | zwei **hoch** zwei gleich vier | $2^2 = 4$ |

■ On peut aussi employer **ist**, **sind** ou **macht** à la place de **gleich**.

# Le futur

Dans la plupart des cas, le futur est exprimé par un verbe au présent. C'est le contexte qui indique qu'il s'agit du futur.

## FORMATION

### VERBES FAIBLES

■ Le futur se forme avec **werden** au présent suivi de l'infinitif du verbe. C'est l'équivalent de la construction française ***aller*** + infitif

| | fragen |
|---|---|
| ich | werde… fragen |
| du | wirst… fragen |
| er/sie/es | wird… fragen |
| wir | werden… fragen |
| ihr | werdet… fragen |
| Sie/sie | werden… fragen |

■ L'infinitif se place à la fin de la phrase ou de la proposition.

### VERBES FORTS

■ Le futur des verbes forts se construit exactement comme celui des verbes faibles.

## EMPLOI

■ Le futur s'emploie pour exprimer des faits qui se produiront dans l'avenir. On l'emploie moins souvent qu'en français (voir page 138). Le futur comme dans :

ich **werde** ihn am Bahnhof **treffen**
*je le rencontrerai à la gare*

s'exprime souvent par le présent en allemand :

ich **treffe** ihn am Bahnhof
*je le recontre(rai) à la gare*

■ On l'emploie aussi pour exprimer une supposition concernant le présent :

er hört mich nicht, er **wird** das Radio an **haben**
*il ne m'entend pas, sa radio doit être allumée*

# Le futur antérieur



## FORMATION

### VERBES FAIBLES

■ Le futur antérieur se forme avec **werden** au présent et l'infinitif passé du verbe conjugué (**voir page 113**). Pour l'emploi des auxiliaires **sein** et **haben**, **voir pages 142-5**.

| | fragen | reisen |
|---|---|---|
| ich | werde… gefragt haben | werde… gereist sein |
| du | wirst… gefragt haben | wirst… gereist sein |
| er/sie/es | wird… gefragt haben | wird… gereist sein |
| wir | werden… gefragt haben | werden… gereist sein |
| ihr | werdet… gefragt haben | werdet… gereist sein |
| Sie/sie | werden… gefragt haben | werden… gereist sein |

### VERBES FORTS

■ Le futur antérieur des verbes forts se construit exactement comme celui des verbes faibles.

## EMPLOI

■ Le futur antérieur s'emploie pour faire référence à une action qui sera accomplie à un certain point du futur :

> ich **werde** das Buch bis Montag **gelesen haben**
> *j'aurai lu le livre lundi*

Il est aussi couramment employé pour exprimer une supposition comme dans le point b) ci-dessus :

> sie **werden** es **vergessen haben**
> *ils l'auront oublié*

# Le génitif

Le génitif correspond au complément de nom français.

- On l'utilise pour exprimer la possession, l'appartenance :

  das Büro **seines Chefs**
  *le bureau de son chef*

  die Reparatur **des Wagens**
  *la réparation de la voiture*

- Dans certains groupes adverbiaux :

  **meines Erachtens**
  *à mon avis*

  **eines Tages**
  *un jour*

- Après certaines prépositions

- Comme complément de certains adjectifs (**bewusst**, **würdig**, **sicher**, etc.) :

  er ist sich **seiner Verantwortung** bewusst
  *il est conscient de sa responsabilité*

- Après certains verbes :

  gedenket der Toten
  *souvenez-vous des morts*

# Le genre



En allemand, il existe trois genres : le ***masculin***, le ***féminin*** et le ***neutre***. L'article et l'adjectif qui précèdent le nom s'accordent avec le nom en genre, en nombre et en cas.

■ Il faut donc apprendre le genre du nom, qui ne correspond pas nécessairement au français. Cependant, le sens et la terminaison de certains mots permettent de reconnaître leur genre.

## DIVERS

■ Comme en français, certains mots ont le même genre quel que soit le sexe de la personne à laquelle ils se rapportent :

| | |
|---|---|
| **der Mensch** | *humain, homme* |
| **der Gast** | *invité(e)* |
| **die Geisel** | *otage* |
| **die Person** | *personne* |
| **die Wache** | *garde* |
| **die Waise** | *orphelin(e)* |
| **das Genie** | *génie* |
| **das Individuum** | *individu* |
| **das Staatsoberhaupt** | *chef d'État* |
| **das Opfer** | *victime* |
| **das Mitglied** | *membre* |

## NOMS COMPOSÉS

■ Les noms composés ont le même genre que le dernier élément :

**der** Haus**meister**
*le concierge*
**die** Hausmeister**wohnung**
*la conciergerie*

■ Mais les noms composés avec **-teil** ont un genre fixe :

der Vorteil — *l'avantage*
das Gegenteil — *le contraire*

■ Pour les adjectifs substantivés, **voir pages 32-3.**

■ Certains noms peuvent avoir plusieurs genres :

**der/das/**(*Fam*) **die Jogurt**
*le yaourt*
**der Teil** — *la partie, la part*
**das Teil** — *la partie, le composant, la pièce*

# Le genre

dieser Teil der Arbeit
*cette partie du travail*
das fehlerhafte Teil des Vergasers
*la pièce défectueuse du carburateur*

■ Les noms de la liste ci-dessous comptent parmi les substantifs les plus courants qui changent de sens selon leur genre :

| | masculin | féminin | neutre |
|---|---|---|---|
| | **(der)** | **(die)** | **(das)** |
| **Band** | *livre, volume* | *groupe* (musique) | *bande, lien* |
| **Erbe** | *héritier* | – | *héritage* |
| **Gehalt** | *contenu* | – | *salaire* |
| **Golf** | *golfe* | – | *golf* |
| **Heide** | *païen* | *bruyère* | – |
| **Hundert** | – | *100* (chiffre) | *100* (montant) |
| **Hut** | *chapeau* | *gardes* (être sur ses) | – |
| **Junge** | *garçon* | – | *petit* |
| **Kiefer** | *mâchoire* | *pin* | – |
| **Kunde** | *client* | *nouvelle* | – |
| **Laster** | *camion* | – | *vice* |
| **Leiter** | *directeur* | *échelle* | – |
| **Mangel** | *manque* | *calandre* | – |
| **Mark** | – | *mark* | *moelle* |
| **Maß** | – | *chope* (bière) | *mesure* |
| **Moment** | *moment* | – | *moment* (en physique) |
| **Otter** | *loutre* | *vipère* | – |
| **Pack** | *paquet* | – | *racaille* |
| **Schild** | *bouclier* | – | *enseigne* |

| | | | |
|---|---|---|---|
| **See** | | *lac* | *mer* |
| **Steuer** | – | *impôt* | *volant* |
| **Stift** | *crayon* | – | *fondation* |
| **Tau** | *rosée* | – | *corde* |
| **Tausend** | – | *1000* (chiffre) | *1000* (montant) |
| **Tor** | *fou* | – | *porte cochère, but* |
| **Verdienst** | *revenu* | – | *mérite* |
| **Weise** | *sage* | *manière, mélodie* | – |

# Le gérondif

Pour traduire le gérondif, il faut passer par des transpositions en allemand, car les formes du participe présent sont très peu utilisées.

## « EN » + PARTICIPE PRÉSENT

■ Souvent « en » + participe présent se traduit en allemand par une subordonnée introduite par **indem** ou **dadurch, dass** lorsque cette expression indique un moyen :

er lockte die Kunden an, indem er die Preise einiger Artikel senkte
*il attirait les clients en diminuant le prix de quelques articles*
dadurch, dass er uns sein Auto zur Verfügung stellte, haben wir in Urlaub fahren können
*en nous prêtant sa voiture, il nous a permis de partir en vacances*

■ Lorsque « en » + participe présent exprime la simultanéité par rapport à la proposition principale, on emploie en allemand une proposition subordonnée introduite par une conjonction de subordination :

■ **während** pour un événement qui dure :

während wir spülen, hören wir immer Radio
*on écoute toujours la radio en faisant la vaisselle*

■ **als** pour un événement ponctuel dans le passé :

als ich die Tür öffnete, erriet ich die Wahrheit
*en ouvrant la porte, je devinai la vérité*

On peut aussi traduire la simultanéité avec **und** :

er blickte mich an und lächelte
*il m'a regardé en souriant*

■ « En » + participe présent peut parfois se traduire par **beim** + verbe substantivé lorsque ce dernier n'a pas de complément :

sie hat sich beim Tanzen das Bein gebrochen
*elle s'est cassé la jambe en dansant*

■ « En » + participe présent peut également correspondre à la construction « verbe de mouvement + préposition ». En allemand, le verbe précise la manière de se mouvoir (courir, marcher, aller en voiture/à pied, etc.) et la préposition exprime la direction (à travers, au-dessus, en bas, etc.). En français, c'est le verbe qui exprime la direction et « en + participe présent » qui exprime la manière :

wir sind durch den Garten gerannt
*nous avons traversé le jardin en courant*

# L'heure

Il y a différentes manières pour exprimer l'heure en allemand. En plus de différences de niveaux de langage, on trouve des expressions régionales.

wie spät ist es?
*quelle heure est-il ?*
wie viel Uhr haben Sie?
*quelle heure avez-vous ?*
wie viel Uhr ist es?
*quelle heure est-il ?*

## LES HEURES

es ist ein Uhr/eins
*il est une heure*
es ist Mittag/Mitternacht
*il est midi/minuit*

■ L'heure qu'il est se traduit par **Uhr**, tandis que l'heure (durée) se traduit par **Stunde**.

## LES DEMI-HEURES

■ Notez la différence avec le français :

es ist halb **vier**
*il est trois heures et demie*
es ist halb **eins** (nachts/nachmittags)
*il est minuit et demi/midi et demi*
es ist halb **zwölf**
*il est onze heures trente/et demie*

## LES QUARTS D'HEURE

es ist Viertel **nach** elf/viertel zwölf *(sud et est de l'Allemagne)*
*il est onze heures et quart*
es ist Viertel **vor** zehn/drei viertel zehn *(sud et est de l'Allemagne)*
*il est dix heures moins le quart*

## LES MINUTES

es ist acht Minuten nach neun
*il est neuf heures huit*
es ist sechzehn Minuten vor sechs
*il est cinq heures quarante-quatre*
es ist fünf vor/nach halb drei
*il est deux heures vingt-cinq/trois heures moins vingt-cinq*
es ist zwanzig vor sieben
*il est sept heures moins vingt*

■ Les mots **Uhr** et **Minuten** sont souvent omis.

## « DU MATIN », « DE L'APRÈS-MIDI », « DU SOIR »

es ist zehn Uhr **vormittags**
*il est dix heures du matin*
es ist drei Uhr **nachmittags**
*il est trois heures de l'après-midi*

# L'heure

es ist zwei Uhr **nachts**
*il est deux heures du matin*

es ist acht Uhr **abends**
*il est huit heures du soir*

■ L'emploi de **dreizehn Uhr**, **vierzehn Uhr**, etc. (à la place de « une heure/ deux heures de l'après-midi ») est le même qu'en français :

unser Zug fährt um 20 Uhr
*notre train part à 20 heures*
die Vorstellung fängt um 19.30 Uhr an *(se dit :* **neunzehn Uhr dreißig***)*
*la représentation commence à 19 h 30*

## LES EXPRESSIONS UTILES

| | |
|---|---|
| **um 6 Uhr** | *à 6 heures* |
| **um 6 Uhr herum** *(Fam)* | *aux alentours de 6 heures* |
| **gegen 10 Uhr** | *vers 10 heures* |
| **um Mitternacht** | *à minuit* |
| **gegen Mittag** | *vers midi* |
| **Punkt 3 Uhr** | *à 3 heures précises* |
| **es ist genau 3 Uhr** | *il est exactement 3 heures* |
| **es ist 5 Uhr vorbei** | *il est 5 heures passées* |
| **ab 7 Uhr** | *à partir de 7 heures* |
| **von 9 bis 5 Uhr** | *de 9 à 5 heures* |
| **bleib bis 2 Uhr!** | *reste jusqu'à 2 heures !* |
| **kurz vor 8 Uhr** | *juste avant 8 heures* |
| **kurz nach 9 Uhr** | *juste après 9 heures* |
| **eine Viertelstunde** | *un quart d'heure* |
| **eine halbe Stunde** | *une demi-heure* |
| **eine Dreiviertelstunde** | *trois quarts d'heure* |
| **das muss bis 2 Uhr fertig sein** | *il faut que ce soit prêt pour 2 heures* |

# L'impératif

I

En allemand, les formes impératives les plus fréquemment utilisées sont celles de la deuxième personne et de la forme de politesse.

## FORMATION

### VERBES FAIBLES

■ Il existe une forme impérative aux personnes suivantes : **du**, **wir**, **ihr** et **Sie**. La forme de la deuxième personne du singulier (**du**) à l'impératif se compose du radical du verbe auquel on ajoute parfois un **-e**. Les autres personnes ont la même terminaison qu'à l'indicatif. On n'emploie normalement pas le pronom à la deuxième personne du singulier et du pluriel (**du** et **ihr**), tandis qu'on le conserve à la première personne du pluriel (**wir**) et à la forme de politesse (**Sie**). Il est alors placé après le verbe. En général, l'impératif est suivi d'un point d'exclamation :

| | fragen | entschuldigen | klingeln |
|---|---|---|---|
| (du) | frag(e)! | entschuldige! | klingle! |
| (wir) | fragen wir! | entschuldigen wir! | klingeln wir! |
| (ihr) | fragt! | entschuldigt! | klingelt! |
| (Sie) | fragen Sie! | entschuldigen Sie! | klingeln Sie! |

■ Le **-e** de la deuxième personne du singulier est normalement omis, en particulier dans la langue parlée. Cependant, on peut aussi l'omettre dans la langue écrite. Mais il ne faut pas l'omettre pour les verbes en **-igen** (voir **entschuldigen**).

■ Pour les verbes en **-eln**, **-ern**, le **e** du radical disparaît tandis que l'on conserve le **-e** final (voir **klingeln** ci-dessus).

■ Les verbes dont le radical se termine par deux consonnes différentes conservent le **-e** pour des raisons de prononciation (par exemple **atme!**, **antworte!**). Les verbes dont le radical se termine par **-d** ou **-t** conservent souvent le **-e** (**red!** ou **rede!**, **bet!** ou **bete!**).

■ Pour l'emploi d'autres formes permettant d'exprimer un impératif, **voir page 108.**

# L'impératif

## VERBES FORTS

■ L'impératif des verbes forts se construit exactement comme celui des verbes faibles, voir page 107. Par exemple :

fahren
fahr(e)!
fahren wir
fahrt!
fahren Sie!

■ Les verbes dont le **e** du radical change en **i** à la deuxième personne du singulier de l'indicatif subissent le même changement à l'impératif. Par exemple :

sehen
s**ie**h(e)!
sehen wir!
seht!
sehen Sie!

■ Mais les verbes dont le **a** du radical change en **ä** ne subissent pas de changement à l'impératif (voir **fahren** ci-dessus).

■ La forme de la deuxième personne de **werden** est **werde!**.

■ L'impératif de **sein** est :

sei!
seien wir!
seid!
seien Sie!

## EMPLOI

■ L'impératif s'emploie pour donner un ordre, demander quelque chose ou faire une suggestion :

**bleiben** Sie stehen!
*arrêtez !*
**sieh** dir den kleinen Bengel **an**!
*regarde ce petit coquin !*

**komm** doch **her**!
*viens ici !*
**hören** Sie nicht **auf**!
*ne vous arrêtez pas !*

■ Pour une suggestion, on emploie l'impératif avec **wir** :

machen wir es uns gemütlich!
*mettons-nous à l'aise*

gehen wir!
*allons-y !*

■ L'infinitif peut s'employer à la place de l'impératif pour exprimer un ordre :

links fahren!
*roulez à gauche*

nicht hinauslehnen!
*ne pas se pencher dehors*

# L'infinitif

L'infinitif peut s'employer directement avec certains verbes sans y être relié par d'autres mots ; dans tous les autres cas, il est accompagné de **zu** avec des verbes, des noms et des locutions adjectivales.

## FORMATION

■ L'infinitif est la forme de base du verbe qui ne porte pas d'indication de personne. L'infinitif se termine toujours en **-(e)n**. On peut créer différents temps de l'infinitif :

| | | |
|---|---|---|
| ***infinitif présent :*** | sehen | *voir* |
| ***infinitif passé :*** | gesehen haben | *avoir vu* |
| ***infinitif passif :*** | gesehen werden | *être vu* |
| ***infinitif passif :*** | gesehen sein | *être vu* |
| ***infinitif passé passif :*** | gesehen worden sein | *avoir été vu* |

## L'INFINITIF SANS *ZU*

■ L'infinitif s'emploie sans **zu** avec les verbes de modalité, avec certains verbes de perception ou avec des verbes exprimant une cause ou donnant une instruction :

**dürfen** *pouvoir, avoir la permission/le droit de*
**können** *pouvoir, être capable de*
**mögen** *aimer, désirer, vouloir*
**müssen** *devoir, être obligé de*
**sollen** *devoir, être obligé moralement de*
**wollen** *vouloir, avoir l'intention de*
**fühlen** *sentir*
**hören** *entendre*
**sehen** *voir*
**spüren** *ressentir*
**heißen** *ordonner*
**lassen** *faire, permettre de*
**machen** *faire*
**helfen** *aider*
**lehren** *enseigner*
**lernen** *apprendre*

## LES VERBES DE MODALITÉ

ich **darf** das nicht **tun**
*je n'ai pas le droit de faire ça*
das **muss** heute **getan werden**
*ceci doit être fait aujourd'hui*
sie **wollen** es **gesehen haben**
*ils prétendent l'avoir vu*

■ Les verbes de perception, de causalité et ceux qui permettent de donner une instruction sont normalement accompagnés d'un complément d'objet (au datif avec **helfen**) ainsi que d'un infinitif :

er **fühlte** sein Herz schlagen
*il sentit son cœur battre*
ich **sah** ihn fallen
*je l'ai vu tomber*
er **spürte** eine Wut in sich aufsteigen
*il sentit sa colère monter*
er **hieß** die Soldaten warten *(allemand littéraire)*
*il ordonna aux soldats d'attendre*
sie **ließ** die Schüler früh nach Hause gehen
*elle permit aux enfants de rentrer tôt chez eux*
Montag **lasse** ich den Wagen waschen
*je ferai laver la voiture lundi*
das **machte** uns lachen
*cela nous a fait rire*
sie **haben** mir aufräumen **geholfen**
*ils m'ont aidé à ranger*
wer **hat** dich schwimmen **gelehrt**?
*qui t'a appris à nager ?*
er **lernt** gerade Auto **fahren**
*il apprend à conduire*
**hörst** du ihn kommen?
*tu l'entends venir ?*

### Faites la différence

■ Lorsque **helfen**, **lehren** et **lernen** sont suivis d'un infinitif qui a son propre complément d'objet ou qui est accompagné d'un adverbe, on a tendance à employer **zu**. Comparez les deux exemples suivants :

der Blindenhund **hilft** ihm **gehen**
*le chien d'aveugle l'aide à marcher*
der Blindenhund **hilft** ihm, die Straße **zu überqueren**
*le chien d'aveugle l'aide à traverser la rue*

■ L'infinitif après **lassen** (et moins couramment avec **sehen**, **hören** et **heißen**) a souvent un sens passif :

er ließ das Zimmer streichen
*il a fait peindre la pièce*

Comparez cet exemple avec l'emploi suivant de **lassen** :

er ließ mich das Zimmer streichen
*il m'a fait peindre la pièce*

■ Après **bleiben**, les verbes de position sont à l'infinitif sans **zu** :

bleib sitzen!
*reste assis*

er blieb auf dem Boden liegen
*il restait couché sur le sol*

■ Le verbe **brauchen** s'emploie normalement avec **zu** + infinitif en allemand courant, mais on l'emploie aussi parfois sans **zu**, particulièrement en allemand parlé :

das brauchst du nicht an(zu)nehmen
*tu n'as pas besoin de l'accepter*

■ Les verbes **kommen**, **gehen** et **schicken** s'emploient sans **zu** avec des verbes qui expriment une activité :

kommst du morgen schwimmen?
*tu viens nager demain ?*
sie hat die Kinder einkaufen geschickt
*elle a envoyé les enfants faire les courses*

**Attention !**

■ Attention aux deux points suivants :

– Lorsque **heißen**, **lassen**, **sehen** et **hören** sont accompagnés d'un autre infinitif (voir iii) ci-contre), on emploie alors normalement leur infinitif (**heißen**, **lassen**, **sehen**, **hören**) plutôt que leur participe passé (**geheißen**, **gelassen**, **gesehen**, **gehört**) :

man hat mich kommen sehen
*on m'a vu venir*

er hat das Feuer ausgehen lassen
*il a laissé le feu s'éteindre*

■ Dans les propositions subordonnées avec deux infinitifs, le verbe conjugué précède les deux infinitifs à la fin d'une phrase :

weil er dich **hat** warten lassen
*parce qu'il t'a fait attendre*

## L'INFINITIF AVEC *ZU*

■ Après un nom :

hast du **Lust** mit**zu**spielen?
*est-ce que tu as envie de jouer avec nous ?*

■ Après un adjectif :

ich war **froh**, ihn gesehen **zu** haben
*j'étais heureux de l'avoir vu*

# L'infinitif

- Après un participe passé :

sie waren **erstaunt**, mich **zu** sehen
*ils étaient étonnés de me voir*

- Après les prépositions **um, (an)statt** et **ohne** :

– **um... zu** s'emploie pour exprimer un but :

wir zahlten mehr, um einen besseren Platz zu bekommen
*nous avons payé plus pour avoir une meilleure place*

– **um... zu** s'emploie aussi après **genug** (*assez*) et **zu** (*trop*) + adjectif :

du bist alt genug, um das zu wissen
*tu es assez vieux pour savoir ça*
er ist zu schwach, um Nein zu sagen
*il est trop faible pour dire non*

– **(an)statt zu** (*au lieu de*) :

(an)statt zu feuern, ließ er die Waffe fallen
*il fit tomber le fusil au lieu de faire feu*

– **ohne zu** *(sans)* **:**

sie gingen vorbei, ohne zu grüßen
*ils sont passés sans dire bonjour*

Après des noms, des adjectifs, des participes passés et des prépositions, le sujet du verbe principal doit aussi être le sujet de l'infinitif.

- Après des verbes :

es **begann** sofort **zu** regnen
*il a aussitôt commencé à pleuvoir*
wir **versuchten** ihn auf**zu**halten
*nous avons essayé de l'arrêter*

- Les verbes suivis d'une préposition se construisent souvent de la manière suivante : **da(r)** + préposition devant le **zu** + proposition infinitive :

ich freue mich **darauf**, euch **zu** sehen
*j'ai hâte de vous revoir*
er ärgerte sich **(darüber)**, den Zug verpasst **zu** haben
*il était en colère d'avoir manqué le train*

- Après **sein** l'infinitif avec **zu** a un sens passif :

er ist nicht zu ersetzen
*il est irremplaçable*
der Schmerz war nicht zu ertragen
*la douleur était insupportable*

# L'infinitif

## LA PONCTUATION

■ Dans la plupart des phrases, l'emploi de la virgule n'est pas obligatoire :

sie versuchte zu gehen
*elle essaya de marcher*
sie versuchte**(,)** über die Straße zu gehen
*elle essaya de traverser la rue*

■ Mais, on utilise la virgule lorsque l'on a une proposition infinitive incise, une préposition qui annonce la proposition infinitive, ou pour rendre plus clair le contenu de la phrase :

die Freunde**,** ohne sich zu besinnen**,** nahmen die Einladung an
*les amis acceptèrent l'invitation sans réfléchir*
sie erinnerte ihn daran**,** die Post zu holen
*elle lui rappela d'aller chercher le courrier*

## INFINITIF SUBSTANTIVÉ

■ L'infinitif peut aussi s'employer comme nom (infinitif substantivé). De tels noms commencent alors par une majuscule et sont toujours neutres. Ils désignent en général l'action du verbe :

das Schwimmen
*la natation*

■ On peut les composer avec un nom complément d'objet :

das Autofahren
*la conduite automobile*

■ Ils sont souvent accompagnés de **bei** :

er wurde beim Mogeln ertappt
*on l'a pris en train de tricher*

## L'INFINITIF FRANÇAIS

■ Une proposition infinitive en français se traduira par une subordonnée en allemand dans les cas de figure suivants :

- après « dire » :

  er hat mir gesagt, dass ich mit ihm kommen soll
  *il m'a dit de venir avec lui*

- **bevor** *avant* :

  bevor Sie mit der Arbeit anfingen,...
  *avant de commencer à travailler, vous...*

- **nachdem** *après* :

  nachdem er den Wagen gewaschen hatte,...
  *après avoir lavé la voiture, il...*

- pour traduire « il m'arrive de », etc :

  **es kommt vor**, **dass** ich sie manchmal besuche
  *il m'arrive parfois de lui rendre visite*

- « à condition de » :

  du kannst daran teilnehmen **unter der Bedingung**, **dass** du zehn Euro zahlst
  *tu peux y participer à condition de payer dix euros*

- « faute de » :

  **wenn** wir nicht rechtzeitig fertig werden, müssen wir...
  *faute d'avoir fini à temps, nous devons...*

- dans d'autres expressions :

  er war der Erste, der 100 Meter in 10 Sekunden lief
  *il fut le premier à courir le 100 mètres en 10 secondes*
  Hauptsache, man ist gesund
  *l'essentiel, c'est d'être en bonne santé*

## « SE LAISSER » ET « (SE) FAIRE » + INFINITIF

■ Le verbe **lassen** peut s'employer avec un infinitif ayant un sens passif :

das lässt sich machen
*ça peut se faire*
er ließ sich nicht überreden
*il ne se laissait pas persuader*
ich ließ das Zimmer neu tapezieren
*j'ai fait retapisser la pièce*

■ Lorsque « se faire + infinitif » indique que l'action est subie, il se traduit par le passif construit avec **werden** :

ich bin geschlagen worden
*je me suis fait battre*

# Interrogatifs en W-

En allemand, les pronoms et adverbes interrogatifs ont la particularité de tous commencer par un **W**. C'est pourquoi on appelle les questions commençant par un interrogatif en *W-*, des questions en **W-.**

■ Dans les questions en **W-**, le verbe conjugué se place toujours en deuxième position.

- **wann** *quand :*

  Wann kommst du? *Quand viens-tu ?*

- **warum** *pourquoi :*

  Warum kommst du so spät nach Hause? *Pourquoi rentres-tu si tard ?*

- **wie** *comment :*

  Wie fährst du nach Hause? *Comment rentres-tu ?*

- **wie oft** *combien de fois :*

  Wie oft warst du schon in Deutschland? *Combien de fois es-tu déjà allé en Allemagne ?*

- **wie lange** *combien de temps :*

  Wie lange bist du in München geblieben?
  *Combien de temps es-tu resté à Munich ?*

- **wie alt** *quel âge :*

  Wie alt bist du? *Quel âge as-tu ?*

- **wie spät** *quelle heure :*

  Wie spät ist es? *Quelle heure est-il ?*

- **wie viel** *combien :*

  Wie viel Geld hast du mit? *Combien d'argent as-tu emporté ?*

- **wo** *où [lieu où l'on est] :*

  Wo wohnst du? *Où habites-tu ?*

- **wohin** *où [lieu où l'on va] :*

  Wohin fährst du im Urlaub? *Où pars-tu en vacances ?*

- **woher** *d'où :*

  Woher kommst du? *D'où viens-tu ?*

■ En revanche, quand les pronoms interrogatifs en **W-** ne commencent pas la phrase, mais sont introduits par une formule exprimant une idée de question telle que **ich möchte wissen** ou **ich frage mich**, le verbe conjugué passe en dernière position, car on se trouve dans une subordonnée interrogative indirecte :

Die Direktorin fragt die Lehrer, wie viele Schüler heute fehlen.
*La directrice demande aux professeurs combien d'élèves sont absents aujourd'hui.*

# Ja, Nein, Doch

Pour répondre à une question, placez **Ja, Nein, Doch** en tête de phrase, suivis d'une virgule.

## *JA*

■ Le mot **ja** veut dire « oui » et peut être accentué de diverses manières :

- par la répétition (**ja, ja!**).
- en lui ajoutant **wohl** (**jawohl!**), en particulier dans l'armée.

## *NEIN*

■ Le mot **nein** veut dire « non . Lorsque l'on emploie **nein** et **ja** avec **glauben/denken**, on ne traduit pas « que » en allemand :

regnet es? – ich glaube nicht/schon
*est-ce qu'il pleut ? – je crois que non/que oui*

## *DOCH*

■ Le mot **doch** signifie « si ». Comme en français, on l'emploie pour contredire une question négative :

liebst du mich nicht mehr? – doch
*tu ne m'aimes plus ? – si (je t'aime)*

# KEIN



**Kein** est la négation du nom et signifie « pas de », « pas un », « aucun ».

■ **Kein** a les mêmes terminaisons que l'article indéfini **ein** mais il a aussi une forme au pluriel :

| | masculin | féminin | neutre | pluriel |
|---|---|---|---|---|
| nom. | **kein** | **keine** | **kein** | **keine** |
| acc. | **keinen** | **keine** | **kein** | **keine** |
| dat. | **keinem** | **keiner** | **keinem** | **keinen** |
| gén. | **keines** | **keiner** | **keines** | **keiner** |

■ **Kein** est la forme négative de l'article indéfini et il s'emploie avec des mots qui ne sont pas précédés de l'article :

| affirmation | négation |
|---|---|
| ich habe Zeit<br>*j'ai le temps* | sie hat **keine** Zeit<br>*elle n'a pas le temps* |
| ich habe einen Computer<br>*j'ai un ordinateur* | er hat **keinen** Computer<br>*il n'a pas d'ordinateur* |
| ich habe Ferien<br>*je suis en vacances* | er hat **keine** Ferien<br>*il n'a pas de vacances* |

■ Il correspond au français « aucun », « pas de/un » :

**kein** einziger Mensch kam
*pas une seule personne n'est venue*

■ **Kein** s'emploie aussi seul comme pronom. Le nominatif masculin singulier est alors **keiner**, le nominatif et l'accusatif au neutre singulier sont **kein(e)s** :

**keiner** weiß, wo er steckt
*personne ne sait où il se cache*

M

# Le masculin

Le masculin peut avoir une variété de terminaisons différentes en allemand.

## MASCULIN SUIVANT LE SENS

- les noms d'hommes et d'animaux mâles :

| der Sohn | der Student | der Hahn |
|---|---|---|
| *le fils* | *l'étudiant* | *le coq* |

### Petit rappel

- Les noms d'espèces peuvent être masculins, féminins ou neutres :

| **der** Elefant | **die** Schlange | **das** Kamel |
|---|---|---|
| *l'éléphant* | *le serpent* | *le chameau* |

- les noms de jours, de mois et de saisons :

| nächsten Mittwoch | letzten Mai | der Herbst |
|---|---|---|
| *mercredi prochain* | *mai dernier* | *l'automne* |

- les points cardinaux, les phénomènes atmosphériques :

| der Süden | der Monsun | der Hagel |
|---|---|---|
| *le sud* | *la mousson* | *la grêle* |

- les marques de voitures :

der BMW — der Opel — der Cadillac

Mais les noms de motos sont féminins :

die BMW — die Harley-Davidson

- les noms de roches et de terre :

| der Quarz | der Basalt | der Lehm |
|---|---|---|
| *le quartz* | *le basalt* | *l'argile* |

## MASCULIN SUIVANT LA TERMINAISON

| | | |
|---|---|---|
| **-en** | der Hafen<br>*le port* | der Wagen<br>*la voiture* |
| **-er** | der Arbeiter<br>*le travailleur* | der Kopfhörer<br>*le casque d'écoute* |

***mais :***

| das Fenster | das Messer |
|---|---|
| *la fenêtre* | *le couteau* |
| das Kloster | die Tochter |
| *le monastère* | *la fille* |

## D'AUTRES NOMS NEUTRES ET FÉMININS

| | |
|---|---|
| **-ich** | der Teppich<br>*le tapis* |
| | der Gänserich<br>*le jars* |
| **-ig** | der König<br>*le roi* |
| **-ismus** | der Terrorismus<br>*le terrorisme* |
| **-ist** | der Optimist<br>*l'optimiste* |
| **-ling** | der Frühling<br>*le printemps* |
| | mein Liebling<br>*mon chéri/ma chérie* |
| **-or** | der Horror<br>*l'horreur* |
| | der Motor<br>*le moteur* |
| ***consonne* + -s** | der Schnaps<br>*le schnaps* |
| | der Lachs<br>*le saumon* |

# Les mesures

## LES DIMENSIONS

dieses Zimmer ist 4 Meter lang und 3 Meter 70 breit
*cette pièce fait 4 mètres de long et 3,70 mètres de large*
das Loch ist 30 cm (Zentimeter) tief
*le trou fait 30 cm de profondeur*
er ist 1,80 m groß
*il fait 1,80 m (de haut)*

## LA DISTANCE

wie weit ist es von hier bis Kassel?
*il y a combien de kilomètres d'ici à Kassel ?*
bis Kassel sind es bloß 3 Kilometer
*il n'y a que 3 kilomètres jusqu'à Kassel*
Kassel liegt 3 km von hier (entfernt)
*Kassel est à 3 km d'ici*

# « Mettre » et « poser »



En allemand, « mettre » et « poser » se traduisent par les verbes de position (sauf **tun**) transitifs, plus précis, qui indiquent comment les personnes ou les objets sont placés s'ils sont couchés, debout, etc.

■ Ces verbes indiquent un mouvement, rendu par l'emploi de l'***accusatif*** après les prépositions utilisées dans la phrase. Ces verbes ont, en outre, une conjugaison faible (sauf **tun**) :

## LEGEN

■ Le verbe **legen** indique que l'on pose l'objet à plat :

sie legte ihre Hand auf **seinen** Kopf
*elle mit sa main sur sa tête*
er legte die Zeitung auf **den** Stuhl
*il posa le journal sur la chaise*

## SETZEN

■ Le verbe **setzen** indique que l'on place un objet ou que l'on assied une personne :

setz die Vase auf **den** Tisch
*mets le vase sur la table*
sie setzte das Baby auf **den** Top
*elle a assis le bébé sur le pot*

■ Remarquez aussi :

hier musst du ein Komma setzen
*il faut mettre une virgule ici*

## STELLEN

■ Le verbe **stellen** indique que l'on met un objet debout :

er stellte die Milch in **den** Kühlschrank
*il mit le lait dans le frigo*
wir haben den Mahagonitisch **ins** Wohnzimmer gestellt
*nous avons mis la table acajou dans la salle à manger*

## HÄNGEN

■ Le verbe **hängen** indique que l'on accroche un objet :

er hat dieses Bild an **die** Wand gehängt
*il a mis ce tableau au mur*

# « Mettre » et « poser »

## STECKEN

■ Le verbe **stecken** indique que l'objet est enfermé quelque part :

er steckte den Schlüssel **ins** Schloss
*il mit la clé dans la serrure*
der Spion steckte die Papiere **ins** Geheimfach
*l'espion mit les papiers dans le compartiment secret*
sie steckten ihn für drei Jahre **ins** Gefängnis
*ils le mirent en prison pour trois ans*

## TUN

■ Le verbe **tun** est le terme le plus général pour traduire « mettre ». Il est un peu plus familier :

er tat das Geld schnell in **die** Tasche
*il mit vite l'argent dans sa poche*

Remarquez aussi :

tun Sie das bitte weg
*enlevez-le, s'il vous plaît*

# La négation



Tout comme en français, l'allemand connaît plusieurs manières de nier une phrase ou une partie de phrase.

## LES PRINCIPALES NÉGATIONS

| | |
|---|---|
| **kein, keine, kein** *(artide indéfini)* | *pas un/de, aucun* |
| **keiner, keine, kein(e)s** *(pronom)* | *personne, aucun* |
| **keinerlei** | *aucun* |
| **keineswegs** | *d'aucune manière* |
| **nicht** | *pas* |
| **nicht nur..., sondern auch** | *non seulement... mais aussi* |
| **nicht mehr** | *plus* |
| **nichts** | *rien* |
| **nie, niemals** | *jamais* |
| **niemand** | *personne* |
| **nirgends, nirgendwo** | *nulle part* |
| **nirgendwohin** | *nulle part* (direction) |
| **weder..., noch** | *ni... ni* |

■ Contrairement au français où l'on emploie « ne » devant le verbe, les négations ne se composent normalement que d'un seul terme en allemand :

ich habe **kein** Geld
*je n'ai pas d'argent*

ich rauche **nie**
*je ne fume jamais*

## LA PLACE DE *NICHT*

■ **Nicht** porte sur le noyau informatif de la phrase. C'est pourquoi il suit, dans la phrase principale, le verbe conjugué auquel il se rapporte :

ich fluche nicht
*je ne jure pas*
du darfst nicht rauchen
*tu ne dois pas fumer*

# La négation

■ Si la phrase principale comporte la pince verbale, **nicht** prendra, sauf exception, l'avant dernière position.

du hörst mir nicht zu
*tu ne m'écoutes pas*
ich will morgen nicht kommen
*je ne veux pas venir demain*
er hat sein Eis nicht gegessen
*il n'a pas mangé sa glace*

■ S'il y a un complément d'objet, il est suivi de **nicht** :

er braucht seine Eltern nicht
*il n'a pas besoin de ses parents*
sie hat ihrer Mutter den Brief nicht gegeben
*elle n'a pas donné la lettre à sa mère*

■ Il précède un groupe nominal ou un pronom, s'il y a une opposition dans la phrase :

ich will nicht die blauen Blumen, sondern die gelben
*je ne veux pas les fleurs bleues, mais les jaunes*
ich will die gelben Blumen, nicht die blauen
*je veux les fleurs jaunes, pas les bleues*

■ **Nicht** peut occuper différentes positions dans la phrase en fonction du membre qui occupe la première place :

nicht die blauen Blumen will ich, sondern die gelben
die blauen Blumen will ich nicht, sondern die gelben

## *KEIN OU NICHT ?*

■ « Pas de » + nom, dans les sens de « aucun » se traduit en général par **kein-**. C'est-à-dire que **nicht** ne s'emploie normalement pas avec **ein**. En fait, **kein** est une négation qui porte sur un groupe nominal qui, à la forme affirmative, serait introduit par un article indéfini au singulier ou pas d'article au pluriel :

sie braucht einen Mann
*elle a besoin d'un homme*
sie braucht **keinen** Mann
*elle n'a pas besoin d'homme*
ich habe Reiseschecks
*j'ai des chèques de voyage*
ich habe **keine** Reiseschecks
*je n'ai pas de chèques de voyage*
**keine** Politesse war zu sehen
*il n'y avait pas de contractuelle en vue*

- La forme emphatique « pas un (seul) » se traduit par **kein- einzig-** :

  **kein einziger** Baum blieb stehen
  *il ne restait pas un (seul) arbre debout*

## Faites la différence

- On peut employer **nicht** avec **ein** lorsque **ein** est un nombre et qu'il évoque un contraste :

  sie haben uns **nicht eine**, sondern zwei Flaschen gebracht
  *ils ne nous ont pas apporté une bouteille, mais deux*

# Le neutre

Contrairement au français, qui ne connaît que le masculin et le féminin, l'allemand dispose en plus du genre neutre.

## NEUTRE SUIVANT LE SENS

■ les noms d'enfants et de jeunes animaux :

| | | |
|---|---|---|
| das Kind<br>*l'enfant* | das Baby<br>*le bébé* | das Elefantenjunge<br>*l'éléphanteau* |
| das Kalb<br>*le veau* | das Lamm<br>*l'agneau* | das Füllen<br>*le poulain* |

Mais **das Junge** (*le petit*) est un adjectif substantivé ; pour les terminaisons, **voir page 32.**

■ les noms de continents, de villes, de régions et de la plupart des pays :

das Europa der 20er-Jahre
*l'Europe des années vingt*
das Berlin meiner Kindheit
*le Berlin de mon enfance*

■ Mais les noms de pays toujours précédés d'un article défini sont en général féminins :

| | |
|---|---|
| die Schweiz<br>*la Suisse* | die Türkei<br>*la Turquie* |
| ***ou pluriels :*** | die USA<br>*les USA* |

En général, les noms de pays, etc. se terminant par **-e**, **-ei** ou **-ie** sont féminins.

■ les verbes substantivés et mots invariables :

| | |
|---|---|
| das Lesen<br>*la lecture* | das Auf und Ab<br>*les hauts et les bas* |

■ les diminutifs se terminant par **-chen** et **-lein** :

| | | |
|---|---|---|
| das Mädchen<br>*la fille* | das Fräulein<br>*la jeune femme* | das Städtchen<br>*la petite ville* |

■ les fractions :

ein Sechstel
*un sixième*

■ les collectifs commençant par le préfixe **Ge-** :

| | |
|---|---|
| das Gebirge<br>*les montagnes* | das Gerede<br>*les racontars* |

# Le neutre

■ la plupart des noms de métaux, les éléments chimiques et les médicaments :

| | | |
|---|---|---|
| das Messing | das Uran | das Aspirin |
| *le laiton* | *l'uranium* | *l'aspirine* |

## NEUTRE SUIVANT LA TERMINAISON

| | | |
|---|---|---|
| **-ing** (***de l'anglais***) | das Meeting | das Petting |
| | *le meeting* | *le pelotage* |
| **-ma** | das Thema | das Dogma |
| | *le sujet* | *le dogme* |
| **-ment** | das Regiment | das Appartement |
| | *le régiment* | *l'appartement* |
| ***mais :*** | der Zement | der Moment |
| | *le ciment* | *le moment* |
| **-nis** das Zeugnis | das Ereignis | |
| | *le bulletin* | *l'événement* |
| ***mais :*** | die Kenntnis | die Erlaubnis |
| | *la connaissance* | *l'autorisation* |
| **-tum** | das Eigentum | |
| | *la propriété* | |
| ***mais :*** | der Irrtum | der Reichtum |
| | *l'erreur* | *la richesse* |
| **-um/-ium** | das Zentrum | das Studium |
| | *le centre* | *les études* |

N

# Les nombres cardinaux

Les nombres cardinaux servent à compter.

| | | | |
|---|---|---|---|
| *0* | **null** | *30* | **dreißig** |
| *1* | **eins** | *40* | **vierzig** |
| *2* | **zwei** | *50* | **fünfzig** |
| *3* | **drei** | *60* | **sechzig** |
| *4* | **vier** | *70* | **siebzig** |
| *5* | **fünf** | *80* | **achtzig** |
| *6* | **sechs** | *90* | **neunzig** |
| *7* | **sieben** | *100* | **hundert** |
| *8* | **acht** | *101* | **hunderteins** |
| *9* | **neun** | *130* | **hundertdreißig** |
| *10* | **zehn** | *200* | **zweihundert** |
| *11* | **elf** | *257* | **zweihundert-siebenundfünfzig** |
| *12* | **zwölf** | *1 000* | **tausend** |
| *13* | **dreizehn** | *1 001* | **tausend(und)eins** |
| *14* | **vierzehn** | *1 234* | **tausendzweihundert-vierunddreißig** |
| *15* | **fünfzehn** | *mais : 1990* | **neunzehnhundert-neunzig** *(date)* |
| *16* | **sechzehn** | *2 000* | **zweitausend** |
| *17* | **siebzehn** | *10 000* | **zehntausend** |
| *18* | **achtzehn** | | |
| *19* | **neunzehn** | | |
| *20* | **zwanzig** | | |
| *21* | **einundzwanzig** | | |
| *26* | **sechsundzwanzig** | | |

# Les nombres cardinaux



| | |
|---|---|
| *1 000 000* | **eine Million** |
| *1 198 269* | **eine Million hundertachtund- neunzigtausend-zweihundert-neunundsechzig** |
| *2 000 000* | **zwei Millionen** |
| *1 000 000 000* | **eine Milliarde** |
| *1 000 000 000 000* | **eine Billion** |

■ Le nombre cardinal 1 prend la forme **eins**

- en arithmétique :

  **eins** plus **eins** gleich zwei
  *un plus un égalent deux*

- lorsqu'il est le dernier élément d'un nombre composé :

  zweihundert**eins** ***mais :*** zweihundert**ein**undfünfzig
  *deux cent un* — *deux cent cinquante et un*

- après un nom :

  Zimmer **eins** — Seite **eins**
  *chambre un* — *page un*

  ***mais :***

  es ist **ein Uhr** — in **ein oder zwei** Monaten
  *il est une heure* — *dans un ou deux mois*

■ Lorsqu'il est placé devant un nom, il se décline comme un article indéfini (**voir page 47**), mais on le distingue de l'article en l'accentuant dans la langue parlée :

ich habe bloß **einen** Euro gespart!
*j'ai économisé seulement un euro !*

Mais s'il est précédé d'un article défini, il se décline comme un adjectif normal :

**den einen** Schein hat er schon, den anderen aber nicht
*il a déjà l'un des certificats, mais il n'a pas l'autre*

■ Lorsqu'il est employé comme pronom, **ein** se décline comme **dieser** :

einer der Filme — eines/eins der Bücher
*un des films* — *un des livres*

■ On remplace parfois **zwei** par **zwo**, lorsqu'il peut être confondu avec **drei** (au téléphone par exemple).

# Les nombres cardinaux

■ Les expressions « à deux », « à trois », etc. (jusqu'à 12) se traduisent par **zu zweit**, **zu dritt**, **zu viert**, **zu fünft**, etc. Les expressions "par douzaines/centaines" se traduisent par **zu Dutzenden**/**Hunderten**.

■ Lorsque « dix », « vingt », etc. indiquent la valeur d'un timbre ou d'une pièce de monnaie, on ajoute **-er**, mais sinon ils sont invariables, sauf au datif pluriel :

eine Zwanziger (Marke)
*un timbre à 20 centimes*

hast du einen Zwanziger (Schein)?
*tu as un billet de 20 euros ?*

mit drei Hundertern in der Tasche
*avec trois billets de 100 euros dans la poche*

■ « Des douzaines/centaines/milliers de » se traduisent par **Dutzende/Hunderte/Tausende von**.

■ Comme en français, « million », « milliard » et « billion » prennent la marque du pluriel en allemand :

zwei Millionen Euro/Wörter
*deux millions d'euros/de mots*

# Les nombres ordinaux

Les nombres ordinaux sont en général précédés d'un article, et sont toujours déclinés :

| | | | |
|---|---|---|---|
| 1er | **erst-** | 15ème | **fünfzehnt-** |
| 2ème | **zweit-** | 16ème | **sechzehnt-** |
| 3ème | **dritt-** | 17ème | **siebzehnt-** |
| 4ème | **viert-** | 18ème | **achtzehnt-** |
| 5ème | **fünft-** | 19ème | **neunzehnt-** |
| 6ème | **sechst-** | 20ème | **zwanzigst-** |
| 7ème | **siebt-** | 21ème | **einundzwanzigst-** |
| 8ème | **acht-** | 30ème | **dreißigst-** |
| 9ème | **neunt-** | 100ème | **hundertst-** |
| 10ème | **zehnt-** | 101ème | **hunderterst-** |
| 11ème | **elft-** | 200ème | **zweihundertst-** |
| 12ème | **zwölft-** | 1000ème | **tausendst-** |
| 13ème | **dreizehnt-** | 10 000ème | **zehntausendst-** |
| 14ème | **vierzehnt-** | 1 000 000ème | **millionst-** |

■ Les nombres ordinaux s'accordent en genre et en cas avec le nom qui suit :

meine zwölft**e** Stelle
*mon douzième emploi*
kennen Sie ihren sechst**en** Mann?
*connaissez-vous son sixième mari ?*

■ L'expression « un sur dix », etc. se traduit par **jeder Zehnte**, etc. :

jeder Zehnte war zufrieden
*il y en avait un sur dix de satisfait*

■ Lorsqu'ils sont écrits en chiffres, les nombres ordinaux sont suivis d'un point :

Beethovens 9. Symphonie
*la 9ème de Beethoven*

# Les nombres ordinaux

## Bon à savoir

■ En allemand, contrairement au français, on emploie le nombre ordinal dans la date et pour les noms de rois :

heute ist der 23. Oktober
*nous sommes le 23 octobre aujourd'hui*
das gehörte Karl V./Karl dem Fünften
*ceci appartenait à Charles V*

■ Après les noms de rois, on emploie le chiffre romain suivi d'un point, ou bien le nombre en toutes lettres, bien que cette dernière possibilité soit moins courante.

# Le nominatif



Le nominatif est le cas du sujet. Il n'apparaît normalement qu'une seule fois dans la phrase.

## EMPLOIS

■ Comme sujet des verbes :

**der Mittelstürmer** schießt
*l'avant-centre tire*
der Hund steht vor dem Haus
*le chien est devant la maison*
jetzt steht er am Tor
*Maintenant, il est devant le portail*

■ Après les verbes **sein**, **werden**, **bleiben**, **heißen**, **sich betrachten als**, **sich nennen**, et d'autres verbes dont le nom complément est considéré comme attribut du sujet, on peut rencontrer un deuxième nominatif :

er nennt sich **mein Freund**
*il dit être mon ami*
er ist mein bester Freund
*Ccest mon meilleur ami*
die CD wird sicher ein Erfolg
*le CD sera sûrement un succès*

■ De même, pour les comparaisons :

der Arzt ist reich wie der Bankier
*le médecin est aussi riche que le banquier*

# Les noms

En allemand, les noms communs s'écrivent, comme les noms propres, avec une majuscule : **H**aus *maison*, **B**all *ballon*, etc.

## LES NOMS COMPOSÉS

■ On peut former un grand nombre de noms composés allemands en combinant des mots entre eux. Ces mots peuvent exprimer l'appartenance, la localisation, la direction, la matière, la cause, etc. Ils se traduisent généralement par un nom + complément du nom ou adjectif. Le genre des noms composés est celui du dernier mot :

die Geschwindigkeitbegrenzung
*la limitation de vitesse*
der Staatspräsident
*le président de la République*
eine Parisreise
*un voyage à Paris*
das Kochbuch
*le livre de cuisine*
die Stadtbevölkerung
*la population urbaine*
der Goldring
*une bague en or*

■ Des combinaisons de plus de deux mots sont tout à fait courantes en allemand :

die Autobahnzufahrtsstraße
*la bretelle d'autoroute*
das Stadtwohnungsbauprogramm
*le projet de construction de logement urbain*

■ Attention à ne pas confondre :

die Kaffeetasse **et** die Tasse Kaffee
*la tasse à café* *la tasse de café*

# L'ordre des adverbes



## AVEC UN ADJECTIF OU UN AUTRE ADVERBE

■ Les adverbes se placent immédiatement devant l'adverbe ou l'adjectif qu'ils modifient.

**sehr** gut
*très bien*
**immer** länger
*de plus en plus long*
**viel** mehr
*bien plus*

**ganz** hoch
*assez haut/grand*
**äußerst** dünn
*extrêmement mince*
**weiter** rechts
*plus loin à droite*

## AVEC UN VERBE

■ Dans les phrases affirmatives, l'adverbe se place normalement à la fin de la proposition, mais toujours devant les éléments figurants dans la phrase verbale à savoir : le participe passé, l'infinitif, la particule séparable, et, dans des propositions subordonnées, devant le verbe conjugué :

Herr Braun liest nicht **oft**
*M. Braun ne lit pas souvent*
Sie können mich **direkt** anrufen
*vous pouvez m'appeler directement*

sie hat **neulich** geschrieben
*elle a écrit récemment*
ich gebe es **sofort** auf
*j'abandonne tout de suite*

er hat mich gefragt, ob ich das **schneller** machen könnte
*il m'a demandé si je pouvais faire ça plus vite*

### Bon à savoir

■ Les adverbes de temps se placent souvent devant un nom à l'accusatif :
wir haben **heute** unsere Weihnachtskarten geschrieben
*nous avons écrit nos cartes de Noël aujourd'hui*

■ Dans les phrases interrogatives, l'ordre du sujet et du verbe conjugué est inversé, mais la place normale de l'adverbe reste la même que celle mentionnée en a) ci-dessus :

liest Herr Braun **oft**?
*est-ce que M. Braun lit souvent ?*

hat sie **neulich** geschrieben?
*a-t-elle écrit récemment ?*

Il en est de même au discours indirect :

er hat gefragt, ob sie **neulich** geschrieben hat
*il a demandé si elle avait écrit récemment*

■ Pour un ordre, l'adverbe se place normalement après **Sie** et **wir**, ou juste après le verbe (dans le cas de la forme **du** et **ihr** à l'impératif) :

bleiben Sie **da**!
*restez là !*

gehen wir **morgen** baden!
*allons nager demain !*

fahr **langsamer**!
*conduis plus lentement !*

esst **schnell** euer Frühstück!
*prenez vite votre petit déjeuner !*

## L'ORDRE DES ADVERBES

■ Lorsque deux adverbes ou plus (ou locutions adverbiales) apparaissent dans la même phrase, ils sont ordonnés de la façon suivante :

**TEMPS – CAUSE - MANIÈRE – LIEU**

ich bleibe oft alleine zu Hause
*je reste souvent tout seul à la maison*
wer fährt diesen Sommer per Anhalter ins Ausland?
*qui va faire de l'auto-stop à l'étranger cet été ?*

■ Si une cause ou une raison est introduite, elle se place en général après une expression de temps :

er ist gestern **aus Langeweile** plötzlich nach Berlin abgereist
*il est parti tout à coup hier pour Berlin parce qu'il s'ennuyait*

■ Quand il y a deux expressions de temps, la plus générale se place en premier :

sie kommen **morgen** um 5 Uhr an
*ils arrivent demain à 5 heures*

■ Si plusieurs adverbes ou locutions adverbiales sont présents, il est courant d'en placer un(e) en tête de phrase, pour des raisons stylistiques ou pour insister. Comparez les exemples suivants :

letzten Montag hat sie ihn aus Eifersucht mit einem Hammer in ihrem Schlafzimmer getötet
*lundi dernier, elle l'a tué par jalousie dans sa chambre avec un marteau*
aus Eifersucht hat sie ihn letzten Montag mit einem Hammer in ihrem Schlafzimmer getötet
*c'est par jalousie qu'elle l'a tué, lundi dernier, dans sa chambre avec un marteau*

# L'ordre des mots

## LA PROPOSITION PRINCIPALE

■ Dans une proposition principale ou dans une phrase assertive, le verbe conjugué se place toujours en deuxième position. Il constitue le noyau de la phrase autour duquel viennent se placer les divers membres de la phrase. On note alors que les membres de phrase directement liés au verbe se placent à la fin de l'énoncé, tandis que les éléments au contenu essentiellement situatif sont placés en tête de phrase :

sujet + verbe conjugué + (objet/objets) + (complément)

wir essen
*nous mangeons*

wir essen unser Frühstück
*nous prenons notre petit déjeuner*

wir essen unser Frühstück heute in der Küche
*nous prenons notre petit déjeuner dans la cuisine aujourd'hui*

■ Les participes passés, les infinitifs compléments d'un verbe, les particules verbales séparables et les groupes adverbiaux se placent en général à la fin de la phrase :

sie **hat** ihn in Paris zum ersten Mal **gesehen**
*elle l'a vu pour la première fois à Paris*
Andrea **will** am Samstag eine Party **organisieren**
*Andrea veut organiser une soirée samedi*
du **lenkst** mich von meiner Arbeit **ab**
*tu me distrais de mon travail*
sie **hat** völlig den Verstand **verloren**
*elle a complètement perdu la raison*

■ S'il y a un complément d'objet direct et un complément d'objet indirect, l'ordre des compléments change suivant que ce sont des noms ou des pronoms :

- deux noms (complément d'objet indirect + direct) :

  er gab seiner Mutter das Buch
  *il a donné le livre à sa mère*
- pronom (complément d'objet indirect) + nom (complément d'objet direct) :

  er gab ihr das Buch
  *il lui a donné le livre*
- pronom (complément d'objet direct) + nom (complément d'objet indirect) :

  er gab es seiner Mutter
  *il l'a donné à sa mère*
- deux pronoms (complément d'objet direct + indirect) :

  er gab es ihr
  *il le lui a donné*

# L'ordre des mots

**Attention !**

■ Les compléments d'un adverbe se placent juste devant les participes passés, les infinitifs compléments d'un verbe ou les particules verbales séparables :

sie hat **offenbar** völlig den Verstand verloren
*elle a, de toute évidence, complètement perdu la raison*

■ La première position dans la phrase

Il est très courant en allemand de commencer une phrase avec un autre élément que le sujet. Non seulement les adverbes ou les locutions adverbiales, mais aussi les compléments d'objet direct se placent couramment en tête de phrase.

– Si la phrase commence par un adverbe, un complément d'objet direct, etc., le verbe conjugué doit se placer juste après, en deuxième position. Le premier membre de la phrase peut être complexe, c'est-à-dire composé de plusieurs mots :

**leider** fällt der Unterricht heute aus
*il n'y a malheureusement pas de cours aujourd'hui*
**"alles Gute!"** sagte sie zynisch
*« bonne chance ! » dit-elle d'un air cynique*
**die Hälfte des Personals** hat man schon entlassen
*on a déjà licencié la moitié du personnel*

La première place permet également de mettre en relief un élément informatif de la phrase. Cet élément mis en relief est alors accentué. Cependant, on note que l'on ne peut pas utiliser ce type de mise en relief en français :

**auf den** müssen Sie gut aufpassen!
*surveillez-le bien !*

– Lorsque c'est un complément, un adverbe ou autre qui occupe la première place, le pronom sujet se place alors immédiatement après le verbe conjugué :

endlich gab **er** mir meine Notizen zurück
*il m'a finalement rendu mes notes*

Mais un nom sujet peut précéder ou suivre un pronom complément d'objet :

morgen trifft **meine Frau ihn** am Flughafen
morgen trifft **ihn meine Frau** am Flughafen
*mon épouse le rencontre demain à l'aéroport*

# L'ordre des mots

– La première place peut également être occupée par une proposition subordonnée ; le verbe conjugué de la principale reste à la deuxième place :

wenn es schneit, (dann) **machen** wir einen Schneemann
*s'il neige on fait un bonhomme de neige*

Notez que **dann** fait partie des conjonctions de coordination qui ne comptent pas comme membres de phrase. Elles occupent la position zéro .

## LES PROPOSITIONS SUBORDONNÉES

■ Dans une proposition subordonnée introduite par un pronom relatif (**der**, **dessen**, **an dem**, **worauf**, etc.) ou par une conjonction de subordination (**dass**, **warum**, **obwohl**, etc.), le verbe conjugué se place à la fin de la proposition :

der Film, **dessen** Geschichte so spannend **ist**, ist nach einem Roman von Tom Clancy
*le film, dont l'histoire est tellement passionnante, est inspiré d'un roman de Tom Clancy*
kennen Sie Otto, **mit dem** ich jahrelang in Urlaub gefahren **bin**?
*connaissez-vous Otto, avec lequel je suis allé en vacances pendant des années ?*

■ Lorsque deux propositions subordonnées suivent la même conjonction, il faut placer le verbe à la fin de chacune d'elles :

wenn er morgen **kommt** und die Leitung endlich **repariert**...
*quand il viendra demain pour réparer enfin la tuyauterie...*

### Attention !

■ Attention aux deux points suivants :

– Si l'on a deux infinitifs et un verbe conjugué auxiliaire, ce dernier se place devant les autres :

er weiß, dass er es nicht **hätte tun sollen**
*il sait qu'il n'aurait pas dû le faire*

– Si la proposition subordonnée est coupée par une autre proposition, l'ordre des mots n'est pas affecté :

sie heiratet einen Mann, der, obwohl er nicht reich ist, wenigstens gut aussieht
*elle épouse un homme qui, bien qu'il ne soit pas riche, est au moins beau*

# L'ordre des pronoms

De même manière que pour les compléments et adverbes, il faut respecter un certain ordre pour les pronoms.

■ Les pronoms compléments d'objet direct ou indirect se placent en général juste après le verbe :

ich gebe **dir** das Geld
*je te donne l'argent*

ich habe **ihn** nicht gesehen
*je ne l'ai pas vu*

– Lorsque la phrase contient deux compléments d'objet, le pronom à l'accusatif se place avant celui au datif :

habe ich **es** dir gegeben?
*est-ce que je te l'ai donné ?*

ich habe **es** ihm geliehen
*je le lui ai emprunté*

– Le même ordre s'applique lorsque la phrase contient un pronom réfléchi au datif :

ich kann **es** mir nicht leisten
*je ne peux pas me le permettre*

– Sinon, le pronom réfléchi se place immédiatement après le verbe :

er kauft **sich** einen Filzstift
*il s'achète un crayon feutre*

■ Un pronom sujet se place immédiatement après le verbe lorsqu'il y a inversion :

morgens macht **sie** ihm das Frühstück
*le matin, elle lui prépare son petit déjeuner*
gestern hat **sie** ihn/uns gesehen
*elle l'a/nous a vu(s) hier*

■ Un nom sujet peut se placer avant ou après un pronom complément d'objet :

gestern hat **ihn meine Schwester** gesehen
gestern hat **meine Schwester ihn** gesehen
*ma sœur l'a vu hier*

# Le parfait ou passé composé



Le parfait est le temps employé dans la conversation lorsque l'on parle du passé (à l'exception de **sein**, **haben** et les verbes de modalité, ci-dessus) :

**hast** du ihn **gesehen**?
*tu l'as vu ?*

wann **ist** sie **angekommen**?
*quand est-elle arrivée ?*

■ Cependant, cela ne veut pas dire que l'on ne peut pas employer le prétérit dans la conversation. Si par exemple, on fait référence à une série d'événements, il est bon d'employer le prétérit (c'est comme si l'on racontait une histoire). Mais pour des phrases employées seules, comme les deux exemples ci-dessus, l'emploi du prétérit paraîtrait étrange.

■ Le participe passé ne s'accorde pas en allemand ; il reste invariable

## FORMATION

### VERBES FAIBLES

■ Le parfait allemand correspond au passé composé français. Il se forme avec le participe passé et l'auxiliaire **sein** ou **haben** au présent.

| | fragen | reisen |
|---|---|---|
| ich | habe… gefragt | bin… gereist |
| du | hast… gefragt | bist… gereist |
| er/sie/es | hat… gefragt | ist… gereist |
| wir | haben… gefragt | sind… gereist |
| ihr | habt… gefragt | seid… gereist |
| Sie/sie | haben… gefragt | sind… gereist |

■ Le participe se place normalement à la fin de la phrase ou de la proposition, **voir pages 137 et 235-6**.

### VERBES FORTS

■ Le parfait se forme avec le participe passé et l'auxiliaire **sein** ou **haben** au présent. Le participe passé des verbes forts se distingue de celui des verbes faibles (-**t**) par sa terminaison **-en.** Puisqu'il est irrégulier, il est nécessaire de l'apprendre par cœur. Pour la formation du participe passé, **voir page 146**. Pour l'emploi de **sein** et **haben**, **voir pages 142-4**.

# Le parfait ou passé composé

| | fahren | finden |
|---|---|---|
| ich | bin… gefahr**en** | habe… gef**u**nd**en** |
| du | bist… gefahr**en** | hast… gef**u**nd**en** |
| er/sie/es | ist… gefahr**en** | hat… gef**u**nd**en** |
| wir | sind… gefahr**en** | haben… gef**u**nd**en** |
| ihr | seid… gefahr**en** | habt… gef**u**nd**en** |
| Sie/sie | sind… gefahr**en** | haben… gef**u**nd**en** |

■ Le participe se place normalement à la fin de la phrase ou de la proposition, **voir pages 137 et 235-236**.

## EMPLOI DE *HABEN*

■ On emploie **haben** avec tous les verbes transitifs, c'est-à-dire les verbes qui ont un complément d'objet direct :

er hat die Wurst gegessen
*il a mangé la saucisse*

Ceci s'applique aussi lorsque le verbe n'est pas accompagné du complément d'objet direct :

er hat schon gegessen
*il a déjà mangé*

### Bon à savoir

■ Les verbes construits à partir d'un autre verbe qui prend normalement l'auxiliaire **sein,** et d'un préfixe font exception à cette règle :

sie ist ihren Husten noch nicht losgeworden
*elle ne s'est pas encore débarrassée de sa toux*

■ avec des verbes intransitifs, à part ceux qui expriment un changement d'état ou un mouvement :

du hast aber fleißig gearbeitet
*tu as travaillé dur*
sie haben sehr schön gesungen
*ils ont très bien chanté*

■ avec tous les verbes réfléchis :

hast du dich schon gewaschen?
*est-ce que tu t'es déjà lavé ?*

# Le parfait ou passé composé

■ avec les verbes de modalité :

mein Sohn hat den Film nicht sehen können *(double infinitif)*
*mon fils n'a pas pu voir le film*
das habe ich nicht gewollt
*ce n'est pas ce que je voulais*
solce Musik habe ich immer gemocht
*j'ai toujours aimé ce genre de musique*

■ avec des verbes impersonnels :

es hat geregnet
*il a plu*

– sauf :

| | | | |
|---|---|---|---|
| **gelingen** | **misslingen** | **glücken** | **missglücken** |
| **geschehen** | **passieren** | **vorkommen** | **widerfahren** |

es ist ihm gelungen
*il a réussi*

es ist schon passiert, dass...
*il est déjà arrivé que...*

– sauf dans les expressions impersonnelles comprenant un verbe qui se conjugue normalement avec **sein** :

wie ist es dir ergangen?
*comment t'es-tu débrouillé ?*

## EMPLOI DE *SEIN*

■ On emploie **sein** avec des verbes intransitifs exprimant un changement de lieu, d'état ou de situation. Les verbes de cette catégorie les plus employés sont les verbes exprimant un déplacement d'un lieu à un autre :

sie ist nach Hause gegangen
*elle est partie chez elle*
das Geld ist verschwunden
*l'argent a disparu*
das Haus ist abgebrannt
*la maison a brûlé*

■ avec les verbes employés dans un sens impersonnel ou pas :

der Plan ist missglückt
*le plan a échoué*

■ avec **sein** et **werden** dans chacun de leurs emplois :

das wäre besser gewesen
*ça aurait été préférable*
die Milch ist sauer geworden
*le lait a tourné*

■ avec **bleiben** :

gestern sind wir zu Hause geblieben
*hier, on est resté à la maison*

## LES VERBES QUI PRENNENT SOIT *SEIN* SOIT *HABEN*

■ Vous noterez que le parfait de beaucoup de verbes de mouvement se construit avec **sein** ou **haben**, suivant leur sens. Les verbes exprimant un mouvement d'un point à un autre se conjuguent avec **sein**, mais lorsque l'idée de passer d'un endroit à un autre n'est pas indiqué, on emploie **haben**. Comparez :

sie **sind** nach Griechenland **gesegelt**
*ils sont allés en Grèce en voilier*
im Urlaub **hat** er jeden Tag **gesegelt**
*pendant les vacances, il a fait de la voile tous les jours*

■ Mais on a aujourd'hui tendance à ne pas faire cette distinction :

wir **sind** über den See **geschwommen**
*nous avons traversé le lac à la nage*

et :

wir **sind** den ganzen Tag **geschwommen**
*nous nous sommes baignés toute la journée*

au lieu de :

wir **haben** den ganzen Tag **geschwommen**
*nous nous sommes baignés toute la journée*

Cette dernière phrase est cependant tout à fait correcte.

■ Les verbes pour lesquels la distinction d'emploi entre **sein** et **haben** est normalement conservée, sont :

**paddeln**
*faire du canoë*
**segeln**
*faire de la voile*
**rudern**
*ramer*
**reiten**
*faire du cheval*
**tanzen**
*danser*

■ Certains verbes de mouvement peuvent s'employer soit de manière transitive, soit de manière intransitive. Dans le premier cas, ils se conjuguent avec **haben** et dans le second, avec **sein** :

gestern **hat** er den Wagen **gefahren** *(transitif)*
*hier, il a conduit la voiture*

sie **ist** nach Hause **gefahren** *(intransitif)*
*elle est rentrée chez elle en voiture*
er **hat** das Rohr **gebogen** *(transitif)*
*il a tordu le tuyau*
sie **ist** um die Ecke **gebogen** *(intransitif)*
*elle a tourné au coin de la rue*

■ Notez aussi :

er **ist** mir **gefolgt**
*il m'a suivi*
er **hat** mir **gefolgt**
*il m'a obéi*
der See **ist gefroren**
*le lac est gelé*
ich **habe gefroren**
*j'étais gelé*

■ Les verbes **liegen**, **sitzen** et **stehen** se conjuguent avec haben dans le nord de l'Allemagne et avec **sein** dans le sud de l'Allemagne et en Autriche.

P

# Le participe passé

Le participe passé est utilisé pour exprimer les formes du passé et du passif. Il est régulier pour les verbes faibles, et irrégulier pour les verbes forts.

## FORMATION

### VERBES FAIBLES

■ Le participe passé des verbes faibles se forme à partir du radical + **-t** et normalement du préfixe **ge-** :

fragen ➜ **ge**frag**t**
heizen ➜ **ge**heiz**t**

Mais le **t** final est précédé d'un **e** pour les verbes dont le radical se termine par **-d** ou **-t** ou par une consonne précédée d'une consonne différente, sauf **l** ou **r** :

leiten ➜ geleit**et**
reden ➜ gered**et**
atmen ➜ geatm**et** *mais :* filmen ➜ gefilm**t**
ordnen ➜ geordn**et** *mais :* turnen ➜ geturn**t**

■ Pour les verbes à particule séparable, le **ge-** se place entre la particule séparable et le radical du verbe. Par exemple : aus**ge**fragt, zurück**ge**reist, ein**ge**atmet.

■ On omet le préfixe **ge-** lorsque le verbe a une particule inséparable ou lorsqu'il se termine en **-ieren** :

| | |
|---|---|
| besucht | verletzt |
| erwartet | vollendet |
| übernachtet | telefoniert |

■ Ceci s'applique aussi aux verbes à particule séparable se terminant en **-ieren** ou pour les verbes formés à partir d'un verbe qui a déjà une particule inséparable :

einstudiert anerkannt

■ Les verbes qui sont, en fonction du contexte, soit séparables soit inséparables peuvent avoir deux participes passés :

| | |
|---|---|
| übersetzt | übergesetzt |
| *traduit* | *transporté de l'autre côté* |

### VERBES FORTS

■ Le participe passé se forme à partir du radical du verbe (en général avec un changement de voyelle qui, lui, est à apprendre par cœur), normalement précédé du préfixe **ge-** et suivi du suffixe **-en** :

fahren → **ge**fahr**en** bleiben → **ge**bl**ie**b**en**
werfen → **ge**w**o**rf**en** singen → **ge**s**u**ng**en**

■ Le participe passé de **sein** est **gewesen**.

## VERBES COMPOSÉS

■ Dans les verbes à particule séparable, le **ge-** se place entre le préfixe et le radical du verbe :

einschlafen → ein**ge**schlafen
aussteigen → aus**ge**stiegen

■ On omet le **ge-** dans les verbes à particule inséparable :

verstehen → verstanden empfehlen → empfohlen

## EMPLOI

■ Le participe passé s'emploie non seulement dans la formation des temps, mais aussi comme adjectif :

der **verdammte** Bengel
*ce sacré galopin*

■ Son usage, lorsqu'il entre dans la formation d'un groupe adjectival devant un nom, est très répandu à l'écrit, en allemand soutenu :

der erst neulich **gestürzte** Präsident
*le président récemment renversé*

■ L'emploi du participe passé dans des constructions identiques à l'exemple qui suit est principalement littéraire :

**vom** Einbruch der Nacht **überrascht**, musste er im Freien schlafen
*soudain surpris par la tombée de la nuit, il dut dormir à la belle étoile*

■ Mais un petit nombre de verbes sont d'un usage courant dans des constructions participiales, comme par exemple **vorausgesetzt**, **gesagt**, **ausgenommen** :

genau **gesagt**
*pour être précis*
dein Bruder **ausgenommen**, fahren alle mit dem Zug
*à part ton frère, tout le monde part en train*

■ Le participe passé s'emploie dans un usage idiomatique avec **kommen** :

er kam **gelaufen**
*il est venu en courant*

# Le participe présent

Le participe présent est beaucoup moins utilisé en allemand qu'en français ; évitez de le traduire tel quel.

## FORMATION

### VERBES FAIBLES

■ Le participe présent se forme en ajoutant **-d** à l'infinitif.

### VERBES FORTS

Comme pour les verbes faibles.

## EMPLOI

■ Le participe présent s'emploie principalement comme adjectif, soit devant un nom soit après **sein** :

| | |
|---|---|
| eine **ansteckende** Krankheit<br>*une maladie contagieuse* | diese Krankheit ist **ansteckend**<br>*cette maladie est contagieuse* |

■ Il peut s'employer comme adverbe après d'autres verbes :

sie brauchen **dringend** einen Lehrer
*ils ont grand besoin d'un enseignant*
sie redete **überzeugend**
*elle parlait avec conviction*

■ Le participe présent précédé de **zu**, devant lequel on peut aussi trouver d'autre mots et locutions, peut s'employer comme groupe adjectival devant un nom :

kein einfach **zu lösendes** Problem
*un problème difficile à résoudre*
eine schwer **zu begreifende** Entscheidung
*une décision difficile à comprendre*

■ L'emploi du participe présent dans des constructions identiques à l'exemple qui suit est principalement littéraire et relativement rare :

die Zeitung **zerknüllend**, stand er auf
*il se leva en froissant le papier*

# Les particules



Les particules sont des éléments que l'on trouve attachés aux verbes en allemand. Elles en modifient le sens. On les sépare en trois groupes, en fonction de leur comportement grammatical.

## LES PARTICULES INSÉPARABLES

| **be-** | **emp-** | **ent-** | **er-** | **ge-** |
|---|---|---|---|---|
| **miss-** | **ver-** | **wider-** | **zer-** | |

■ Elles ne sont pas accentuées et ne sont jamais séparées du verbe. Les verbes commençant par l'une de ces particules ne prennent pas le préfixe **ge-** au participe passé :

empfehlen
*recommander*

empfohlen
*recommandé*

## LES PARTICULES SÉPARABLES

■ Toutes les autres particules sont séparables, à l'exception du groupe mentionné au point c) ci-contre. Lorsqu'elles sont rattachées au verbe, elles sont accentuées.

■ Dans les affirmations, les questions ou les ordres, ces particules sont séparées du verbe et se placent à la fin de la proposition. Ceci ne s'applique pas aux subordonnées où le verbe conjugué est aussi placé à la fin de la proposition et où le verbe et la particule sont rattachés :

kommst du **mit**?
*tu viens ?*

kommen Sie **mit**!
*venez avec nous !*

mais : du hast gesagt, dass du **mit**kommst
*tu as dit que tu viendrais*

sie fangen **an**
*ils commencent*

mais : weißt du, wann sie **an**fangen?
*est-ce que tu sais quand ils commencent?*

■ Le participe passé des verbes à particule séparable se forme en intercalant le **-ge-** entre la particule et le radical du verbe :

an|fangen – an**ge**fangen

bei|bringen – bei**ge**bracht

■ Lorsqu'un verbe à particule séparable est à l'infinitif et qu'il est employé avec **zu**, le **zu** s'intercale entre la particule et le radical du verbe :

er versuchte, den Weg ab**zu**kürzen
*il a essayé de prendre un raccourci*

um die Zeit gut aus**zu**nutzen
*afin de bien utiliser son temps*

## LES PARTICULES SÉPARABLES OU INSÉPARABLES

| | | | |
|---|---|---|---|
| **durch-** | **hinter-** | **über-** | **um-** |
| **unter-** | **wider-** | **voll-** | |

■ Dans la plupart des cas, le verbe a un sens différent suivant que la particule est séparable ou inséparable. Comparez les deux exemples suivants :

der Gärtner **gräbt** den Dung **unter**
*le jardinier enfouit le fumier*
er **untergräbt** seine Gesundheit
*il se ruine la santé*

■ En règle générale, le verbe à particule séparable a un sens concret, tandis que le verbe à particule inséparable a un sens abstrait.

■ La particule **wieder** est toujours séparable, sauf dans **wiederholen** au sens de « répéter » :

ich habe sie nie **wieder** gesehen
*je ne l'ai jamais revue*

sie **wiederholten** die Lektion
*ils ont répété la leçon*

## DOUBLE PARTICULE

■ Pour les verbes qui ont une particule inséparable et auxquels on ajoute une particule séparable (**ab-berufen** par exemple), la particule séparable reste séparable. Le **zu** s'intercale entre la particule séparable et la particule inséparable, mais on omet **ge-** au participe passé :

die Regierung **beruft** ihren Botschafter **ab**
*le gouvernement rappelle son ambassadeur*
die Regierung droht, ihren Botschafter **abzuberufen**
*le gouvernement menace de rappeler son ambassadeur*
der Botschafter wurde **abberufen**
*l'ambassadeur a été rappelé*

■ Lorsqu'un verbe est composé d'une particule inséparable et d'une particule séparable (**be-ab-sichtigen** par exemple), les deux particules deviennent inséparables :

er **beabsichtigt**, morgen nach Köln zu fahren
*il a l'intention d'aller à Cologne demain*

# Le passif

Au passif, le sujet n'accomplit pas l'action mais la subit. Pour mettre une phrase active (« tous les associés ont signé le contrat ») à la voix passive, il faut que le complément d'objet direct devienne le sujet du verbe (« le contrat a été signé par tous les associés »).

## FORMATION

### VERBES FAIBLES

■ Il y a deux passifs en allemand, l'un formé avec l'auxiliaire **werden**, l'autre formé avec **sein** (passif d'état), tous les deux suivis du participe passé du verbe.

| | passif avec werden | passif avec sein |
|---|---|---|
| ich | werde… gefragt | bin… gefragt |
| du | wirst… gefragt | bist… gefragt |
| er/sie/es | wird… gefragt | ist… gefragt |
| wir | werden… gefragt | sind… gefragt |
| ihr | werdet… gefragt | seid… gefragt |
| Sie/sie | werden… gefragt | sind… gefragt |

■ Des temps plus complexes peuvent se former avec **werden** conjugué à d'autres temps + participe passé :

| | |
|---|---|
| prétérit passif | ich wurde… gefragt, etc. |
| parfait passif | ich bin… gefragt worden, etc. |
| plus-que-parfait passif | ich war… gefragt worden, etc. |
| futur passif | ich werde… gefragt werden, etc. |
| futur antérieur passif | ich werde… gefragt worden sein, etc. |

**Attention !**

■ Notez la forme particulière du participe passé de l'auxiliaire **werden** *devenir* (**worden** et non **geworden**)..

■ Les subjonctifs passifs peuvent se former en employant le subjonctif de **werden**.

# Le passif

## VERBES FORTS

- Comme pour les verbes faibles

## EMPLOI

- Il existe deux voix passives en allemand : le passif-action et le passif-état. Le premier (construit avec **werden** + participe passé) insiste sur l'action qui a été accomplie, tandis que le second (construit avec **sein** + participe passé) indique le résultat de l'action accomplie :

die Vase **wurde zerbrochen**
*le vase a été cassé*

die Vase **ist zerbrochen**
*le vase est cassé*

Lorsque le complément d'agent est mentionné (celui par qui l'action a été accomplie), il faut employer le passif qui se forme avec **werden**. Comparez les deux exemples suivants :

diese Wohnungen **werden von der Stadt gebaut**
*ces appartements sont construits par la municipalité*
unser Haus **ist** schon **gebaut**
*notre maison est déjà construite*

- Les verbes se construisant avec le datif ou ceux suivis d'une préposition ne peuvent pas former leur passif de cette manière. On évite donc en général la voix passive. Par exemple :

zwei Privatdetektive **sind** ihm **gefolgt**
*il a été suivi par deux détectives privés*

Lorsqu'un passif s'emploie avec de tels verbes, vous noterez la différence de traduction avec le français :

mir wurde gesagt...
*on m'a dit...*

dir ist verboten worden,...
*on t'a interdit de...*

- Les verbes intransitifs peuvent s'employer au passif à la forme impersonnelle, le complément d'agent n'étant en général pas mentionné :

es **wurde getanzt**
*on a dansé*

hier wird **zu viel** geredet!
*on parle trop ici !*

- Le complément d'agent (sujet du verbe à la voix active) est habituellement introduit par la préposition **von** :

er wurde **von seinem besten Freund** betrogen
*il a été trahi par son meilleur ami*

- La préposition **durch** s'emploie le plus souvent lorsque l'agent n'est pas une personne :

die Ernte wurde **durch Hagel** vernichtet
*la récolte a été déruite par la grêle*

ich wurde **durch den Verkehr** aufgehalten
*j'ai été retenu par la circulation*

- Vous noterez l'emploi de **man** (*on*) à la place de la voix passive :

es war völlig vergessen worden
*ceci avait été complètement oublié*

qui devient ainsi :

man hatte es völlig vergessen
*on l'avait complètement oublié*

- Le passif peut également s'exprimer par **lassen** (**voir aussi page 114**) :

das lässt sich machen
*ça peut se faire*

- L'infinitif + **zu** peut également exprimer une idée passive :

wie ist das **zu erklären**?
*comment cela s'explique-t-il ?*

er war nicht **zu verstehen**
*on ne pouvait pas le comprendre*

diese Arbeit ist bis morgen **zu erledigen**
= diese Arbeit muss bis morgen erledigt werden
*ce travail est à faire pour demain*

- On peut aussi employer **bekommen** + participe passé :

jeder **hat** ein Buch **geschenkt bekommen**
= ein Buch ist jedem geschenkt worden
*on a offert un livre à chacun*

- Le passif peut avoir le sens d'un impératif :

jetzt **wird geschlafen**!
*vous allez dormir maintenant !*

# Le pluriel

Il existe cinq formes principales de pluriels en allemand, dont trois prennent parfois l'inflexion (c'est-à-dire un **Umlaut** (¨) sur les voyelles **a**, **o** et **u** de la racine).

■ Vous trouverez ci-dessous des listes de noms illustrant les cinq formes de pluriels allemands. Cependant, lorsque vous apprenez un nom, il est nécessaire d'apprendre aussi son pluriel.

## PAS DE TERMINAISON AU PLURIEL, CERTAINS PRENNENT UNE INFLEXION

■ Ceci s'applique aux noms masculins et neutres se terminant par **-chen**, **-el**, **-er** et **-lein**.

| | | | |
|---|---|---|---|
| das Mädchen | → | die Mädchen | *fille* |
| der Hobel | → | die Hobel | *rabot* |
| das Kabel | → | die Kabel | *câble* |
| der Braten | → | die Braten | *rôti* |
| das Kissen | → | die Kissen | *coussin* |
| der Bagger | → | die Bagger | *excavatrice* |
| das Messer | → | die Messer | *couteau* |
| das Büchlein | → | die Büchlein | *petit livre* |

■ Certains noms masculins, et occasionnellement féminins et neutres, prennent une inflexion :

| | | | |
|---|---|---|---|
| der Vogel | → | die V**ö**gel | *oiseau* |
| der Laden | → | die L**ä**den | *magasin* |
| der Hammer | → | die H**ä**mmer | *marteau* |
| das Kloster | → | die Kl**ö**ster | *monastère, couvent* |
| die Mutter | → | die M**ü**tter | *mère* |
| die Tochter | → | die T**ö**chter | *fille* |

## PLURIEL EN *-E*

■ Ceci s'applique à la plupart des noms masculins, à un grand nombre de noms neutres et à un groupe de noms courants féminins monosyllabiques, ainsi qu'aux noms féminins se terminant par **-nis**. On double le **s** après **-nis**.

| | | | |
|---|---|---|---|
| der Tag | → | die Tag**e** | *jour* |
| der Freund | → | die Freund**e** | *ami* |
| der Dom | → | die Dom**e** | *cathédrale* |
| der Monat | → | die Monat**e** | *mois* |
| der Bericht | → | die Bericht**e** | *rapport* |

| | | | |
|---|---|---|---|
| das Haar | → | die Haar**e** | *cheveu* |
| das Pfund | → | die Pfund**e** | *livre* (monnaie) |
| das Gesetz | → | die Gesetz**e** | *loi* |
| das Ereignis | → | die Ereignis**se** | *événement* |
| die Kenntnis | → | die Kenntnis**se** | *connaissance* |

■ Tous les féminins monosyllabiques, beaucoup de masculins monosyllabiques et quelques noms masculins monosyllabiques ayant un préfixe prennent une inflexion :

| | | | |
|---|---|---|---|
| die Hand | → | die H**ä**nd**e** | *main* |
| die Kunst | → | die K**ü**nst**e** | *art* |
| der Traum | → | die Tr**ä**um**e** | *rêve* |
| der Knopf | → | die Kn**ö**pf**e** | *bouton* |
| der Einwand | → | die Einw**ä**nd**e** | *objection* |
| der Anfang | → | die Anf**ä**ng**e** | *commencement* |

ainsi que le nom neutre :

| | | | |
|---|---|---|---|
| das Floß | → | die Fl**ö**ß**e** | *radeau* |

## PLURIEL EN *-(E)N*

■ On intercale un **e** lorsque les mots se terminent par **-ei**, **-au** ou par une consonne, sauf **-el** et **-er**. Sinon la terminaison est en **-n**. On double le **n** après **-in**.

■ Ceci s'applique à un grand nombre de féminins, un certain nombre de masculins et un petit nombre de neutres monosyllabiques. Aucun d'eux ne prend l'inflexion :

| | | | |
|---|---|---|---|
| die Eitelkeit | → | die Eitelkeit**en** | *vanité* |
| die Hoffnung | → | die Hoffnung**en** | *espoir* |
| die Ärztin | → | die Ärztin**nen** | *docteur* |
| die Bäckerei | → | die Bäckerei**en** | *boulangerie* |
| die Au | → | die Au**en** | *prairie* |
| die Bahn | → | die Bahn**en** | *chemin de fer* |
| die Straße | → | die Straße**n** | *rue* |
| die Schüssel | → | die Schüssel**n** | *jatte, plat* |
| die Feder | → | die Feder**n** | *plume* |
| der Mensch | → | die Mensch**en** | *homme, humain* |
| der Nerv | → | die Nerv**en** | *nerf* |
| das Bett | → | die Bett**en** | *lit* |

# Le pluriel

## PLURIEL EN *-ER*

■ Ceci s'applique à un grand nombre de neutres, en particulier à des monosyllabes, aux noms se terminant par **-tum** et quelques masculins monosyllabiques. Tous prennent une inflexion lorsque cela est possible :

| | | | |
|---|---|---|---|
| das Rad | → | die R**ä**d**er** | *roue* |
| das Land | → | die L**ä**nd**er** | *pays* |
| das Lied | → | die Lied**er** | *chant* |
| das Gespenst | → | die Gespenst**er** | *fantôme* |
| das Bistum | → | die Bist**ü**m**er** | *évêché* |
| der Reichtum | → | die Reicht**ü**m**er** | *richesse* |
| der Strauch | → | die Str**ä**uch**er** | *buisson* |
| der Geist | → | die Geist**er** | *esprit* |

## PLURIEL EN *-S*

■ Ceci s'applique à beaucoup de noms étrangers, tout particulièrement aux mots anglais et français, à des noms se terminant par une seule voyelle (sauf **-e**), aux abréviations, aux noms propres et à certains termes techniques concernant le temps et la mer. Aucun ne prend l'inflexion :

| | | | |
|---|---|---|---|
| das Team | → | die Team**s** | *équipe* |
| die City | → | die City**s** | *centre-ville* |
| das Brikett | → | die Brikett**s** | *briquette* |
| das Sofa | → | die Sofa**s** | *canapé* |
| der Uhu | → | die Uhu**s** | *grand duc* |
| ein Sozi | → | die Sozi**s** | *socialiste* |
| der Pulli | → | die Pulli**s** | *pullover* |
| der Lkw | → | die Lkw**s** | *camion* |
| Frau/Herr Müller | → | die Müller**s** | *les Müller* |
| der Teint | → | die Teint**s** | *teint* |
| das Tief | → | die Tief**s** | *dépression* |
| das Deck | → | die Deck**s** | *pont* (bateau) |

## PLURIELS DOUBLES

■ Certains noms ont deux formes au pluriel, suivant leur sens :

| | | | |
|---|---|---|---|
| die Bank | → | die B**ä**nk**e** | *banc* |
| | | die Bank**en** | *banque* |
| der Bau | → | die Bau**e** | *tanière* |
| | | die Bau**ten** | *bâtiment* |
| die Mutter | → | die M**ü**tter | *mère* |
| | | die Mutter**n** | *écrou* |

# Le pluriel

| | | | |
|---|---|---|---|
| der Strauß | → | die Strauß**e** | *autruche* |
| | | die Str**ä**uß**e** | *bouquet* |

■ Les noms qui ont un double genre, ont en général un pluriel différent suivant chaque genre.

## SINGULIER OU PLURIEL ?

■ Alors que presque tous les noms ont un singulier et un pluriel, certains ne s'emploient qu'au singulier et d'autres qu'au pluriel :

■ Les noms employés uniquement au singulier

- noms de substances, de matières, de produits :

| | | |
|---|---|---|
| das Fleisch | das Gummi | die Milch |
| *la viande* | *le caoutchouc* | *le lait* |
| die Butter | das Leder | der Schnee |
| *le beurre* | *le cuir* | *la neige* |

### Bon à savoir

- Un pluriel est possible en composant ces mots avec **-sorten** ou **-arten** :
  verschiedene **Buttersorten** — *différentes sortes de beurre*
  zwei **Getreidearten** — *deux sortes de grains*
- On emploie parfois le singulier pour exprimer le pluriel :
  zwei **Bier**, bitte
  *deux bières, s'il vous plaît*

- beaucoup de collectifs :

| | | |
|---|---|---|
| das Vieh | die Bourgeoisie | die Polizei |
| *le bétail* | *la bourgeoisie* | *la police* |
| das Gepäck | der Schmuck | das Publikum |
| *les bagages* | *les bijoux* | *le public* |

- beaucoup de noms abstraits :

| | | |
|---|---|---|
| der Fleiß | die Hitze | der Aufbau |
| *la diligence* | *la chaleur* | *la construction* |

# Le pluriel

## Attention !

■ Notez que certains de ces noms abstraits peuvent s'employer dans un sens particulier ou dans un sens général. Dans leur sens particulier, ils ont un pluriel:
**der Spaß** *(plaisir)* → ***pas de pluriel***
**der Spaß** *(plaisanterie)* → **die Späße**

■ Remarquez également que les noms abstraits ont souvent une forme parallèle qui a un pluriel. Par exemple **der Rat** (*conseil*) n'a pas de pluriel, mais le pluriel de **der Ratschlag** (*conseil*) est **die Ratschläge**.

– noms de couleurs :

| das Schwarz | das Grün | das Blau |
|---|---|---|
| *le noir* | *le vert* | *le bleu* |

– les noms formés à partir d'adjectifs (**voir pages 32-3**) lorsqu'ils ne qualifient pas une personne, et les noms formés à partir d'un infinitif lorsqu'ils font référence à une activité et non à un objet :

**das Beste** *(la meilleure chose)* n'a pas de pluriel, mais **die Beste** *(la meilleure femme)* ***a le pluriel*** **die Besten.**
**das Schreiben** *(le fait d'écrire)* ***n'a pas de pluriel, mais*** **das Schreiben** *(la lettre)* ***a le pluriel*** **die Schreiben.**

■ Les noms employés uniquement au pluriel

– certains noms géographiques :

die Niederlande
*les Pays-Bas*

– certains noms collectifs :

| die Eltern | die Leute | die Ferien |
|---|---|---|
| *les parents* | *les gens* | *les vacances* |
| die Kosten | die Antiquitäten | die Möbel |
| *le coût* | *les antiquités* | *le mobilier* |

■ On trouve aussi le singulier **der Elternteil** *le parent*.

# Le plus-que-parfait

P

Le plus-que-parfait est formé de la même manière que son homologue français.

## FORMATION

### VERBES FAIBLES

■ Le plus-que-parfait se forme en employant le participe passé avec **sein** ou **haben** au prétérit (pour la formation du participe passé, voir pages 146-7 ; pour l'emploi des auxiliaires **sein** et **haben**, voir pages 142-5).

| | fragen | reisen |
|---|---|---|
| ich | hatte… gefragt | war… gereist |
| du | hattest… gefragt | warst… gereist |
| er/sie/es | hatte… gefragt | war… gereist |
| wir | hatten… gefragt | waren… gereist |
| ihr | hattet… gefragt | wart… gereist |
| Sie/sie | hatten… gefragt | waren… gereist |

■ Le participe se place normalement à la fin de la phrase ou de la proposition, voir pages 137 et 235-6.

### VERBES FORTES

■ Le plus-que-parfait se forme avec le participe passé et **sein** ou **haben** au prétérit.

| | fahren | finden |
|---|---|---|
| ich | war… gefahren | hatte… gefunden |
| du | warst… gefahren | hattest… gefunden |
| er/sie/es | war… gefahren | hatte… gefunden |
| wir | waren… gefahren | hatten… gefunden |
| ihr | wart… gefahren | hattet… gefunden |
| Sie/sie | waren… gefahren | hatten… gefunden |

■ Le participe passé se place normalement à la fin de la phrase ou de la proposition.

# Le plus-que-parfait

## EMPLOI

■ Le plus-que-parfait s'emploie pour faire référence à des événements qui ont précédé un moment précis du passé :

als sie das **getan hatte**,...
*quand elle avait fait ça,...*
nachdem wir den Film **gesehen hatten**, gingen wir ins Café
*après avoir vu le film, nous sommes allés dans un café*

# La ponctuation

P

## LES VIRGULES

■ En allemand, on ne met pas de virgule après un adverbe à l'intérieur d'une proposition. En effet, l'usage de la virgule est régi par des règles grammaticales et non par des effets de style :

plötzlich ging er auf mich zu
*soudain, il s'est approché de moi*
mein Vater wollte natürlich mitspielen
*mon père, bien sûr, voulait jouer avec nous*

■ En allemand, on met toujours une virgule entre deux propositions sauf :

- lorsqu'un sujet, une conjonction ou un verbe en commun n'est pas répété :

er fiel und verstauchte sich den Fuß
*il est tombé et s'est foulé la cheville*
weil er schneller laufen und also wahrscheinlich gewinnen kann
*parce qu'il peut courir plus vite et vraisemblablement gagner*

- parfois devant **und**, **aber**, **oder** lorsqu'on répète le même sujet :

ich werde ihn sehen und ich werde es ihm sagen
*je le verrai et je le lui dirai*

■ Dans les phrases un peu plus longues ou les phrases qui ont plusieurs sujets différents, on peut choisir d'employer ou pas la virgule entre deux ou plusieurs propositions coordonnées par **und** et **oder**. La virgule n'est donc plus obligatoire mais son usage permet souvent de clarifier le sens de la phrase :

sie spielte auf dem Klavier**(,)** und ihr Bruder sang dazu
*elle jouait au piano et son frère chantait*
du gehst sofort nach Hause**(,)** und du bleibst dort, bis ich anrufe
*va tout de suite à la maison, et tu y resteras jusqu'à ce que je t'appelle*

■ Si le sujet n'est pas le même dans deux propositions reliées par une conjonction de coordination qui les oppose (**aber**, **sondern**, etc.), on doit insérer une virgule (même si les deux sujets renvoient à la même personne ou à la même chose) :

**der Stuhl** ist alt**,** aber **er** ist bequem
*la chaise est vieille, mais elle est confortable*

■ Désormais, il n'est plus nécessaire de séparer les groupes participiaux ou verbaux par des virgules, mais celles-ci peuvent être maintenues, en particulier pour faire ressortir le découpage de la phrase ou pour éviter les confusions :

sie hatte geplant ins Kino zu gehen
*elle avait prévu d'aller au cinéma*

sie bot mir**(,)** ohne einen Augenblick zu zögern**(,)** ihre Hilfe an
*elle a proposé de m'aider sans la moindre hésitation*

■ Notez l'importance de la virgule dans les deux exemples suivants :

ich rate**,** ihm zu helfen
*je conseille de l'aider*

ich rate ihm**,** zu helfen
*je lui conseille d'aider*

## LE DISCOURS DIRECT

**"**was machst du da?**",** fragte sie
**„**was machst du da?**",** fragte sie
**«** was machst du da? **»,** fragte sie
*« que fais-tu là ? », demanda-t-elle*

■ Les deux premiers types de guillemets sont les plus courants. La dernière version, plus rare, s'emploie principalement dans l'imprimerie.

Depuis la réforme de l'orthographe, le discours rapporté doit toujours être suivi d'une virgule, même lorsqu'on a un point d'interrogation ou d'exclamation.

Si le groupe « demanda-t-elle » se place au début, il faut utiliser deux points suivis des trois possibilités présentées plus haut :

sie fragte**:** "was machst du da?"
*elle demanda : « que fais-tu là ? »*

# Les prépositions



Les prépositions sont des mots tels que « hors de », « dans », « avec », etc., qui permettent d'introduire un complément. Elles sont suivies de noms ou de pronoms, qui en allemand doivent être au cas déterminé par la préposition. Beaucoup ne régissent qu'un seul cas, mais certaines en régissent plus d'un (voir pages 172-81 et 184).

■ Les prépositions les plus courantes sont classées ci-dessous en cinq catégories suivant qu'elles régissent le datif, l'accusatif, le génitif, le datif ou l'accusatif, ou bien le génitif ou le datif. Elles sont classées par ordre alphabétique, avec les acceptions les plus courantes à gauche (en italique), suivies d'une description de leur emploi et d'une illustration de leur usage à droite.

# Prépositions suivies seulement de l'accusatif

Les prépositions suivantes sont suivies uniquement et automatiquement de l'accusatif.

## BIS

| | | |
|---|---|---|
| *à* | temps | **bis** nächstes Jahr!<br>*à l'année prochaine !* |
| | expression | **bis** bald/später!<br>*à bientôt/à plus tard !* |
| ***avant*** | temps | **bis** morgen<br>*avant demain* |
| ***jusqu'à*** | temps | **bis** jetzt<br>*jusqu'à présent* |

### Attention !

■ Notez que **bis** est souvent accompagné d'autres prépositions qui déterminent alors le cas du nom ou du pronom qui suit :

bis **zum** 10. Juni
*jusqu'au 10 juin*

bis **an** die Grenze
*jusqu'à la frontière*

bis **auf** dich sind wir alle fertig
*à part toi, nous sommes tous prêts*

## DURCH

| | | |
|---|---|---|
| ***à travers*** | lieu | er lief **durch** das Dorf<br>*il traversa le village en courant* |
| ***par*** | moyen | nur **durch** Fleiß macht man Fortschritte<br>*on ne fait de progrès qu'en travaillant dur* |
| | | ich habe sie **durch** meinen Vater kennen gelernt<br>*j'ai fait sa connaissance par mon père* |
| | | **durch** Zufall |
| | | *par chance* |
| | ***complément d'agent*** | die Ernte wurde **durch** Hagel vernichtet<br>*la récolte a été détruite par la grêle* |

# Prépositions suivies seulement de l'accusatif

## ENTLANG

| | | |
|---|---|---|
| *le long de* | lieu | sie lief den Fluss **entlang**<br>*elle courut le long de la rivière* |

## FÜR

| | | |
|---|---|---|
| *pour* | + nom/pronom | ich habe ein Geschenk **für** dich!<br>*j'ai un cadeau pour toi !* |
| | prix | wir haben es **für** 500 Euro bekommen<br>*nous l'avons eu pour 500 euros* |
| *pendant, pour* | temps | **für** ein Jahr<br>*pendant/pour un an* |

## GEGEN

| | | |
|---|---|---|
| *contre* | | was hast du **gegen** mich/diese Idee?<br>*qu'est-ce que tu as contre moi/cette idée ?* |
| | | **gegen** alle Erwartungen<br>*contre toute attente* |
| | | haben Sie Tabletten **gegen** Halsweh?<br>*avez-vous des comprimés pour/contre le mal de gorge ?* |
| | lieu | er lehnte sich **gegen** die Mauer<br>*il s'appuya contre le mur* |
| *vers* | temps | **gegen** 6 Uhr<br>*vers 6 heures* |
| | | **gegen** Abend/Ende des Monats<br>*vers le soir/la fin du mois* |
| *en échange de, contre* | | **gegen** Quittung bekommen Sie Ihr Geld |
| | | zurück<br>*vous serez remboursé contre présentation de votre ticket de caisse* |

# Prépositions suivies seulement de l'accusatif

## OHNE

| | | |
|---|---|---|
| *sans* | | sie kam **ohne** ihre Eltern<br>*elle est venue sans ses parents* |

## PER

*(n'est en général pas suivi d'un article)*

| | | |
|---|---|---|
| *par* | | **per** Post<br>*par courrier* |
| | | ich bin **per** du mit ihr<br>*elle et moi, on se tutoie* |

## PRO

*(n'est en général pas suivi d'un article)*

| | | |
|---|---|---|
| *par* | | zwei Mal **pro** Tag<br>*deux fois par jour* |
| | | 1 Euro **pro** Stück<br>*1 euro la pièce* |

## UM

| | | |
|---|---|---|
| *autour* | lieu | er fährt gerade **um** die Ecke<br>*il tourne au coin de la rue* |
| | | wir alle standen **um** sie (herum)<br>*nous étions tous autour d'elle* |
| *à* | heure | **um** 11 Uhr<br>*à 11 h* |
| *vers* | temps | diese Kirche wurde **um** 1400 gebaut<br>*cette église fut construite vers 1400* |
| *de* | quantité | **um** 10 Zentimeter größer<br>*plus long de 10 centimètres* |

# Prépositions suivies seulement du datif

Les prépositions suivantes sont uniquement et automatiquement suivies du datif.

## AUS

| | | |
|---|---|---|
| *(hors) de* | éloignement | er lief **aus** dem Haus<br>*il sortit de la maison en courant* |
| *de* | origine | ich stamme **aus** Italien<br>*je viens d'Italie* |
| | provenance | **aus** dieser Richtung<br>*de cette direction* |
| | temps | ein Gemälde **aus** dem 18. Jahrhundert<br>*une peinture du XVIII$^{e}$ siècle* |
| *par* | cause | **aus** Langeweile<br>*par ennui* |
| *en* | matière | **aus** Holz<br>*en bois* |

## AUßER

| | | |
|---|---|---|
| *à part* | | **außer** einem Frosch habe ich keine Haustiere<br>*à part une grenouille, je n'ai pas d'animaux domestiques* |
| *hors de* | | **außer** Atem/Betrieb/Gefahr/Kontrolle<br>*hors d'haleine/d'usage/de danger/de contrôle* |
| | expression | wir essen nie **außer** Hause<br>*nous ne mangeons jamais à l'extérieur* |

## BEI

| | | |
|---|---|---|
| *près de* | lieu | er wohnt **bei** der Post<br>*il habite près de la poste* |
| *chez* | lieu | **bei** mir/Ihnen/Schmidts<br>*chez moi/vous/les Schmidt* |
| | | **beim** (= bei dem) Bäcker<br>*chez le boulanger* |

# Prépositions suivies seulement du datif

| | | |
|---|---|---|
| *à* | lieu | **bei** Monoprix<br>*à Monoprix* |
| | temps | **bei** Tagesanbruch<br>*à la pointe du jour* |
| *lors de, à* | temps | **bei** seiner Ankunft/Abfahrt |
| | | *à son arrivée/départ* |
| *sur* | lieu | hat jemand Geld **bei** sich?<br>*est-ce que quelqu'un a de l'argent sur lui ?* |
| *avec* | + nom/pronom | **bei** ihr war es anders<br>*avec elle, c'était différent* |
| *chez* | + noms d'auteurs, etc. | **bei** Goethe/Molière<br>*chez Goethe/Molière* |
| *pendant* | temps | **bei** Tag/Nacht<br>*le jour/la nuit* |
| *en train de* | | er ist gerade **beim** Abwaschen |
| | | *il est en train de faire la vaisselle* |

Attention !

■ Remarquez que **bei** ne peut pas s'employer avec des verbes de mouvement. Comparez les deux exemples suivants :

er übernachtet bei seiner Mutter
*il passe la nuit chez sa mère*

er fährt gerade zu seiner Mutter
*il se rend chez sa mère*

## GEGENÜBER

| | | |
|---|---|---|
| *en face de* | lieu | **gegenüber** dem Park/dem Park **gegenüber**<br>*en face du parc* |
| *envers* | | er ist mir **gegenüber** sehr freundlich<br>*il est très aimable envers moi* |
| *en comparaison avec* | | ihm **gegenüber** ist sie fast ein Genie<br>*par rapport à lui, c'est presque un génie* |

# Prépositions suivies seulement du datif



## GEMÄß

| | | |
|---|---|---|
| *selon* | | unseren Wünschen **gemäß**<br>*selon nos vœux* |

## MIT

| | | |
|---|---|---|
| *avec* | accompagnement | **mit** nur einem Löffel Zucker<br>*avec juste une cuillerée de sucre* |
| | moyen | er geht **mit** einem Stock<br>*il marche avec une canne* |
| *en, par* | moyen de transport | **mit** dem Auto/Flugzeug/Zug<br>*en voiture/avion/train* |
| *à* | âge | **mit** 30 Jahren<br>*à 30 ans* |
| | vitesse | **mit** 100 Stundenkilometern<br>*à 100 kilomètres heure* |

## NACH

| | | |
|---|---|---|
| *pour* | destination | der Zug **nach** Athen<br>*le train pour Athènes* |
| *en* | destination | wir wollten **nach** China fahren<br>*nous voulions aller en Chine* |
| | direction | **nach** oben/unten gehen<br>*aller en haut/en bas* |
| *à* | destination | wer geht **nach** Hause?<br>*qui va à la maison ?* |
| | direction | **nach** rechts/links gehen<br>*aller à gauche/à droite* |
| *après* | temps | **nach** der Prüfung/zwei Jahren<br>*après l'examen/deux ans* |
| | ordre | er betrat das Zimmer **nach** mir<br>*il est entré dans la pièce après moi* |
| | heure | es ist 5 (Minuten) **nach** 3<br>*il est 3 h 05* |

# Prépositions suivies seulement du datif

| | | |
|---|---|---|
| ***selon*** | | meiner Meinung **nach**<br>*selon moi* |

## *SEIT*

| | | |
|---|---|---|
| ***depuis*** | temps | wir warten **seit** einer Stunde<br>*nous attendons depuis une heure* |

## *VON*

| | | |
|---|---|---|
| ***de*** | lieu | **von** Lübeck **bis** Hamburg<br>*de Lübeck à Hambourg* |
| | heure | **von** 6 bis 9 Uhr abends<br>*de 6 heures à 9 heures du soir* |
| | date | **vom** (= von dem) 1. bis zum 15. Juli<br>*du 1er au 15 juillet* |
| | appartenance | jeder/viele **von** uns<br>*chacun/beaucoup d'entre nous* |
| | complément du nom | eine Platte **von** den Beatles<br>*un disque des Beatles* |
| ***à*** | lieu | wir holen dich **vom** Bahnhof ab<br>*nous te prendrons à la gare* |
| | possession | ein Freund **von** mir<br>*un ami à moi* |
| ***par*** | complément d'agent | dieses Dorf wurde **vom** Feind zerstört<br>*ce village a été détruit par l'ennemi* |

### C'est pratique

- À l'oral, on emploie souvent **von** à la place du génitif :
  die Erwartungen von deutschen Teenagern (= deutscher Teenager)
  *les attentes des adolescents allemands*

# Prépositions suivies seulement du datif

## ZU

| | | |
|---|---|---|
| *à* | lieu | **zu** Hause sein<br>*être à la maison* |
| | destination | wie komme ich **zur** (= zu der) Post?<br>*comment est-ce que je peux aller à la poste ?* |
| | temps | **zu** Ostern/Weihnachten<br>*à Pâques/Noël* |
| | prix | **zu** 1 Euro das Stück<br>*à 1 euro la pièce* |
| | | **zum** (= zu dem) halben Preis<br>*à moitié prix* |
| | manière, moyen | **zu** Fuß<br>*à pied* |
| *chez* | destination | er muss **zum** Arzt<br>*il doit aller chez le docteur* |
| *pour* | temps | **zur**zeit<br>*pour le moment* |
| | | **zum** ersten Mal<br>*pour la première fois* |
| | + infinitif | sie kam kaum **zum** Schreiben<br>*elle a à peine trouvé le temps d'écrire* |

# Prépositions suivies soit du datif, soit de l'accusatif

Pour déterminer le cas que doivent suivre ces prépositions, il est nécessaire de se demander si le verbe qu'elles accompagnent exprime un mouvement ou pas.

■ Un certain nombre de prépositions allemandes sont suivies du datif ou de l'accusatif. On les appelle « prépositions locatives mixtes » lorsqu'elles indiquent un mouvement ou une position. Les plus courantes sont :

| | | | |
|---|---|---|---|
| **an** | *à, sur* | **über** | *au-dessus de* |
| **auf** | *sur, à* | **unter** | *sous, au-dessous de* |
| **hinter** | *derrière* | **vor** | *devant, avant* |
| **in** | *dans* | **zwischen** | *entre* |
| **neben** | *à côté de* | | |

■ En règle générale, on emploie le ***datif*** lorsqu'on désigne la position d'une personne ou d'une chose, ou lorqu'on indique l'endroit où se passe une action. **Wo?** est l'adverbe interrogatif qui amènera ce genre d'affirmation :

wo ist Katrin? ➜ sie sitzt **auf** dem Sofa
*où est Katrin ?* — *elle est assise sur le canapé*

wo hängt der Spiegel? ➜ er hängt **an** der Tür
*où est le miroir ?* — *il est accroché à la porte*

wo kann man hier einen Spaziergang machen? ➜ **im** Park kann man einen Spaziergang machen
*où est-ce qu'on peut se promener ici ?* — *on peut se promener dans le parc*

■ L'***accusatif*** indique un mouvement jusqu'à ou vers un point. **Wohin?** est l'adverbe interrogatif qui amènera ce genre d'affirmation. Le verbe utilisé dans la phrase indique alors un mouvement, un changement d'état, etc. :

wohin **fließt** der Fluss? ➜ er fließt **in** den Bodensee
*où se jette la rivière ?* — *elle se jette dans le lac de Constance*

wohin ist die Katze **gesprungen**? ➜ sie ist **auf** den Kühlschrank gesprungen
*où a sauté le chat ?* — *il a sauté sur le frigo*

■ La forme contractée de la préposition et de l'article défini est très courante, aussi bien à l'oral qu'à l'écrit :

| | |
|---|---|
| **ans** (= an das) | **am** (= an dem) |
| **aufs** (= auf das) | **auf'm** (= auf dem) *(Fam)* |
| **hinters** (= hinter das) | **hinterm** (= hinter dem) |
| **ins** (= in das) | **im** (= in dem) |
| **übers** (= über das) | **überm** (= über dem) |

# Prépositions suivies soit du datif, soit de l'accusatif

**unters** (= unter das) **unterm** (= unter dem)
**vors** (= vor das) **vorm** (= vor dem)

■ Il n'existe normalement pas de forme contractée pour **neben** et **zwischen**, bien qu'en allemand familier on puisse trouver **nebens** (= **neben das**).

Pour la combinaison de la préposition et du pronom (**darin**, **darauf**, etc.) **voir pages 207-8**.

■ Pour chacun des exemples suivants, vous trouverez des phrases illustrant le plus clairement possible la différence d'usage entre les prépositions régies par l'accusatif ou par le datif :

## *AN*

| **ACCUSATIF** | | **DATIF** |
|---|---|---|
| sie klebte das Foto **an die** Tür<br>*elle colla la photo sur la porte* | | das Foto klebt **an der** Tür<br>*la photo est collée sur la porte* |
| wir **fahren** jeden Sommer **ans** Mittelmeer<br>*tous les étés nous allons au bord de la Méditerranée* | | normalerweise **zelten** wir **am** Mittelmeer<br>*nous campons normalement au bord de la Méditerranée* |
| | | temps |
| | | **am** Sonntag<br>*le dimanche* |
| | | **am** 31. August<br>*le 31 août* |
| | | **am** Morgen/Abend<br>*le matin/le soir* |
| | | **am** Wochenende<br>*le week-end* |
| | *à* | |
| | | **an Ihrer** Stelle<br>*à votre place* |
| | | lieu |
| | | **an der** Universität<br>*à l'université* |

# Prépositions suivies soit du datif, soit de l'accusatif

| | ***dans*** | |
|---|---|---|
| | | **an einer** Universität<br>*dans une université* |

## *AUF*

| ACCUSATIF | DATIF |
|---|---|
| **stellen** Sie bitte Ihr Gepäck nicht **auf das** Bett!<br>*ne mettez pas vos bagages sur le lit !* | mein Koffer steht aber nicht **auf dem** Bett<br>*mais ma valise n'est pas sur le lit* |
| sie ist gerade **auf ihr** Zimmer **gegangen**<br>*elle vient juste d'aller dans sa chambre* | **auf ihrem** Zimmer schläft sie sicher bald ein<br>*elle s'endormira sûrement bientôt dans sa chambre* |
| ***à*** direction | ***à*** lieu |
| **auf den** Markt **gehen**<br>*aller au marché* | **auf dem** Markt sein<br>*être au marché* |
| er **zieht aufs** Land<br>*il déménage à la campagne* | er wohnt **auf dem** Lande<br>*il habite à la campagne* |
| **auf einen** Baum klettern<br>*grimper à un arbre* | auf 3 Kilometer zu sehen/hören<br>*visible/audible à trois kilomètres* |
| ***de*** manière | |
| **auf diese** Weise<br>*de cette manière* | |
| **auf jeden** Fall<br>*de toute façon* | |
| ***en*** langue | |
| auf Deutsch<br>*en allemand* | |
| ***pour*** temps | |
| **auf einige** Tage<br>*pour quelques jours* | |
| | ***dans*** lieu |
| | **auf der** Straße<br>*dans la rue* |

# Prépositions suivies soit du datif, soit de l'accusatif



## HINTER

| | |
|---|---|
| **geh** nicht **hinter das** Haus!<br>*ne va pas derrière la maison !* | ein Teich liegt **hinter dem** Haus<br>*il y a un étang derrière la maison* |
| bitte **setzen** Sie **sich hinter mich**!<br>*asseyez-vous derrière moi, s'il vous plaî* | nun sitzen alle **hinter mir**<br>*maintenant tout le monde est assis derrière moi t* |
| | ***après*** — lieu |
| | die erste Station hinter Stuttgart<br>*le premier arrêt après Stuttgart* |
| | ***au-delà de*** — lieu |
| | einige Kilometer **hinter der** Grenze<br>*quelques kilomètres au-delà de la frontière* |
| | expression |
| | die Behörden sind **hinter ihnen** her<br>*les autorités les recherchent* |

## IN

| | |
|---|---|
| unsere Katze **kommt** gern **in die** Küche<br>*notre chat aime bien venir dans la cuisine* | unsere Katze schläft **der** Küche gern **in**<br>*notre chat aime bien dormir dans la cuisine* |
| er **geht in die** Kirche/**ins** Kino/ **in den** Zoo<br>*il va à l'église/au cinéma/au zoo* | er ist **in der** Kirche/**im** Kino/ **im** Zoo<br>*il est à l'église/au cinéma/au zoo* |
| ***dans*** — direction | ***dans*** — lieu |
| **in die** Alpen **reisen**<br>*voyager dans les Alpes* | **in den** Alpen arbeiten<br>*travailler dans les Alpes* |
| gehen Sie **in diese** Richtung!<br>*allez dans cette direction !* | **gehen** Sie **in dieser** Richtung **weiter**<br>*continuez dans cette direction !* |

### Attention !

- Mais remarquez l'absence de préposition dans cet exemple :
  wir fahren jetzt Richtung Moskau
  *nous nous dirigeons maintenant vers Moscou*

# Prépositions suivies soit du datif, soit de l'accusatif

| temps | temps |
|---|---|
| es dauert bis spät **in die** Nacht (hinein)<br>*ça continue tard dans la nuit* | **in einer** Minute<br>*dans une minute* |
| | **in der** Nacht<br>*dans la nuit* |
| | **in** 5 Tagen/**einer** Woche/ **einem** Monat<br>*dans 5 jours/une semaine/un mois* |
| | expression |
| | **im** Ganzen<br>*dans l'ensemble* |
| *à* — direction | *à* — lieu |
| **ins** Ausland/**in die** USA reisen<br>*voyager à l'étranger/aux USA* | **im** Ausland/**in den** USA arbeiten<br>*travailler à l'étranger/aux USA* |

## Bon à savoir

- Avec la plupart des pays, les prépositions employées sont **nach** (direction) et **in** (position) :

| | |
|---|---|
| nach Schweden reisen<br>*voyager en Suède* | in Schweden arbeiten<br>*travailler en Suède* |

| | | | |
|---|---|---|---|
| | | ***expression*** | |
| | | im Gegenteil<br>*au contraire* | |
| en | ***direction*** | ***en*** | lieu, situation |
| **in** Urlaub fahren/gehen<br>*aller en vacances* | | **im** Urlaub sein<br>*être en vacances* | |
| de | ***vêtements*** | en | ***vêtements*** |
| **in einen** blauen Anzug gekleidet<br>*vêtu d'un costume bleu* | | **in** Stiefel**n**/Blau<br>*en bottes/en bleu* | |

| | | |
|---|---|---|
| | *en* | |
| | gut in Physik<br>*bon en physique* | |
| | | temps |
| | **im** November/Herbst<br>*en novembre/automne* | |
| | **im** Jahre 1967<br>*en 1967* | |
| | | + participe présent |
| | **im** Vorbeigehen lächelte sie mich an<br>*elle m'a souri en passant* | |
| | | expression |
| | **im** Durchschnitt<br>*en moyenne* | |

## *NEBEN*

| | | |
|---|---|---|
| sie setzte sich **neben mich**<br>*elle s'assit à côté de moi* | sie saß **neben mir**<br>*elle était assise à côté de moi* | |
| | er ging **neben mir** her<br>*il marchait à côté de moi* | |
| | ***à côté de, comparé à*** | comparaison |
| | **neben meinen** Schuhe**n** sind deine sehr teuer<br>*par rapport à mes chaussures, les tiennes sont très chères* | |
| | *en plus de*<br>**neben diesen** Kosten muss | |
| | ich noch Mehrwertsteuer zahlen<br>*en plus de ces dépenses, je dois aussi payer la TVA* | |

## ÜBER

<table>
<tr><td colspan="2">fahren Sie links über den Kanal<br>prenez sur la gauche et traversez le canal</td><td>über dem Kanal lag dichter Nebel<br>il y avait un brouillard épais sur le canal</td></tr>
<tr><td colspan="2">ein Panzerwagen fährt über das Feld<br>un tank traverse le champ</td><td>ein Hubschrauber kreiste über dem Haus<br>un hélicoptère tournait au-dessus de la maison</td></tr>
<tr><td>via</td><td>lieu</td><td rowspan="6"></td></tr>
<tr><td colspan="2">wir fliegen über Russland nach China<br>nous prenons l'avion pour la Chine via la Russie</td></tr>
<tr><td>par</td><td>complément d'agent</td></tr>
<tr><td colspan="2">das habe ich über einen Freund bekommen<br>je l'ai eu par un ami</td></tr>
<tr><td>plus de</td><td>temps</td></tr>
<tr><td colspan="2">über eine Stunde<br>plus d'une heure</td><td>seit über einem Jahr wohne ich hier<br>je vis ici depuis plus d'un an</td></tr>
<tr><td></td><td>âge</td><td rowspan="11"></td></tr>
<tr><td colspan="2">Kinder über 10 Jahre<br>les enfants de plus de 10 ans</td></tr>
<tr><td>pendant</td><td>temps</td></tr>
<tr><td colspan="2">übers Wochenende<br>pendant le week-end</td></tr>
<tr><td colspan="2">das ganze Jahr über<br>pendant toute l'année</td></tr>
<tr><td>sur/au sujet de</td><td></td></tr>
<tr><td colspan="2">ein Buch über die deutsche Grammatik<br>un livre sur la grammaire allemande</td></tr>
<tr><td>de</td><td>montant</td></tr>
<tr><td colspan="2">ein Scheck über 100 Euro<br>un chèque de 100 euros</td></tr>
<tr><td>au-dessus de</td><td>supériorité</td></tr>
<tr><td colspan="2">sie steht über uns allen<br>elle est au-dessus de nous tous</td></tr>
<tr><td colspan="2"></td><td>über dem Durchschnitt<br>au-dessus de la moyenne</td></tr>
</table>

# Prépositions suivies soit du datif, soit de l'accusatif

## UNTER

| | | |
|---|---|---|
| das Auto fuhr **unter die** Brücke<br>*la voiture passa sous le pont* | ich warte schon eine Stunde **unter dieser** Brücke<br>*j'attends depuis déjà une heure sous ce pont* | |
| er legte sich **unter den** Baum<br>*il se coucha sous l'arbre* | die Kinder spielten **unter dem** Baum<br>*les enfants jouaient sous l'arbre* | |
| | ***sous*** | supériorité |
| | Sie haben zwei Arbeiter unter sich<br>*vous avez deux ouvriers sous vos ordres* | |
| | *au-dessous de* | |
| | **unter einem** Kilo/Euro<br>*au-dessous d'un kilo/euro* | |
| | **unter dem** Meeresspiegel<br>*au-dessous du niveau de la mer* | |
| | **unter dem** Durchschnitt<br>*au-dessous de la moyenne* | |
| | ***moins*** | ***âge*** |
| | Kinder **unter** 10 Jahre**n**<br>*les enfants de moins de 10 ans* | |
| | dans | ***expression*** |
| | **unter** Umstände**n**<br>*dans certaines circonstances* | |
| | ***parmi*** | |
| | **unter ihren** Freunde**n**<br>*parmi ses amis* | |
| | ***entre*** | expressions |
| | **unter** andere**m**<br>*entre autres* | |
| | unter uns gesagt<br>*entre nous soit dit* | |
| | ***à*** | expression |
| | **unter der** Bedingung, dass...<br>*à condition que…* | |
| | ***par*** | |
| | was versteht man unter "Liberalismus"?<br>*qu'est-ce qu'on entend par « libéralisme »?* | |

P

# Prépositions suivies soit du datif, soit de l'accusatif

## *VOR*

| | ***devant*** |
|---|---|
| er setzt sich sofort **vor den** Fernseher<br>*il s'assied aussitôt devant la* | er sitzt jeden Abend **vor dem** Fernseher<br>*il est devant la télévision tous télévision les soirs* |
| | **vor ihm** lag nichts als Schlamm<br>*il n'y avait que de la boue devant lui* |
| | ordre |
| | A kommt vor B<br>*A vient devant B* |
| | ***avant*** heure |
| | 20 (Minuten) vor 6<br>*6 heures moins 20* |
| | expression |
| | **vor** alle**m**/**vor** alle**n** Dinge**n**<br>*avant tout* |
| | temps |
| | **vor dem** Krieg<br>*avant la guerre* |
| | **vor dem** 19. November<br>*avant le 19 novembre* |

### Petit rappel

- Remarquez que « pas avant » se traduit par **erst** :
  ich fahre erst morgen in Urlaub
  *je ne pars pas en vacances avant demain*

| | |
|---|---|
| | ***il y a*** temps |
| | **vor einem** Jahr/einige**r** Zeit<br>*il y a un an/pas mal de temps* |
| | ***de*** cause |
| | **vor** Hunger/Langeweile sterben<br>*mourir de faim/d'ennui* |
| | **vor** Kälte zittern<br>*trembler de froid* |
| | grün **vor** Neid<br>*vert de jalousie* |

## ZWISCHEN

| | |
|---|---|
| der Turm fiel zwischen zwei große Lastwagen<br>*la tour tomba entre deux gros camions* | der Turm **zwischen den** junge**n** Bäume**n** steht noch<br>*la tour entre les jeunes arbres est encore debout* |
| | ***entre*** temps |
| | zwischen 4 und 5 Uhr<br>*entre 4 et 5 heures* |
| | Kinder **zwischen** 5 und 10 Jahre**n**<br>*les enfants entre 5 et 10 ans* |
| | ***quantité*** |
| | zwischen 4 und 5 Euro pro Stunde<br>*entre 4 et 5 euros de l'heure* |
| | was ist der Unterschied zwischen Butter und Margarine?<br>*quelle est la différence entre le beurre et la margarine ?* |

# Prépositions suivies du génitif

De nombreuses prépositions sont aussi suivies du génitif, en particulier dans la langue écrite et soutenue.

## ANHAND

| | | |
|---|---|---|
| ***au moyen de*** | | er erläuterte seine Theorie **anhand eines** Beispeil**s**<br>*il illustra sa théorie au moyen d'un exemple* |

## AUßERHALB

| | | |
|---|---|---|
| ***en dehors de*** | lieu | eine Kirche steht **außerhalb des** Dorf**(e)s**<br>*l y a une église en dehors du village* |
| | temps | außerhalb **der** Arbeitszeit<br>*en dehors des heures de travail* |

## DIESSEITS

| | | |
|---|---|---|
| de ce côté de | lieu | **diesseits der** Straße<br>*de ce côté de la rue* |

## INNERHALB

| | | |
|---|---|---|
| ***à l'intérieur de*** | lieu | **innerhalb der** Raumkapsel<br>*à l'intérieur de la capsule spatiale* |
| ***en l'espace de*** | temps | **innerhalb einer** Sekunde<br>*en l'espace d'une seconde* |

## JENSEITS

| | | |
|---|---|---|
| ***de l'autre côté de*** | lieu | **jenseits des** Fluss**es**<br>*de l'autre côté de la rivière* |

## KRAFT

| | | |
|---|---|---|
| ***en vertu de*** | | **kraft seines** Amte**s**<br>*en vertu de sa charge* |

# Prépositions suivies du génitif



## MITTELS

| | | |
|---|---|---|
| *au moyen de* | | **mittels eines** Zweitschlüssel**s**<br>*au moyen d'un double de clé* |

## STATT

| | | |
|---|---|---|
| *à la place de* | | **statt des** Bürgermeister**s**<br>*à la place du maire* |
| | expression | **stattdessen**<br>*au lieu de cela* |

## UM... WILLE

| | | |
|---|---|---|
| *pour, au nom de* | | **um ihrer** Mutter willen<br>*pour (l'amour de) sa mère* |
| | | **um** Gotte**s**/Himmel**s** willen!<br>*pour l'amour de Dieu !/au nom du ciel !* |

## WÄHREN

| | | |
|---|---|---|
| *pendant* | | **während unseres** Aufenthalte**s** in Italien<br>*pendant notre séjour en Italie* |

■ L'emploi du datif avec **während** relève du langage familier.

## WEGEN

| | | |
|---|---|---|
| *à cause de* | | **wegen der** hohen Preise<br>*à cause des prix élevés* |

# Prépositions suivies du génitif ou du datif

Pour certaines prépositions, on peut constater un glissement dans l'utilisation des cas. Vous avez donc le choix entre le datif et le génitif.

## DANK

| | | |
|---|---|---|
| | | **dank meines** guten Gedächtnisse**s** |
| *grâce à* | *ou* | **dank meinem** guten Gedächtnis |
| | | *grâce à ma bonne mémoire* |

## TROTZ

| | | |
|---|---|---|
| | | **trotz** strömenden Regen**s** |
| *malgré* | *ou* | **trotz** strömende**m** Regen |
| | | *malgré une pluie diluvienne* |

■ L'emploi du datif avec **trotz** est généralement considéré comme familier. Vous noterez cependant les constructions suivantes qui sont couramment employées en allemand :

trotzdem
*magré cela*

trotz allem/alledem
*malgré tout*

■ Vous noterez les formes avec un pronom personnel :

er hat es **deinetwegen** getan
*il l'a fait pour toi*
**meinetwegen** kann er auch mitkommen
*en ce qui me concerne, il peut aussi venir avec nous*

# Le présent



Tous les temps de l'indicatif présentent la même structure de désinences que le présent.

## FORMATION

### VERBES FAIBLES

■ Le présent se forme en ajoutant les terminaisons **-e**, **-(e)st**, **-(e)t**, **-en**, **-(e) t**, **-en** au radical.

| | frag-en | red-en | heiz-en |
|---|---|---|---|
| ich | frag**e** | red**e** | heiz**e** |
| du | frag**st** | red**est** | heiz**t** |
| er/sie/es | frag**t** | red**et** | heiz**t** |
| wir | frag**en** | red**en** | heiz**en** |
| ihr | frag**t** | red**et** | heiz**t** |
| Sie/sie | frag**en** | red**en** | heiz**en** |
| | atm-en | klingel-n | plauder-n |
| ich | atm**e** | kling**le** | plaud(e)**re** |
| du | atm**est** | klingel**st** | plauder**st** |
| er/sie/es | atm**et** | klingel**t** | plauder**t** |
| wir | atm**en** | klingel**n** | plauder**n** |
| ihr | atm**et** | klingel**t** | plauder**t** |
| Sie/sie | atm**en** | klingel**n** | plauder**n** |

■ Le verbe **haben** est un verbe faible, mais il est irrégulier à certaines personnes :

| | |
|---|---|
| ich | hab**e** |
| du | **hast** |
| er/sie/es | **hat** |
| wir | hab**en** |
| ihr | hab**t** |
| Sie/sie | hab**en** |

# Le présent

■ Certains verbes subissent quelques changements orthographiques :

– On intercale un **e** devant les terminaisons en **-st** et **-t** pour les verbes dont le radical se termine par **-t** ou **-d** (voir **reden** ci-dessus) et pour les verbes dont le radical se termine par **-m** ou **-n** (et non par **-mm**, **-nn**, **-lm**, **-ln**, **-rm** ou **-rn**) (voir **atmen** ci-dessus). Mais **filmen** *filmer* n'a pas besoin de **e** intercalaire.

– Le **s** de **-st** est omis pour les verbes dont le radical se termine par **-s**, **-ß**, **-x**, **-z** (voir **heizen** ci-dessus).

– Les verbes dont l'infinitif se termine par **-eln** perdent le **e** avant le **l** à la première personne du singulier (voir **klingeln** ci-dessus) ; ceci peut aussi s'appliquer aux verbes se terminant en **-ern**, bien que ce ne soit pas toujours le cas (voir **plaudern** ci-dessus).

## VERBES FORTS

■ Le présent se forme en ajoutant la terminaison **-e**, **-(e)st**, **-(e)t**, **-en**, **-(e)t**, **-en**. La voyelle du radical de certains verbes change à la deuxième et à la troisième personne du singulier.

| | find-en | seh-en | fahr-en |
|---|---|---|---|
| ich | find**e** | seh**e** | fahr**e** |
| du | find**est** | **sie**h**st** | f**ä**hr**st** |
| er/sie/es | find**et** | **sie**h**t** | f**ä**hr**t** |
| wir | find**en** | seh**en** | fahr**en** |
| ihr | find**et** | seh**t** | fahr**t** |
| Sie/sie | find**en** | seh**en** | fahr**en** |
| | stoß-en | geh-en | werf-en |
| ich | stoß**e** | geh**e** | werf**e** |
| du | st**ö**ß**t** | geh**st** | w**i**rf**st** |
| er/sie/es | st**ö**ß**t** | geh**t** | w**i**rf**t** |
| wir | stoß**en** | geh**en** | werf**en** |
| ihr | stoß**t** | geh**t** | werf**t** |
| Sie/sie | stoß**en** | geh**en** | werf**en** |
| | sein* | werd-en | bitt-en |
| ich | **bin** | werd**e** | bitt**e** |
| du | **bist** | **wirst** | bitt**est** |

# Le présent

| er/sie/es | **ist** | **wird** | bitt**et** |
|---|---|---|---|
| wir | **sind** | werd**en** | bitt**en** |
| ihr | **seid** | werd**et** | bitt**et** |
| Sie/sie | **sind** | werd**en** | bitt**en** |

■ ***sein** a une forme totalement irrégulière au présent.

■ On intercale un **e** devant les terminaisons en **-st** et **-t** pour les verbes dont le radical se termine par **-t** ou **-d** (voir **bitten** ci-dessus), sauf lorsqu'il y a eu un changement de voyelle. Comparez **finden** et **bitten** ci-dessus avec :

laden → l**ä**dst　　schelten → sch**i**ltst
raten → r**ä**tst　　schmelzen → schm**i**lzt

■ Les changements de voyelles les plus courants dans le radical du verbe à la deuxième et à la troisième personne du singulier sont :

– **a** → **ä** : voir **fahren** ci-dessus. Presque tous les verbes forts dont la voyelle du radical est **a** subissent un changement en **ä**, sauf **schaffen** ; **backen** est aujourd'hui couramment employé sans inflexion et avec un prétérit faible.

– **e** (court) → **i** : voir **werden** et **werfen** ci-dessus. La plupart de verbes dont la voyelle du radical est **e** subissent un changement en **i**.

– **e** (long) → **ie** : voir **sehen** ci-dessus. Ce changement se produit le plus souvent lorsque le **e** est suivi d'un **h** :

befehlen → bef**ie**hlt
geschehen → gesch**ie**ht
lesen → l**ie**st

## EMPLOI

■ Le présent s'emploie :

– pour exprimer une action ou un état dans le présent :

ich **fühle** mich schlecht　　der Arzt **gibt** mir eine Spritze
*je me sens mal*　　*le docteur me fait une piqûre*

– pour exprimer une affirmation d'ordre général ou une vérité universelle :

Sabine **hört** gern Rockmusik
*Sabine aime écouter de la musique rock*
Zeit **ist** Geld
*le temps, c'est de l'argent*

# Le présent

– pour exprimer des intentions fermes, des refus et des ordres à la place de l'impératif :

ich **mache** das
*je vais le faire*
ich **bleibe** keine Minute länger hier!
*je ne resterai pas une minute de plus ici !*
das Auto **springt** nicht an
*la voiture ne veut pas démarrer*
du **gehst** sofort ins Bett!
*tu vas aller au lit tout de suite !*

■ En allemand, le présent exprime très souvent un futur (comme c'est parfois le cas en français). Il est alors accompagné, dans la plupart des cas, d'un adverbe ou d'un complément circonstanciel de temps :

ich **bin gleich** zurück
*je serai de retour dans une minute*
**nächste Woche ist** alles vorbei
*tout sera terminé dans une semaine*
der Flugzeug **startet morgen früh** um 9
*l'avion part demain matin à 9 heures*

■ Comme en français, **seit** ou **seitdem** sont accompagnés du présent :

seit(dem) er diese Tabletten **nimmt**, geht es ihm viel besser
*depuis qu'il prend ces comprimés, il va beaucoup mieux*
er **wartet** seit 10 Uhr
*il attend depuis 10 heures*

■ On emploie aussi, en allemand écrit et parlé, le présent dit de narration pour rapporter des événements passés :

ich **liege** auf der Couch – da **kommt** der Peter und **gießt** mir Wasser über den Kopf
*je suis allongé sur le divan lorsque Peter arrive et me verse de l'eau sur la tête*

■ On l'emploie aussi dans les titres de journaux et pour faire référence à des événements historiques :

Der Präsident **besucht** Berlin
*Le président visite Berlin*
1814: Napoleon **entkommt** aus der Haft
*1814 : Napoléon s'échappe*

# Le prétérit



Le prétérit allemand correspond, selon le contexte, au passé simple ou à l'imparfait français.

## FORMATION

### VERBES FAIBLES

■ Il se forme en ajoutant au radical du verbe le suffixe **-te**, puis les terminaisons suivantes **ø**, **-st**, **ø**, **-n**, **-t**, **-n**. Ces terminaisons se distinguent de celles du présent, surtout à la troisième personne du singulier.

| | frag-en | red-en | atm-en |
|---|---|---|---|
| ich | frag**te** | rede**te** | atme**te** |
| du | frag**te**st | rede**te**st | atme**te**st |
| er/sie/es | frag**te** | rede**te** | atme**te** |
| wir | frag**te**n | rede**te**n | atme**te**n |
| ihr | frag**te**t | rede**te**t | atme**te**t |
| Sie/sie | frag**te**n | rede**te**n | atme**te**n |

■ Le verbe **haben** perd le **b** du radical au prétérit :

| | |
|---|---|
| ich | hatte |
| du | hattest |
| er/sie/es | hatte |
| wir | hatten |
| ihr | hattet |
| Sie/sie | hatten |

Changements communs à certains verbes : pour les verbes dont le radical se termine par **-d** ou **-t**, ou par **-m** ou **-n** (et non par **-mm**, **-nn**, **-lm**, **-ln**, **-rm** ou **-rn**), on intercale un **e** entre le radical et la terminaison

### VERBES FORTS

■ La plupart des verbes forts subissent un changement de voyelle au prétérit. On n'ajoute pas de terminaison à la première et à la troisième personne du singulier. Toutes les autres formes ont la même terminaison qu'au présent :

# Le prétérit

| | pfeifen | finden | bleiben |
|---|---|---|---|
| ich | pf**i**ff | f**a**nd | bl**ie**b |
| du | pf**i**ff**st** | f**a**nd**st** | bl**ie**b**st** |
| er/sie/es | pf**i**ff | f**a**nd | bl**ie**b |
| wir | pf**i**ff**en** | f**a**nd**en** | bl**ie**b**en** |
| ihr | pf**i**ff**t** | f**a**nd**et** | bl**ie**b**t** |
| Sie/sie | pf**i**ff**en** | f**a**nd**en** | bl**ie**b**en** |
| | schließen | helfen | sein |
| ich | schl**o**ss | h**a**lf | war |
| du | schl**o**ss**est** | h**a**lf**st** | war**st** |
| er/sie/es | schl**o**ss | h**a**lf | war |
| wir | schl**o**ss**en** | h**a**lf**en** | war**en** |
| ihr | schl**o**ss**t** | h**a**lf**t** | war**t** |
| Sie/sie | schl**o**ss**en** | h**a**lf**en** | war**en** |

■ Au prétérit, on considère qu'un **e** intercalé après le radical de verbes se terminant par **-d**, **-t**, etc. est particulièrement soutenu. On ne l'emploie jamais dans la langue parlée et on l'évite en général dans la langue écrite, sauf à la deuxième personne du singulier des verbes dont le radical se termine par **-s**, **-ß**, **-x**, **-z** (voir **schließen** ci-dessus) et à la deuxième personne du pluriel des verbes dont le radical se termine par **-d** et **-t** (voir **finden** ci-dessus).

– Pour la liste des verbes forts au prétérit, **voir pages 250-7**.

■ La consonne finale du radical de certains verbes change :

ziehen → ich zo**g**

**Voir la liste pages 250-7.**

■ **Werden** a un prétérit irrégulier puisqu'il change de voyelle, mais, comme les verbes faibles, il se termine par un **-e** à la première et troisième personne du singulier (on rencontre dans des œuvres littéraires classiques la forme forte **ich ward**, **du ward(e)st**, **er ward**) :

# Le prétérit

| ich | w**u**rd**e** |
|---|---|
| du | w**u**rd**est** |
| er/sie/es | w**u**rd**e** |
| wir | w**u**rd**en** |
| ihr | w**u**rd**et** |
| Sie/sie | w**u**rd**en** |

## EMPLOI

■ Le prétérit est le temps du récit (histoires, romans, articles de journaux). Il correspond au passé simple et à l'imparfait en français :

er **ging** die Straße entlang
*il marcha le long de la route*
jedes Jahr **besuchten** sie München
*ils visitaient Munich tous les ans*

■ Le prétérit est le temps le plus employé (pas autant dans le sud de l'Allemagne) avec **sein**, **haben** et les verbes de modalité lorsqu'ils font référence au passé :

das **war** Klasse!
*c'était super !*

ich **konnte** es kaum glauben
*je pouvais à peine le croire*

■ **Seit(dem)** est suivi du prétérit :

seit(dem) er in Hamburg **wohnte**, hatte er...
*depuis qu'il habitait à Hambourg, il avait...*

# Les prix

En allemand, on utilise le verbe **kosten** ***coûter*** pour exprimer un prix.

was kosten die Umschläge?
*combien font ces enveloppes ?*
sie kosten 2 Euro 10 (2,10)
*elles coûtent 2,10 euros*
diese Bananen haben mich 6 Euro gekostet!
*ces bananes m'ont coûté 6 euros !*
75 Cent das/pro Stück
*75 centimes (d'euros) la pièce*
5 Euro das/pro Kilo
*5 euros le kilo*
Weinbrand zu 15 Euro die/pro Flasche
*eau-de-vie à 15 euros la bouteille*
das macht 34 Euro 90 (34,90)
*ça fait 34,90 euros*

# Les pronoms



Les pronoms sont des mots qui remplacent les noms. On distingue les pronoms personnels, réfléchis, indéfinis, relatifs et interrogatifs.

## LES VERBES SE CONSTRUISANT AVEC DEUX COMPLÉMENTS D'OBJET À L'ACCUSATIF

■ Quelques verbes peuvent être suivis de deux compléments d'objet à l'accusatif. C'est le cas de **kosten** (*coûter à*), **lehren** (*enseigner à*), **nennen** (*traiter de*), **fragen** (*demander à*) :

das kann **ihn den Kragen** kosten
*ça peut lui coûter cher*
er nannte **mich einen Dummkopf**
*il m'a traité d'idiot*
sie haben **mich Schwieriges** gefragt
*ils m'ont demandé des choses difficiles*

# Les pronoms indéfinis

Les pronoms indéfinis remplacent des noms sans donner d'indications sur ces derniers.

## *MAN* (ON)

| | |
|---|---|
| nom. | **man** |
| acc. | **einen** |
| dat. | **einem** |
| gén. | – |
| forme réfléchie | **sich** |
| forme possessive | **sein** |

heute trägt **man** wieder Hosenträger
*on porte à nouveau des bretelles aujourd'hui*
**man** sollte nie sagen, was **einem** gerade einfällt
*il ne faudrait jamais dire ce qui vous vient à l'esprit*

## *JEMAND* (QUELQU'UN), *NIEMAND* (PERSONNE)

| | | |
|---|---|---|
| nom. | **jemand** | **niemand** |
| acc. | **jemand(en)** | **niemand(en)** |
| dat. | **jemand(em)** | **niemand(em)** |
| gén. | **jemandes** | **niemandes** |

■ Les terminaisons à l'accusatif et au datif sont souvent omises dans la langue parlée et peuvent aussi l'être à l'écrit :

ich habe **niemand(en)** gesehen
*je n'ai vu personne*

■ Le pronom réfléchi de **jemand** et **niemand** est **sich** ; l'adjectif possessif correspondant est **sein** :

**niemand** hatte **sein** Handy dabei
*personne n'avait son portable avec lui*
wenn **jemand sich** beschwert
*si quelqu'un se plaint*

# Les pronoms indéfinis

■ **Jemand** et **niemand** peuvent s'employer avec **sonst** (placé avant) ou **anders** (placé après). Ils signifient alors « quelqu'un/personne d'autre » :

möchte **sonst jemand** es probieren?
*quelqu'un d'autre voudrait l'essayer ?*
**niemand anders** als sein Bruder
*personne d'autre que son frère*

■ **Jemand** peut avoir un sens plus vague lorsqu'on l'emploie avec **irgend**. Il a le sens de « quelqu'un », « n'importe qui » :

**irgendjemand** muss es verloren haben
*quelqu'un a dû le perdre*
komm mit **irgendjemand(em)**
*viens avec qui tu veux*

■ **Jemand** et **niemand** peuvent être accompagnés d'adjectifs substantivés dans des expressions du type « quelqu'un d'intéressant », « quelqu'un de célèbre ». Bien que l'adjectif puisse avoir la terminaison **-en** à l'accusatif, les formes les plus courantes sont les suivantes :

| | |
|---|---|
| nom. | jemand Interessant**es** |
| acc. | jemand Interessant**es** |
| dat. | jemand Interessant**em** |

■ Évitez le génitif en utilisant : **von jemand Interessantem**.

## *MEINESGLEICHEN* (LES GENS COMME MOI)

■ **Meinesgleichen** est invariable :

sie redet nicht mit meinesgleichen
*elle ne parle pas aux gens comme moi*

■ Cependant, la forme varie selon les personnes (**deinesgleichen**, **seinesgleichen**, **unseresgleichen**, **euresgleichen**, **Ihresgleichen**, **ihresgleichen**) :

er redet nur mit seinesgleichen
*il ne parle qu'avec des gens comme lui*
deinesgleichen kenne ich
*je connais les gens de ton espèce*
ein Werk, das seinesgleichen sucht
*un travail sans pareil*

# Les pronoms indéfinis

## *UNSEREINER* (LES GENS COMME NOUS)

■ **Unsereiner** est ***singulier***. On le trouve à l'accusatif (**unsereinen**) et au datif (**unsereinem**), ainsi qu'au féminin (**unsereine**, **unsereine**, **unsereiner**) :

unsereiner kann sich das nicht leisten
*les gens comme nous ne peuvent pas se le permettre*
unsereinem fehlt das Geld dazu
*les gens comme nous n'ont pas l'argent pour ça*

# Les pronoms indéfinis invariables



Il existe un certain nombre de pronoms indéfinis qui restent invariables quels que soient leur cas :

| | | |
|---|---|---|
| **etwas**<br>*quelque chose* | **nichts**<br>*rien* | **jedermann**<br>*chacun* |
| **ein bisschen**<br>*un peu* | **ein paar**<br>*quelques* | **ein wenig**<br>*un peu* |

ich habe etwas gehört
*j'ai entendu quelque chose*

nichts war zu hören
*on n'entendait rien*

mit ein wenig Glück
*avec un peu de chance*

■ Avec les verbes réfléchis, on emploie le pronom réfléchi **sich** ; à **jedermann** correspond le possessif **sein**, à **beide** et **ein paar** correspond **ihr** :

nichts hat sich geändert
*rien n'a changé*
jedermann hat seine Pflicht zu erfüllen
*chacun a son devoir à accomplir*
beide hatten ihre Hausaufgaben gemacht
*ils avaient tous les deux fait leurs devoirs*

## *ETWAS* (QUELQUE CHOSE)

es war etwas los
*il se passait quelque chose*

hast du etwas gesehen?
*tu as vu quelque chose ?*

■ On emploie **was** à la place de **etwas** dans le langage familier :

ich werde dir was zeigen
*je vais te montrer quelque chose*

■ **Etwas** peut avoir un sens plus vague quand il est accompagné de **irgend**. Il s'écrit **irgendetwas** ou **irgendwas** :

Sie müssen doch irgendetwas gesehen haben!
*vous avez dû au moins voir quelque chose !*
irgendwas muss geschehen sein
*quelque chose a dû se produire*

■ **Etwas** peut aussi s'employer comme adjectif devant un nom. Il reste invariable :

etwas Brot
*du pain*

ich brauche etwas Ruhe
*j'ai besoin d'un peu de calme*

# Les pronoms indéfinis invariables

■ **So etwas** s'emploie pour signifier « une chose pareille » :

hast du je von so etwas gehört?
*as-tu jamais entendu parler d'une chose pareille ?*
so etwas muss ausgerechnet mir passieren!
*ça n'arrive qu'à moi !*

■ **Etwas** s'emploie avec **an** + datif pour traduire « quelque chose chez » :

es ist etwas an ihm, was mir nicht gefällt
*il y a quelque chose qui ne me plaît pas chez lui*

■ **Etwas** peut s'employer avec un adjectif substantivé dans des expressions telles que « quelque chose de remarquable », « quelque chose de triste ». L'adjectif qui suit porte la marque du neutre des adjectifs sans article (**voir pages 27-9**) et s'écrit avec une majuscule :

das war **etwas** durchaus **Bemerkenswertes**
*c'était quelque chose d'assez remarquable*
die Erinnerung an **etwas Trauriges**
*le souvenir de quelque chose de triste*
wir suchen nach **etwas Besserem**
*nous recherchons quelque chose de mieux*

## *NICHTS* (RIEN)

hast du nichts vergessen?
*tu n'as rien oublié ?*
ich habe damit nichts zu tun
*je n'ai rien à voir avec ça*

■ **Nichts** peut être renforcé par un nombre de mots ou d'expressions qui ont le sens de « rien du tout » en français. Tous ces mots ou expressions se placent avant **nichts** :

– **gar, ganz und gar, rein gar, überhaupt** :

du hast überhaupt nichts getan!
*tu n'as rien fait du tout !*
ich habe zu gar nichts Lust
*je n'ai envie de rien faire*

– « Rien d'autre » se traduit en général par **sonst nichts** :

da war sonst nichts zu tun
*il n'y avait rien d'autre à faire*
ich brauche sonst nichts als Ruhe
*je n'ai besoin de rien d'autre que de calme*

■ **Nichts ander(e)s** est normalement l'équivalent de « rien d'autre que » :

das ist nichts ander(e)s als Betrug
*ce n'est rien d'autre qu'une imposture*

■ **Nichts** s'emploie avec **an** + datif pour exprimer « rien de » :

nichts an der Sache gefällt dir
*rien de tout cela ne te plaît*

# Les pronoms indéfinis invariables

P

■ **Nichts** peut s'employer avec un adjectif dans les expressions du type « rien d'intéressant », « rien de nouveau ». L'adjectif porte alors la marque du neutre de l'adjectif sans article (voir pages 27-9) et s'écrit avec une majuscule :

nichts Interessantes im Fernsehen?
*rien d'intéressant à la télé ?*

## *EIN BISSCHEN* (UN PEU), *EIN PAAR* (QUELQUES-UNS), *EIN WENIG* (UN PEU)

■ Tous ces pronoms sont invariables. On les emploie seuls, comme pronoms, ou devant un nom :

ein paar alte Bekannte
*quelques vieux amis*
ich möchte ein bisschen frische Luft
ein paar werden schon kommen
*quelques-uns au moins vont venir*
*je voudrais un peu d'air*
ich möchte davon ein bisschen
*j'en voudrais un peu*

## *JEDERMANN* (CHACUN, TOUT LE MONDE)

■ **Jedermann** est singulier. Il est invariable, sauf au génitif où il prend un **-s** :

jedermann hörte den Aufruf
*tout le monde a entendu l'appel*

das ist nicht jederman**s** Sache
*ça ne plaît pas à tout le monde*

■ **Jeder** (*chacun*) est plus courant que **jedermann**.

## *BEIDE* (TOUS LES DEUX)

beide sind schon da
*ils sont déjà là tous les deux*

■ **Beide** peut aussi s'employer après un article défini, un démonstratif ou un possessif. Il porte alors la terminaison de l'adjectif après l'article défini (voir pages 24-6) qu'il soit placé devant un nom ou employé seul :

die beiden sind gekommen
*ils sont venus tous les deux*
mit diesen beiden neuen Schülern
*avec ces deux nouveaux élèves*

# Les pronoms indéfinis invariables

■ Le singulier **beides** est un pronom indéfini neutre qui peut se rapporter à deux objets ou à deux idées, mais jamais à des personnes, sauf dans un langage familier. On l'emploie normalement au nominatif (**beides**), à l'accusatif (**beides**) et au datif (**beidem**) :

Hut und Mantel, beides hat er vergessen
*il a oublié à la fois son chapeau et son manteau*

ich bin mit beidem zufrieden
*les deux me satisfont*

beides ist teuer
*ils sont tous les deux chers*

■ **Beides** est accompagné d'un verbe au singulier, sauf lorsque le verbe **sein** est suivi d'un nom au pluriel :

beides bietet Vorteile
*ils ont tous les deux des avantages*

beides ist richtig
*les deux sont corrects*

***mais :*** beides sind Neuausgaben
*les deux sont des nouvelles éditions*

■ **Beide** s'emploie seulement au pluriel et peut se rapporter à des objets ou des personnes :

| | |
|---|---|
| nom. | **beide** |
| acc. | **beide** |
| dat. | **beiden** |
| gén. | **beider** |

beide waren im Urlaub
*ils étaient tous les deux en vacances*
einer von beiden muss der Dieb sein
*l'un des deux doit être le voleur*

■ Attention à l'ordre des mots : **beide** peut se placer avant le verbe ou plus loin dans la phrase lorsqu'un nom ou un pronom est sujet :

**beide** wollen kommen
*ils veulent tous les deux venir*

sie wollen **beide** kommen
*ils veulent venir tous les deux*

die Mädchen wollen **beide** kommen
*les filles veulent venir toutes les deux*
leider kommen die Mädchen **beide**
*hélas les filles viennent toutes les deux*
leider kommen **beide** Mädchen
*hélas les deux filles viennent*

■ **Beide** peut être accentué par **alle** placé devant :

sind alle beide gekommen?
*est-ce qu'elles sont venues toutes les deux ?*
ihr seid Schurken, alle beide!
*vous êtes tous les deux des coquins !*

■ **Beide** après un pronom personnel :

■ La terminaison de **beide** peut varier lorsqu'il suit un pronom personnel. En général, **beide** a la même terminaison que les adjectifs au pluriel sans article (**voir page 27**) :

wir beide
*nous deux*
für euch beide
*pour tous les deux*
sie beide zusammen
*tous les deux ensemble*

sauf après **ihr**, et entre **ihr**/**wir** et un nom :

ihr beiden
*vous deux*
wir beiden alten Kumpel
*nous deux les vieux copains*
macht mal schnell, ihr beiden Faulenzer!
*eh, les deux fainéants, dépêchez-vous !*

## *SELBST* (MOI-MÊME, TOI-MÊME, ETC.)

■ **Selbst** fait référence au sujet d'un verbe, et sert à le mettre en relief :

sie hat die Flasche selbst geöffnet
*elle a ouvert la bouteille elle-même*
das Kind war sich selbst überlassen
*l'enfant était livré à lui-même*

■ **Selbst** peut aussi se placer immédiatement après le sujet :

er selbst hat das angeordnet
*c'est lui-même qui l'a organisé*
die Direktorin selbst wird das Gebäude eröffnen
*la directrice inaugurera elle-même le bâtiment*

■ On l'emploie avec un nom attribut de **sein** exprimant une vertu :

sie ist die Güte selbst
*elle est la bonté même*

■ Notez aussi l'emploi de **von selbst** :

von selbst wäre ich nie darauf gekommen!
*je n'y aurais jamais pensé moi-même !*
das versteht sich von selbst
*cela va sans dire*

P

## Les pronoms indéfinis invariables

■ Beaucoup d'autres types de mots peuvent s'employer comme pronoms indéfinis. Pour l'emploi de l'article indéfini, des possessifs, de **derjenige**, **derselbe**, **dieser**, **jeder**, **keiner**, **mancher**, **welcher**, **alles**, **alle** (pluriel) et **solche** (pluriel) comme pronoms indéfinis.

# Les pronoms interrogatifs



Il existe deux pronoms interrogatifs, l'un pour les personnes (**wer**) et l'autre pour les choses (**was**) :

| | personnel | impersonnel |
|---|---|---|
| nom. | **wer** | **was** |
| acc. | **wen** | **was** |
| dat. | **wem** | – |
| gén. | **wessen** | **wessen** |

**wer** spielt heute?
*qui joue aujourd'hui ?*
**wessen** Mantel ist das?
*c'est le manteau de qui ?*
auf **wen** kann ich rechnen?
*sur qui puis-je compter ?*

**was** sagst du dazu?
*qu'est-ce que tu en dis ?*
mit **wem** geht sie aus?
*avec qui elle sort ?*

■ Ils sont, en général, au singulier, mais peuvent être suivis du verbe **sein** au pluriel lorsque ce dernier est suivi d'un nom au pluriel :

wer sind deine Begleiter?
*qui sont tes compagnons ?*

was sind seine Gründe?
*quelles sont ses raisons ?*

## EMPLOI AVEC DES PRÉPOSITIONS

■ On emploie **wo(r)-** + préposition, à la place de **was** lorsqu'il suit une préposition :

**womit** (= mit was) soll ich es waschen?
*avec quoi est-ce que je vais le laver ?*
**woran** (= an was) liegt das?
*quelle en est la cause ?*

## EMPLOI INDIRECT

■ Lorsque la proposition introduite par un pronom interrogatif suit un verbe d'expression, ou un verbe exprimant une question, il s'agit d'une proposition subordonnée (question indirecte), et par conséquent le verbe se place en fin de phrase :

weißt du, **wer** das geschrieben hat?
*sais-tu qui a écrit ça ?*
erzähl mir, **was** er gesagt hat
*raconte-moi ce qu'il a dit*

P

# Les pronoms personnels

Les pronoms personnels se déclinent dans les quatre cas en allemand.

| | nominatif | accusatif | datif | génitif |
|---|---|---|---|---|
| je | **ich** | **mich** | **mir** | **meiner** |
| tu | **du** | **dich** | **dir** | **deiner** |
| il | **er** | **ihn** | **ihm** | **seiner** |
| elle | **sie** | **sie** | **ihr** | **ihrer** |
| il/elle | **es** | **es** | **ihm** | **seiner** |
| nous | **wir** | **uns** | **uns** | **unser** |
| vous* | **ihr** | **euch** | **euch** | **euer** |
| vous** | **Sie** | **Sie** | **Ihnen** | **Ihrer** |
| ils/elles | **sie** | **sie** | **ihnen** | **ihrer** |

*deuxième personne du pluriel

**forme de politesse

■ **Sie** est la forme de politesse allemande correspondant à la forme de politesse « vous » en français. On emploie donc **Sie** au singulier lorsque l'on s'adresse à une seule personne (Frau Schmidt, möchten Sie Tee trinken? *Madame Schmidt, voulez-vous boire du thé ?*) et au pluriel lorsque l'on s'adresse à plusieurs personnes (liebe Gäste, nehmen Sie Platz! *chers invités, asseyez-vous !*). Il ne faut pas confondre **Sie** et **sie** (*ils/elles*) qui sont tous les deux suivis de la même forme du verbe.

■ **Ihr** est la forme familière de la deuxième personne du pluriel. C'est donc le pluriel de **du**. On l'emploie lorsque l'on s'adresse à un groupe de personnes que l'on connaît bien (même si l'on s'adressait individuellement à certains d'entre eux que l'on connaît moins avec la forme de politesse **Sie**).

habt **ihr** die Hausaufgaben?
*est-ce que vous avez vos devoirs ?*

sind **Sie** schon zu Hause?
*vous êtes déjà chez vous ?*

## L'EMPLOI DES CAS

■ Le nominatif

Le nominatif est le cas du sujet des verbes.

**ich** sehe
*je vois*

kannst **du** kommen?
*peux-tu venir ?*

**ich** bin es
*c'est moi*

das sind **wir**
*c'est nous*

■ L'accusatif

L'accusatif est le cas du complément d'objet direct. On l'emploie aussi après certaines prépositions :

ich mag **ihn**
*je l'aime bien*

ein Brief an **dich**
*une lettre pour toi*

■ Le datif

Le datif est le cas du complément d'objet indirect. On l'emploie aussi après certaines prépositions :

ich gebe es **dir**
*je te le donne*

nach **Ihnen**
*après vous*

■ Le génitif

Le génitif des pronoms est rarement employé. On l'utilise seulement avec un petit nombre de verbes, de prépositions ainsi qu'avec des adjectifs régis par le génitif :

erinnerst du dich **meiner**?
*tu te souviens de moi ?*

trotz **seiner**
*malgré lui*

er war **ihrer** satt
*il était fatigué d'elle*

## PARTICULARITÉS D'EMPLOI

■ Les formes du français « moi, je... », « toi, tu... », « c'est moi qui ... », etc. n'ont pas d'équivalents directs en allemand. Elles se traduisent simplement par l'accentuation du pronom personnel :

**ich** denke, dass er recht hat
*moi, je pense qu'il a raison*

von **ihm** habe ich das bekommen
*c'est lui qui me l'a donné*

**sie** hat es gesagt
*c'est elle qui l'a dit*

## LE GENRE

■ Le pronom a le même genre que le nom qu'il remplace :

wirf **den Stuhl** weg, **er** ist alt
*jette cette chaise, elle est vieille*

**diese Tasche** ist billig, kauf **sie** doch!
*ce sac n'est pas cher, vas-y, achète-le !*

# Les pronoms personnels

■ Lorsqu'un nom faisant référence à une personne n'a pas de genre « naturel », le genre du pronom est le même que le genre « grammatical » du nom :

und **das Kind**? – **es** kommt mit
*et l'enfant ? – il/elle vient avec nous*

■ Mais le pronom personnel de **das Mädchen** est **es** ou **sie** ; on emploie ce dernier pour désigner une jeune fille par opposition à une petite fille :

das Mädchen, das dort tanzt, kennst du **sie**?
*tu connais cette fille qui danse là-bas ?*

■ Vous noterez, dans ce dernier exemple, que le pronom relatif est neutre mais que l'adjectif possessif est **sein** ou **ihr** :

das Mädchen spielte mit **seiner** Puppe
*la petite fille jouait avec sa poupée*
das Mädchen hatte **ihre** Handtasche verloren
*la jeune fille avait perdu son sac*

## EMPLOIS PARTICULIERS DE *ES*

■ **Es** explétif :

Il occupe la première place et disparaît quand un autre membre de la phrase précède le verbe. On emploie **es** comme sujet d'un verbe lorsque le nom qui est en fait le sujet réel est placé après le verbe. Le verbe s'accorde alors avec le sujet réel. On peut parfois traduire cette structure par «il y a » en français :

**es** stand ein Mann vor dem Haus/ein Mann stand vor dem Haus
*un homme se tenait devant la maison/il y avait un homme devant la maison*
**es** tanzten viele Kinder
*beaucoup d'enfants dansaient/il y avait beaucoup d'enfants qui dansaient*
**es** ist mir kalt/mir ist kalt
*j'ai froid*

### Faites la différence

■ Employé avec un nom, **es** se place devant le verbe, mais avec un pronom, l'ordre est le suivant : pronom + verbe + **es** :

ach, ihr seid'**s** — *ah, c'est vous*
ich bin **es** — *c'est moi*

# Les pronoms personnels

■ **Es** s'emploie comme complément d'objet direct de verbes comme **sagen**, **tun**, **wissen**, **übel nehmen**, **leicht haben**, etc. :

du hast **es** gesagt
*tu l'as dit*

ich hoffe, **es** zu tun
*j'espère le faire*

ich weiß **es**
*je (le) sais*

du nimmst **es** mir übel
*tu m'en veux*

■ **Es** s'emploie après le verbe **sein** quand il fait référence à un adjectif de la proposition précédente :

dieser soll besser sein; meinst du, dass er **es** ist?
*celui-ci doit être meilleur, tu ne crois pas ?*

■ **Es** sert très souvent à annoncer une proposition introduite par **dass**, ou bien **zu** + infinitif. Mais il disparaît quand le groupe occupe la première place dans la phrase. **Es** n'a pas d'équivalent en français :

ich liebe **es**, alte Filme zu sehen/**alte Filme zu sehen**, liebe ich
*j'aime bien regarder des vieux films*
ich kann **es** nicht verstehen, dass er das vergessen hat/**dass er das vergessen hat**, kann ich nicht verstehen
*je n'arrive pas à comprendre qu'il l'ait oublié*

Voir aussi l'emploi des formes impersonnelles **pages 94-6**.

## L'EMPLOI DES PRONOMS DE LA TROISIÈME PERSONNE AVEC DES PRÉPOSITIONS

■ Après la plupart des prépositions, les pronoms de la troisième personne (**er**, **sie**, **es**) s'emploient normalement pour faire référence à des personnes :

für **sie**
*pour elle*

neben **ihm**
*à côté de lui*

■ Pour une préposition + pronom faisant référence à un ***objet*** ou une ***idée***, on emploie **da(r)** + préposition :

**damit**
*avec ça*

**dagegen**
*contre ça*

Comparez avec :

mit ihm/ihr
*avec lui/elle*

gegen ihn/sie
*contre lui/elle*

■ On ajoute un **-r-** lorsque la préposition commence par une voyelle (**daran**, **darauf**, **daraus**, **darin**, **darum**, etc.) :

**darin** sind wir uns einig
*nous sommes d'accord là-dessus*

ich erinnere mich **daran**
*je m'en souviens*

# Les pronoms personnels

■ La construction avec **da(r)-** ne s'emploie pas avec les prépositions suivantes :

| | | |
|---|---|---|
| außer | bis | gegenüber |
| *sauf* | *jusqu'à* | *en face de* |
| ohne | seit | wider |
| *sans* | *depuis* | *contre* |

ni avec celles suivies d'un génitif :

| | | |
|---|---|---|
| außerhalb | innerhalb | trotz |
| *à l'extérieur de* | *à l'intérieur de* | *malgré* |
| während | wegen | |
| *pendant* | *à cause de* | |

# Les pronoms possessifs

P

On utilise les pronoms possessifs pour exprimer l'appartenance de quelque chose ou de quelqu'un.

## FORMES

■ À chacun des pronoms personnels correspond un possessif :

| pronoms personnels | | adjectifs possessifs |
|---|---|---|
| ich | *je* | mein |
| du | *tu* | dein |
| er | *il* | sein |
| sie | *elle* | ihr |
| es | *il/elle* | **sein** |
| wir | *nous* | **unser** |
| ihr | *vous* | **euer** |
| Sie | *vous* | **Ihr** |
| sie | *ils/elles* | **ihr** |

■ Les adjectifs possessifs ont les mêmes terminaisons que **ein** et **kein**, différentes selon le genre, le nombre et le cas du nom qu'ils qualifient :

| | masculin | féminin | neutre | pluriel |
|---|---|---|---|---|
| nom. | **mein** | **meine** | **mein** | **meine** |
| acc. | **meinen** | **meine** | **mein** | **meine** |
| dat. | **meinem** | **meiner** | **meinem** | **meinen** |
| gén. | **meines** | **meiner** | **meines** | **meiner** |

■ On a les mêmes terminaisons pour **dein**, **sein**, etc.

mit **unserer** Hilfe
*avec notre aide*

für **Ihre** Kinder
*pour vos enfants*

# Les pronoms possessifs

Attention !

■ Contrairement au français qui a trois formes (son, sa, ses), il n'existe que deux formes différentes à la troisième personne du singulier. Il faut, en revanche, les accorder en fonction du genre du possessseur et de l'objet possédé.

■ Quand le possesseur est du genre masculin ou neutre, on emploie les formes de **sein**. Quand le possesseur est du genre féminin, on emploie les formes de **ihr**. La déclinaison du pronom possessif dépend de l'objet que l'on possède:

**sie** hat **ihren** Wagen mitgebracht
*elle a amené sa voiture*
**er** hat **seinen** Wagen mitgebracht
*il a amené sa voiture*
**er**/**sie** hat **seine/ihre** Schulbücher weggeworfen
*il/elle a jeté ses livres de classe*

■ **Euer** perd généralement le deuxième **e** s'il est décliné : **eure**, **euren**, etc. ; **unser** perd souvent son **e** dans la langue parlée, mais on le conserve normalement à l'écrit.

■ Les adjectifs possessifs gardent les mêmes terminaisons lorsqu'ils sont précédés de **aller**, **dieser**, **jener** :

mit **aller seiner** Geschicklichkeit
*avec toute son habileté*

**diese meine** Freunde
*ces amis-là (à moi)*

***mais*** :

diese alten Freunde von mir
*ces anciens amis (à moi)*

■ Dans les lettres, lorsque l'on s'adresse à la troisième personne (formule de politesse), on met une majuscule :

Herr Direktor, herzlichen Dank für **Ihren** freundlichen Brief
*Monsieur le Directeur, je vous remercie pour votre lettre*

■ Mais ce n'est plus le cas avec **dein** et **euer** :

ich habe **deinen/euren** Brief erhalten…
*j'ai bien reçu ta/votre lettre…*

## EMPLOIS

■ Le possessif peut aussi s'employer seul, comme pronom. Dans ce cas, le nominatif masculin a la forme **meiner**, **deiner**, **seiner**, etc., et le neutre au nominatif et à l'accusatif a la forme **meines**, **deines**, **seines**, etc. En allemand parlé, **meines**, etc. est souvent contracté en **meins**, etc. :

leih mir **dein** Rad, **mein(e)s** ist kaputt
*prête-moi ton vélo, le mien est cassé*

das ist **ihr** Platz und das ist **seiner**
*c'est sa place et celle-ci, c'est la sienne (à lui)*

■ Le possessif en tant qu'adjectif substantivé s'emploie dans certaines expressions idiomatiques :

**die Seinen** sie hat **das Ihre** getan
*les siens* *elle a fait sa part*
grüß **die Deinen**
*mon bon souvenir à ta famille*

■ On peut employer le possessif avec l'article défini comme pronom (à la place de l'usage mentionné en a) ci-dessus). Dans ce cas, il porte la terminaison d'un adjectif après l'article défini. Cet usage est généralement considéré comme littéraire :

das ist vielleicht seine Ansicht, aber keineswegs **die meine**
*c'est peut-être son avis mais ce n'est en aucun cas le mien*

■ On peut aussi utiliser la forme du possessif et le suffixe **-ig** avec l'article défini : **der meinige**, **der deinige**, **der seinige**, **der ihrige**, **der unsrige**, **der eurige**, **der Ihrige**, **der ihrige**. Cet usage est lui aussi littéraire :

ich habe **das Meinige** getan
*j'ai fait ma part*

# Les pronoms réfléchis

Les pronoms réfléchis servent à désigner à nouveau le sujet du verbe comme objet.

■ Le pronom réfléchi s'emploie normalement à l'accusatif ou au datif.

| personne | accusatif | datif |
|---|---|---|
| ich | **mich** | **mir** |
| du | **dich** | **dir** |
| er | **sich** | **sich** |
| sie | **sich** | **sich** |
| es | **sich** | **sich** |
| wir | **uns** | **uns** |
| ihr | **euch** | **euch** |
| Sie | **sich** | **sich** |
| sie | **sich** | **sich** |

■ Vous noterez que le pronom réfléchi de la forme de politesse est le seul parmi tous les pronoms de la forme de politesse à ne pas commencer par une majuscule.

■ Il existe un génitif ayant exactement les mêmes formes que le génitif du pronom personnel. On l'emploie avec certains adjectifs, en général accompagnés de **selbst** :

sie ist **ihrer selbst** nicht sicher
*elle n'est pas très sûre d'elle*

# Les pronoms relatifs

Le pronom relatif introduit une subordonnée. Il fait référence à un nom, à un pronom ou à une proposition qui le précède, et sur lequel la proposition relative apporte plus d'informations.

■ Par exemple, dans la phrase « l'homme qui porte un chapeau », « qui » renvoie à « l'homme » et la proposition « qui porte un chapeau » nous donne plus d'informations sur lui.

■ Le verbe se place toujours à la fin de la subordonnée en allemand.

## FORMES

■ En général, l'allemand emploie l'article défini comme pronom relatif :

| | masculin | féminin | neutre | pluriel |
|---|---|---|---|---|
| nom. | **der** | **die** | **das** | **die** |
| acc. | **den** | **die** | **das** | **die** |
| dat. | **dem** | **der** | **dem** | **denen** |
| gén. | **dessen** | **deren** | **dessen** | **deren** |

■ Vous noterez le changement de forme au génitif, et au datif pluriel.

## ACCORD

■ En français, le pronom relatif n'a que trois formes : ***qui*** (sujet), ***que*** (complément d'objet) et ***dont*** (complément d'un nom, d'un verbe ou d'un adjectif). En allemand, les formes varient selon le nombre, le genre ou le cas. Le pronom relatif s'accorde en genre et en nombre avec le mot auquel il se rapporte, mais son cas est déterminé par sa fonction dans la proposition relative (sujet, complément, etc.). Par exemple, dans la phrase :

**der Junge**, **den** ich gestern sah
*le garçon que j'ai vu hier*

■ **der Junge** est un masculin singulier ; dans la proposition relative, il est complément d'objet direct. Par conséquent, on emploie le pronom relatif masculin singulier à l'accusatif.

■ Voici d'autres exemples :

**der Spieler**, **der** gewonnen hat
*le joueur qui a gagné*
**der Betrag**, **den** du zahlen musst
*le montant que tu dois payer*

# Les pronoms relatifs

**die Lehrer**, **denen** er es erklären muss
*les professeurs à qui il doit l'expliquer*
**die Frau**, **deren** Mann du kennst
*la femme dont tu connais le mari*

### Bon à savoir

- Le nom qui suit **deren** et **dessen** ne prend pas d'article :
  **der Mann**, **dessen Frau** in Berlin wohnte
  *l'homme dont la femme habitait Berlin*
- L'adjectif qui accompagne ce nom aura la déclinaison de l'adjectif employé avec **ein** :
  **die Frau**, **deren** geschieden**er** Mann in Berlin wohnte
  *la femme dont le mari divorcé habitait Berlin*

## EMPLOI AVEC DES PRÉPOSITIONS

■ Les prépositions se placent toujours devant le pronom relatif qui prend alors le cas demandé par la préposition (exemple : **von** + datif) :

**der Mann**, **von dem** ich das bekommen habe
*l'homme duquel j'ai reçu ça*
**der Zug**, **mit dem** er reist
*le train dans lequel il voyage*

■ Lorsque le pronom relatif employé avec une préposition ne se rapporte pas à une personne mais à un objet ou une idée, on emploie fréquemment la forme **wo(r)-** + préposition. Comparez les exemples suivants :

**die Ansagerin**, **von der** er sprach
*l'animatrice dont il parlait*
**das Thema**, **worüber** er sprach/das Thema, über das er sprach
*le sujet dont il parlait*

■ On emploie **wor-** avec des prépositions commençant par une voyelle : **worauf**, **worum**, **woran**, etc.

## WAS

■ **Was** s'emploie normalement comme neutre nominatif ou accusatif après :

– des pronoms indéfinis neutres tels que **alles**, **etwas**, **nichts**, etc. :

nichts, was mich interessierte
*rien qui ne m'intéressait*

etwas, was mir Sorgen machte
*quelque chose qui m'inquiétait*

einiges, was ich bedenken sollte
*des choses auxquelles je devrais penser*

# Les pronoms relatifs

On emploie **das** à la place de **was**, en particulier après **etwas**, lorsque le locuteur a quelque chose de précis à l'esprit. Comparez les deux exemples suivants :

gibt es irgendetwas, **was** ich tun kann?
*est-ce que je peux faire quoi que ce soit ?*
er sah etwas, **das** ihn schockierte
*il a vu quelque chose qui l'a choqué*

- un adjectif substantivé neutre :

das Beste, was du tun kannst
*le mieux que tu peux*
das meiste, was ich gelesen habe
*la plupart de ce que j'ai lu*

- toute une proposition :

er sagte ab, was alle bedauerten
*il a annulé, ce que tout le monde a regretté*
die Regierung trat zurück, was Neuwahlen erforderlich machte
*le gouvernement démissionna, ce qui nécessita une nouvelle élection*

■ On n'emploie pas **was** avec une préposition :

er rutschte aus, worüber alle lachten
*il glissa, ce qui fit rire tout le monde*

## REMPLACEMENT DU PRONOM RELATIF PAR *WO* (OÙ)

■ Les subordonnées de lieu sont souvent introduites par la conjonction **wo** (*où*) à la place de la préposition + pronom relatif :

ein Land, wo er viel Zeit verbrachte
*un pays, où il passa beaucoup de temps*

■ Lorsque la relative se rapporte à un nom de pays, de ville ou de lieu, l'emploi de **wo** à la place de la préposition + pronom relatif est obligatoire :

Rom, wo es so viele schöne Kirchen gibt
*Rome, où il y a tellement de belles églises*

■ Comme en français, on emploie souvent **wo** à la place de la préposition + pronom relatif dans des subordonnées de temps :

die Jahre, wo er viel verdiente
*les années où il gagnait beaucoup d'argent*
die Woche, wo ich verreist war
*la semaine où j'étais en voyage*

# Les pronoms relatifs

## *WER* COMME PRONOM RELATIF

■ Les pronoms interrogatifs **wer** et **was** peuvent s'employer comme relatifs sans impliquer une question, lorsque la proposition relative est en tête de phrase, et qu'elle est le sujet du verbe principal. On les emploie pour des personnes ou des choses indéterminées :

**wer** das kauft, muss schwachsinnig sein
*celui qui achète ça doit être fou*
**wer** wagt, gewinnt
*qui ose, gagne*
**wem** der Mut fehlt, darf gehen
*que celui qui manque de courage parte*

# Questions au discours direct



On peut formuler une question au discours direct de quatre manières différentes en allemand :

## INTERROGATION GLOBALE

■ Dans une interrogation globale, le verbe conjugué se place en première position. L'intonation de la phrase est montante et ce type de question appelle en général une réponse positive ou négative (**ja** ou **nein**). Ces questions se forment de la manière suivante :

**verbe conjugué + sujet + (compléments)**
rauchen Sie?
*fumez-vous ?*
liebst du mich?
*est-ce que tu m'aimes ?*
sprechen Sie Deutsch?
*parlez-vous allemand ?*
ist es schon übersetzt worden?
*est-ce que ça a déjà été traduit ?*
darf ich Ihnen meinen Mann vorstellen?
*puis-je vous présenter mon mari ?*

## INTERROGATION PARTIELLE

■ Dans une interrogation partielle, la phrase commence par un mot interrogatif suivi du verbe conjugué en deuxième position. L'ordre des mots est le suivant :

**interrogatif(s) + verbe conjugué + (sujet) + (compléments)**

| | | |
|---|---|---|
| **wer?**<br>*qui ?* | **(an) wen?**<br>*à qui ?* | **wessen?**<br>*à qui ?* |
| **wann?**<br>*quand ?* | **warum?**<br>*pourquoi ?* | **was?**<br>*quoi ?* |
| **was für?**<br>*quel (quelle sorte de)* | **welch-?**<br>*quel ?* | **wie?**<br>*comment ?* |
| **wo?**<br>*où ?* | **woher?**<br>*d'où ?* | **(mit,** etc.**) wem?**<br>*(avec,* etc.*) qui ?* |
| **wie viel?**<br>*combien ?* | **wohin?**<br>*où ? (direction)* | |

# Questions au discours direct

■ Pour **wo** + préposition (par exemple **womit?**), voir page 203.

wer kommt?
*qui vient ?*
mit wem spielt sie?
*avec qui joue-t-elle ?*
wann geht er?
*quand part-il ?*
wie heißt das auf Deutsch?
*comment on dit ça en allemand ?*
wessen Hut ist das?
*à qui est ce chapeau ?*
wohin fahren wir?
*où allons-nous ?*
was siehst du dort?
*qu'est-ce que tu vois là-bas ?*
welche Bluse steht mir besser?
*quel chemisier me va le mieux ?*

### Petit rappel

■ Le cas après **was für** est déterminé par la préposition qui le précède ou par la fonction du nom qui suit **für** :

bei was für einer Firma arbeitet sie?
*dans quelle sorte d'entreprise travaille-t-elle ?*
was für ein Mann könnte so etwas tun?
*quel homme pourrait faire une chose pareille ?*

## SUJET + VERBE CONJUGUÉ + (COMPLÉMENTS)

■ Dans des questions de style familier, exprimant un doute, on élève la voix sur le mot clé, qui est aussi accentué :

**Oma** tanzt?!
*mamie danse ?!*
Horst wurde heute Nachmittag zum **Vorsitzenden** ernannt?!
*Horst a été nommé président cet après-midi ?!*

## TRADUIRE « N'EST-CE PAS ? »

■ **nicht (wahr)?**

Lorsqu'il est employé seul, **nicht?** est plus familier.

es ist furchtbar kalt heute, nicht (wahr)?
*il fait terriblement froid aujourd'hui, n'est-ce pas ?/non ?*

■ On peut aussi employer **ja?** à la place de **nicht wahr?** :

du kommst heute Abend, ja?
*tu viens ce soir, n'est-ce pas ?*

## ■ gell?/gelt?

Dans le sud de l'Allemagne et en Autriche, on emploie fréquemment **gell?** ou **gelt?** dans la langue parlée :

Münchner Bier schmeckt gut, gell?
*la bière de Munich est bonne, hein ?*

## ■ oder?

du isst doch Fleisch, oder?
*tu manges de la viande, n'est-ce pas ?*
letzten Sonntag haben wir nicht gespielt, oder?
*on n'a pas joué dimanche dernier, n'est-ce pas ?*

Q

# Les questions au discours indirect

Le discours indirect est utilisé quand un locuteur rapporte les pensées, les opinions, les paroles d'une autre personne. Il peut aussi s'agir des siennes. Les questions au discours indirect suivent un verbe ou une proposition et sont introduites par un interrogatif : « explique ***pourquoi*** tu es en colère », « je lui ai demandé ***qui*** elle était », etc.

## L'ORDRE DES MOTS

■ L'ordre des mots allemands et la ponctuation sont différents du français. Les deux propositions sont toujours séparées par une virgule et le verbe conjugué se place à la fin de la question au discours indirect.

■ Lorsque la phrase « d'origine » contient un interrogatif (**wann?**, **warum?**, **was für?**, etc.) :

| | | |
|---|---|---|
| wann geben Sie Ihr nächstes Konzert?<br>*quand allez-vous donner votre prochain concert ?* | ➔ | man fragt**, wann** Sie Ihr nächstes Konzert **geben**<br>*on demande quand vous allez donner votre prochain concert* |
| warum gefällt es euch nicht?<br>*pourquoi ne l'aimez-vous pas ?* | ➔ | sagt mal**, warum** es euch nicht **gefällt**<br>*dites-moi pourquoi vous ne l'aimez pas* |

■ Lorsque la phrase « d'origine » ne contient pas d'interrogatif, la question au discours indirect est introduite par **ob** :

| | | |
|---|---|---|
| kann er Deutsch?<br>*sait-il parler allemand ?* | ➔ | ich bin gespannt**, ob** er Deutsch **kann**<br>*je suis curieux de savoir s'il sait parler allemand* |
| hast du gut geschlafen?<br>*as-tu bien dormi ?* | ➔ | sie hat mich gefragt**, ob** ich gut **geschlafen hätte**<br>*elle m'a demandé si j'avais bien dormi* |

■ Comme en français, il est parfois nécessaire de changer les pronoms, ainsi que le temps (et le mode) des verbes au discours indirect par rapport à la phrase « originale ».

# La réforme d'orthographe

R

Entre 1996 et 2005, une importante réforme de l'orthographe allemande a été menée. En voici les règles les plus importantes :

## LES MOTS S'ÉCRIVENT COMME ILS SE PRONONCENT

| ancienne graphie | nouvelle graphie | |
|---|---|---|
| aufwendig | aufw**ä**ndig ou aufwendig | (à cause de Aufwand et de aufwenden) |
| schneuzen | schn**ä**uzen | (à cause de Schnauze) |
| Stengel | St**ä**ngel | (à cause de Stange) |
| Karamel | Karame**ll** | (à cause de Karamelle) |
| numerieren | nu**mm**erieren | (à cause de Nummer) |

## SS OU ß ?

■ Afin d'unifier l'orthographe, il a été décidé que le **ß** subsisterait uniquement après une voyelle longue ou une diphtongue (comme dans **Maß** ou **draußen**). Le ss devient donc obligatoire après les voyelles brèves accentuées, ce qui fait, notamment, que la conjonction **daß** s'écrit désormais **dass**.

| ancienne graphie | nouvelle graphie |
|---|---|
| Fluß – Flüsse | Flu**ss** – Flüsse |
| müssen – er muß | müssen – er mu**ss** |
| daß | da**ss** |
| lassen – er läßt | lassen – er läs**s**t |

■ Mais toujours :

der Fuße die Füße
die Straße, die Straßen
weiß, weiße, etc.

## LA MAJUSCULE PREND LE DESSUS

■ La règle qui prévaut désormais, et qui va dans le sens d'une simplification, est que tout substantif ou mot substantivé (adjectif, participe, verbe, adjectif numéral, pronom, etc.) précédé d'un article ou d'une préposition + article s'écrit avec une majuscule.

| ancienne graphie | nouvelle graphie |
|---|---|
| der/die/das letzte | der/die/das Letzte |
| der nächste [, bitte] | der Nächste [, bitte] |
| im großen und ganzen | im Großen und Ganzen |
| im allgemeinen | im Allgemeinen |
| es ist das beste | es ist das Beste |
| im voraus | im Voraus |

Cependant, certaines expressions restent inchangées : **von fern, von klein auf, über kurz oder lang, seit langem, von nah und fern, bis auf weiteres**, etc. Il importe aussi de noter que la minuscule est maintenue pour **viel, wenig, ein, ander, meist** et toutes leurs formes déclinées (**viele, die einen, unter anderem, die meisten**, etc.). Désormais, dans les combinaisons entre un substantif et un verbe, le substantif prend une majuscule.

## LES MOTS COMPOSÉS SE DÉCOMPOSENT

■ L'écriture des mots en une ou deux parties n'avait jamais été réglée de façon systématique et une certaine liberté était laissée au rédacteur à cet égard. Un effort d'unification et de simplification des règles existantes a donc été entrepris et a abouti à la généralisation de l'écriture en deux mots.

■ Si l'écriture en deux mots est devenue la règle, la graphie soudée reste, quant à elle, liée à des critères de grammaire formelle (impossibilité de mettre la forme concernée au comparatif ou au superlatif et de la faire précéder d'un adverbe de degré de type **sehr**).

■ Les combinaisons entre un substantif et un verbe du type **Auto fahren** s'écrivent dorénavant en deux mots et le substantif prend une majuscule.

| ancienne graphie | nouvelle graphie |
|---|---|
| eis\|laufen | Eis laufen |
| rad\|fahren | Rad fahren |

■ Toutefois, les verbes construits avec les particules **heim-, irre-, preis-, schluss-, stand-, statt-, teil-, wett-, wunder-** continuent de s'écrire en un mot.

| ancienne graphie | nouvelle graphie |
|---|---|
| sitzen\|bleiben (in der Schule) | sitzen bleiben |
| sitzen bleiben (auf dem Stuhl) | |
| kennen\|lernen | kennen lernen |
| spazieren\|gehen | spazieren gehen |
| fallen\|lassen | fallen lassen |

## UN TRAIT D'UNION POUR PLUS DE LISIBILITÉ

■ Une distinction est désormais établie entre un trait d'union obligatoire, qui doit être inséré dans certains mots composés, et un trait d'union facultatif, laissé à la libre appréciation du rédacteur et qui lui permet de mettre en valeur certains éléments de la phrase. Ainsi, les nombres écrits en chiffres associés à un adjectif ou à un nom doivent être séparés du reste du mot par un trait d'union obligatoire.

| ancienne graphie | nouvelle graphie |
|---|---|
| 17jährig | 17-jährig |
| 12silbig | 12-silbig |
| 100prozentig | 100-prozentig |
| 3tonnen | 3-Tonner |
| 8mal | 8-mal |

■ À l'exception de **-mal**, on ne met généralement pas de tiret lorsque le chiffre est accompagné d'un suffixe d'une seule syllabe : **8fach, 15tel, 73er, 32stel**. Mais, si le chiffre accompagné du suffixe est suivi d'un autre mot, on le relie alors à ce mot par un tiret : **die 25368er-Generation, ein 100stel-Gramm**.

De même, lorsque l'on présente plusieurs termes reliés ensemble, on utilise les tirets : **400-m-Lauf, 2-kg-Dose**, etc.

■ Pour ce qui est des anglicismes comprenant des traits d'union, ceux-ci s'écrivent à présent en un seul mot. Il est cependant possible de maintenir le trait d'union pour plus de clarté.

| ancienne graphie | nouvelle graphie |
| --- | --- |
| Jumbo-Jet | Jumbojet ou Jumbo-Jet |
| Science-fiction | Sciencefiction ou Science-Fiction |

■ Pour couper un mot, l'allemand se base dorénavant sur les syllabes, comme en français : **Kas-ten, Wes-ten, U-fer, E-cke**.

## LA PONCTUATION SE LIBÉRALISE

■ Les règles de ponctuation sont considérablement simplifiées puisque leur nombre original a été réduit de 52 à 9. Dorénavant, le rédacteur dispose d'une plus grande marge de manoeuvre dans l'utilisation de la virgule et peut, en l'introduisant entre deux éléments de la phrase, faciliter la compréhension ou exprimer son avis.

# Le subjonctif

S

Le subjonctif (**Konjunktiv** en allemand) exprime l'incertitude, l'improbabilité ou l'irréel. Ainsi, on l'emploie pour exposer des conditions, et rendre ce qui aurait pu ou pourrait se produire. On l'emploie aussi au discours indirect, pour rapporter ce qui a été dit par une autre personne, le locuteur n'étant pas certain de la véracité des paroles rapportées.

■ Bien que certaines formes du subjonctif appartiennent au langage très formel (et qu'il soit souvent remplacé par l'indicatif ou la forme avec **würde**), il est couramment employé en allemand :

- dans la conversation pour exprimer une condition, ainsi qu'avec les verbes de modalité
- dans un niveau de langue soutenu, aux informations ou dans un discours rapporté.

■ En général, le subjonctif I est utilisé pour le discours indirect, le subjonctif II, plus répandu, pour exprimer tout ce qui relève de l'irréel (hypothèses, rêve, supposition, désir ...)

## FORMATION

### VERBES FAIBLES

■ Le subjonctif I

Le subjonctif I est utilisé dans le discours indirect. Il se forme à partir du radical de l'infinitif auquel on ajoute les terminaisons **-e**, **-est**, **-e**, **-en**, **-et**, **-en**. Ces terminaisons sont les mêmes pour les verbes faibles et les verbes forts :

| | frag-en | hab-en |
|---|---|---|
| ich | frag**e** | hab**e** |
| du | frag**est** | hab**est** |
| er/sie/es | frag**e** | hab**e** |
| wir | frag**en** | hab**en** |
| ihr | frag**et** | hab**et** |
| Sie/sie | frag**en** | hab**en** |

Le verbe **haben** est régulier au subjonctif présent.

# Le subjonctif

■ Le subjonctif II

Il s'emploie pour exprimer l'irréel. Le subjonctif II des verbes faibles est le même que le prétérit de l'indicatif .

Le verbe **haben** prend l'inflexion (¨) au subjonctif II :

| | |
|---|---|
| ich | hätte |
| du | hättest |
| er/sie/es | hätte |
| wir | hätten |
| ihr | hättet |
| Sie/sie | hätten |

■ Les formes « passé composé et plus-que-parfait »

Les subjonctifs passé composé et plus-que-parfait se forment de la même manière que le parfait et le plus-que-parfait de l'indicatif. Cependant, les subjonctifs présent et prétérit de **sein** et **haben** remplacent l'indicatif présent et prétérit :

| | fragen | reisen |
|---|---|---|
| ich | habe/hätte... gefragt | sei/wäre... gereist |
| du | habest/hättest... gefragt | sei(e)st/wär(e)st... gereist |
| er/sie/es | habe/hätte... gefragt | sei/wäre... gereist |
| wir | haben/hätten... gefragt | seien/wären... gereist |
| ihr | habet/hättet... gefragt | seiet/wär(e)t... gereist |
| Sie/sie | haben/hätten... gefragt | seien/wären... gereist |

## VERBES FORTS

■ Le subjonctif I

Le subjonctif I des verbes forts se forme, comme celui des verbes faibles, en ajoutant les terminaisons suivantes au radical : **-e**, **-est**, **-e**, **-en**, **-et**, **-en**. Aucun verbe ne subit de changement de voyelle dans le radical :

# Le subjonctif

| | fahr-en | seh-en |
|---|---|---|
| ich | fahr**e** | seh**e** |
| du | fahr**est** | seh**est** |
| er/sie/es | fahr**e** | seh**e** |
| wir | fahr**en** | seh**en** |
| ihr | fahr**et** | seh**et** |
| Sie/sie | fahr**en** | seh**en** |

## Le subjonctif II

Le subjonctif II des verbes forts se forme en ajoutant les terminaisons **-e**, **-est**, **-e**, **-en**, **-et**, **-en** au radical du verbe au prétérit de l'indicatif. Si la voyelle du radical est **a**, **o** ou **u**, elle porte toujours l'inflexion :

| | fahren | bleiben | sein |
|---|---|---|---|
| ich | f**ü**hr**e** | bl**ie**b**e** | w**ä**r**e** |
| du | f**ü**hr**est** | bl**ie**b**est** | w**ä**r**(e)st** |
| er/sie/es | f**ü**hr**e** | bl**ie**b**e** | w**ä**r**e** |
| wir | f**ü**hr**en** | bl**ie**b**en** | w**ä**r**en** |
| ihr | f**ü**hr**et** | bl**ie**b**et** | w**ä**r**(e)t** |
| Sie/sie | f**ü**hr**en** | bl**ie**b**en** | w**ä**r**en** |

## Les subjonctifs passé composé et plus-que-parfait

Comme pour les verbes faibles.

## L'EMPLOI DU SUBJONCTIF DANS LES CONDITIONS

Une phrase contenant une condition se compose d'une principale et d'une subordonnée introduite par « si » (**wenn**). Lorsque la subordonnée conditionnelle est au présent, la principale ne se met pas au subjonctif. Ce genre de phrase rapporte ce qui se passera si une condition est remplie :

wenn es morgen regnet, arbeite ich zu Hause
*s'il pleut demain, je travaillerai à la maison*

# Le subjonctif

■ Les conditions avec une principale au subjonctif II et une subordonnée introduite par **wenn** suggèrent que la condition ne va vraisemblablement pas se réaliser :

wenn ich mehr Zeit **hätte**, **ginge** ich öfter **spazieren**
*si j'avais plus de temps, j'irais me promener plus souvent*

■ L'emploi de la forme avec **würde** :

On peut remplacer le verbe de l'exemple ci-dessus par la forme avec **würde** :

wenn ich mehr Zeit **hätte**, **würde** ich öfter **spazieren gehen**

■ On n'emploie généralement pas **würde** avec les verbes **sein** et **haben**.

Il est possible d'omettre le **wenn**. Il y a alors inversion du sujet et du verbe dans la subordonnée :

**hätte** ich mehr Zeit, ginge ich öfter spazieren

■ Les conditions au subjonctif plus-que-parfait dans les deux propositions font référence à des faits qui auraient pu se produire mais qui n'ont pas eu lieu :

wenn sie mich **gefragt hätte**, **hätte** ich ihr das Geld **geliehen**
*si elle me l'avait demandé, je lui aurais prêté l'argent*

On pourrait aussi employer les formes avec **würde**, bien que cet usage soit moins courant.

■ Une proposition au subjonctif introduite par **wenn** peut s'employer seule au sens de « si seulement »:

wenn es nur schon Weihnachten **wäre**
*si seulement c'était Noël*

## LE SUBJONCTIF AVEC *ALS OB* ET *ALS*

■ La construction avec **als ob** ou **als** + verbe (*comme si*) exprime quelque chose que l'on considère incertain ou trompeur. Elle se met normalement au subjonctif, bien que l'on puisse la trouver à l'indicatif dans la langue parlée :

er tut, **als ob** er uns nicht **gesehen hätte**
er tut, **als hätte** er uns nicht **gesehen**
*il fait comme s'il ne nous avait pas vus*

■ On peut aussi employer le subjonctif pour nuancer des questions et des demandes en les rendant ainsi plus polies :

ich **hätte** eine Frage
*j'aurais une question*

**hätten** Sie fünf Minuten für mich?
*auriez-vous cinq minutes à m'accorder ?*

# Le subjonctif



■ Le subjonctif peut s'employer pour exprimer une suggestion dans l'expression **wie wäre es mit...?** (*qu'est-ce que tu dirais de... ?*) :

wie wär's mit einem Glas Wein?
*qu'est-ce que tu dirais d'un verre de vin ?*

■ Le subjonctif I peut s'employer seul dans une principale pour des instructions en mathématiques ou dans une recette de cuisine :

x **sei** gleich 50
*soit x égal à 50*

man **nehme** fünf Eier
*prenez cinq œufs*

et avec **leben** lorsqu'il signifie « vive ! et « un ban pour ! » :

es **lebe** die Revolution!
*vive la révolution !*

Joachim **lebe** hoch!
*un ban pour Joachim !*

■ Pour les emplois idiomatiques des verbes de modalité, voir la fiche sur les verbes de modalité, **pages 258-68**.

# Le superlatif des adjectifs

Le superlatif sert à exprimer le degré le plus élevé de la comparaison.

■ En allemand, le superlatif se forme de la manière suivante : article défini (**der**/**die**/**das**) suivi de l'adjectif + le suffixe **-(e)st** + la terminaison de l'adjectif.

■ Le superlatif se décline lorsqu'il est employé comme épithète et comme attribut. (Comparez la forme de base de l'adjectif et du comparatif, qui ne sont déclinés que lorsqu'ils sont employés comme épithètes.)

■ Lorsqu'il est employé comme épithète, la terminaison placée après le suffixe **-(e)st** est la même que celle de l'adjectif :

die **berühmteste** Philosphin ihrer Generation
*la philosophe la plus célèbre de sa génération*
mit dem **kostbarsten** Ring der Welt
*avec la bague la plus chère du monde*

## Petit rappel

■ On conserve le **e** de la terminaison des adjectifs en **-el** et **-er** au superlatif :
das dunk**e**lste Zimmer von allen
*la pièce la plus sombre de toutes*

■ Les adjectifs monosyllabiques courants qui prennent l'inflexion au comparatif (**voir page 53**), la prennent aussi au superlatif :

der **älteste** Präsident der USA
*le plus vieux président des États-Unis*

■ Notez la forme irrégulière de certains adjectifs au superlatif :

| | | | | |
|---|---|---|---|---|
| gut | *bon* | → | (der/die/das) **best-**, *etc.* | *le meilleur* |
| hoch | *haut, grand* | → | (der/die/das) **höchst-**, *etc.* | *le plus haut/ grand* |
| nah | *proche* | → | (der/die/das) **nächst-**, *etc.* | *le plus proche/le prochain* |
| viel* | *beaucoup de* | → | (der/die/das) **meist-**, *etc.* | *le plus de* |

***viel** peut, dans une phrase, jouer également le rôle d'adverbe.

# Le superlatif des adjectifs

■ On peut aussi former le superlatif des adjectifs de la manière suivante : **am** + adjectif + **-(e)sten** :

billig *bon marché* → **am billigsten** *(le) meilleur marché*

Cette construction ne peut s'employer qu'avec des adjectifs attributs ou après un verbe :

dieser hier ist **am billigsten**
*celui-ci est le moins cher*

## EMPLOI

■ Le complément de l'adjectif au superlatif s'exprime par l'emploi d'un génitif ou de **von** :

das schlechteste Wetter des Sommers
*le pire temps de l'été*
wer ist die mutigste von euch?
*qui est la plus courageuse parmi vous ?*

Dans ces exemples, **des Sommers** et **von euch** sont les compléments du superlatif.

■ Si le superlatif est suivi d'un complément, on emploie le plus souvent l'adjectif avec l'article défini. S'il n'est pas accompagné d'un complément, on peut employer la forme avec l'article défini ou bien la forme avec **am** :

diese Eier sind **die** billigsten/sind **am** billigsten
*ces œufs sont les moins chers*

■ Il n'y a qu'une possibilité avec **best** :

er ist einfach **der** beste
*il est tout simplement le meilleur*

■ Un petit nombre d'adjectifs peuvent s'employer au superlatif sans pour autant exprimer une comparaison :

es ist **höchste** Zeit
*il est grand temps*
im **äußersten** Fall kostet es zwei Euro
*ça coûtera tout au plus deux euros*

■ Pour traduire « du/de la/des » dans des expressions comme « le plus grand du monde », etc., on emploie soit **in**, soit le génitif :

die größte Stadt in Deutschland/Deutschlands
*la plus grande ville d'Allemagne*

# Le superlatif des adjectifs

■ Vous noterez aussi les constructions suivantes au superlatif :

der **meist**gesungene Schlager
*le tube le plus chanté*
der **meist**genannte Autor
*l'auteur le plus souvent mentionné*

ainsi que l'expression **bestgehasst** comme dans :

der **best**gehasste Politiker
*le politicien le plus haï*

# Les superlatifs des adverbes



Le superlatif des adverbes se forme de la façon suivante : **am** + adverbe + terminaison en **-(e)sten**. Cette construction ne s'applique que dans le cas d'adverbes ayant la même forme que les adjectifs :

| adverbe | superlatif de l'adverbe |
|---|---|
| blöd<br>*stupidement* | **am blödsten**<br>*le plus stupidement* |
| selten<br>*rarement* | **am seltensten**<br>*le plus rarement* |
| elegant<br>*élégamment* | **am elegantesten**<br>*le plus élégamment* |

von allen hat sie sich am blödsten benommen
*c'est elle qui s'est conduit le plus stupidement de tous*

## Bon à savoir

- Le superlatif de **gern** est **am liebsten** :
  ich reite gern, fahre aber **am liebsten** Rad
  *j'aime faire de l'équitation, mais je préfère le vélo*

# La syntaxe

La syntaxe allemande peut poser quelques problèmes. Il est donc utile de se familiariser avec la structure des différents types de phrases.

## LA PHRASE PRINCIPALE

■ La phrase principale est caractérisée par la place du verbe en deuxième position. Tandis que la première position peut être occupée par un grand nombre d'éléments différents (cf. chap. ordre des mots), la deuxième doit obligatoirement être prise par le verbe.

die Frau **geht** in den Park
*la femme se rend au parc*
gestern **war** sie im Park
*hier, elle était au parc*
in den Park **geht** sie jede Woche
*elle va toutes les semaines au parc*

■ Si la phrase comprend un verbe composé ou plusieurs formes verbales, ces éléments s'ordonnent d'une manière qu'on appelle « la pince verbale ». Les deux éléments relevant du verbe se mettent en deuxième et dernière position de la phrase :

Die Frau **ist** gestern im Park **gewesen**
*La femme a été au parc hier*
wir **wollen** uns nach der Schule ein Eis **kaufen**
*nous voulons nous acheter une glace après l'école*
ich **stehe** am Wochenende erst sehr spät **auf**
*je ne me lève que très tard pendant le week-end*

## LA PHRASE SUBORDONNÉE

■ Elle est introduite par un pronom relatif ou une conjonction de subordination précédés d'une virgule, et se caractérise par la place du verbe en dernière position. Dans une construction comportant une phrase principale et une ou plusieurs subordonnées, ces dernières peuvent compter comme parties de la première.

ich **denke**, dass du zu viel **rauchst**
*je pense que tu fumes trop*
wann er **kommt**, **weiß** ich nicht
"weiß" *étant en 2e position de la principale ici, car la subordonné compte comme position 1*
*Je ne sais pas quand il arrive.*
er **kann** nicht **sagen**, wo sie gestern abend **war**
*il ne peut pas dire où elle était hier soir*

# La syntaxe

■ Quand plusieurs éléments verbaux se succèdent dans une phrase subordonnée, ils sont tous placés à la fin. Leur ordre est fixe et se construit de la droite vers la gauche.

Wir wissen nicht, ob wir morgen **kommen können**.
*Nous ne savons pas si nous pouvons venir demain.*
Er fragte mich, wohin ich am Montag **fahren würde**.
*Il me demanda où j'irais lundi.*
Ich wusste nicht, wann ich das nächste Mal in den Urlaub **werde fahren können**.
*Je ne savais pas quand je partirais pour la prochaine fois en vacances.*

## LE VERBE EN PREMIÈRE POSITION

■ Dans certaines phrases, le verbe peut également se trouver en première position. Il faudra tout de même appliquer la pince verbale et renvoyer d'autres éléments verbaux à la fin de la phrase.

- phrases interrogatives sans pronom interrogatif :

  **bringst** du Milch **mit**?
  *apportes-tu du lait ?*

- phrases impératives :

  **geht** bitte nachher noch **einkaufen**!
  *allez faire des courses ensuite, s'il vous-plaît*

- phrases conditionnelles :

  **will** er reich **werden**, **muss** er mehr **arbeiten**
  *s'il veut devenir riche, il doit travailler*

## L'ORDRE DES INFINITIFS ET DES PARTICIPES PASSÉS

■ Pour les temps formés avec un auxiliaire (**sein**, **haben**, **werden**) ou un verbe de modalité, l'auxiliaire ou le verbe de modalité se placent en deuxième position dans la phrase, tandis que le participe passé et/ou l'infinitif se placent en fin de phrase :

wir **sind** gestern **gefahren**
*nous avons fait la route hier*
es **wird** gerade **gebaut**
*on est en train de la construire*

das **kann** ich nicht **sagen**
*je ne peux pas le dire*

■ S'il y a un participe passé et un infinitif, le participe passé se place devant :

sie **werden** früher **gefahren sein**
*ils ont dû partir plus tôt*

# La syntaxe

■ L'infinitif des verbes de modalité employé comme participe passé et le participe passé de **werden** se placent après l'infinitif ou le participe passé du verbe principal :

das **hättest** du **voraussehen können**
*tu aurais pu prévoir ça*
es **ist** noch nicht **gebaut worden**
*ça n'a pas encore été construit*

■ À la voix passive du futur antérieur, le participe passé est suivi de **worden** et **sein** :

es **wird** sicher bis Montag **gefunden worden sein**
*il aura sûrement été trouvé avant lundi*

■ Au futur antérieur employé avec un verbe de modalité, le participe passé est suivi de l'infinitif de **sein** ou **haben**, puis de l'infinitif du verbe de modalité :

er wird es **gefunden haben müssen**
*il aura dû l'avoir trouvé*

Ces deux dernières formes sont souvent considérées comme peu élégantes (**voir page 260**).

■ Ordre particulier dans la proposition subordonnée :

Lorsque l'on trouve deux infinitifs dans une subordonnée, le verbe conjugué se place juste devant :

weißt du, dass ich dich **habe kommen sehen**? *(double infinitif)*
*sais-tu que je t'ai vu venir ?*
er sagte, dass er mich nicht **hat verstehen können** *(double infinitif)*
*il a dit qu'il n'avait pas pu me comprendre*

# Traduire « en »

T

Le pronom indéfini « en » peut se traduire de diverses manières en allemand :

## *DA* + PRÉPOSITION

sie fürchtet sich davor
*elle en a peur*

ich habe davon gehört
*j'en ai entendu parler*

## *DESSEN* APRÈS UN VERBE RÉGISSANT LE GÉNITIF

ich habe mich dessen erinnert
*je m'en suis souvenu*

■ **ein** et **kein** lorsqu'il s'agit d'un nom dénombrable (*chien*, *maison*, *homme*, etc.) ; **welch** lorsqu'il s'agit d'un nom indénombrable (*beurre*, *paresse*, *argent*, etc.) ou d'un pluriel :

hat er einen Wagen gekauft?
*a-t-il acheté une voiture ?*
ja, er hat einen gekauft/nein, er hat keinen gekauft
*oui, il en a acheté une/non, il n'en a pas acheté*

hast du Geld?
*tu as de l'argent ?*

ja, ich habe welches
*oui, j'en ai*

haben Sie Zeitungen?
*vous avez des journaux ?*

ja, ich habe welche
*oui, j'en ai*

■ Parfois « en » ne se traduit pas :

ich habe die Nase voll (davon)
*j'en ai marre*

er will einen anderen
*il en veut un autre*

## « EN » + PARTICIPE PRÉSENT

■ Souvent « en » + participe présent se traduit en allemand par une subordonnée introduite par **indem** ou **dadurch, dass** lorsque cette expression indique un moyen :

er lockte die Kunden an, indem er die Preise einiger Artikel senkte
*il attirait les clients en diminuant le prix de quelques articles*
dadurch, dass er uns sein Auto zur Verfügung stellte, haben wir in Urlaub fahren können
*en nous prêtant sa voiture, il nous a permis de partir en vacances*

■ Lorsque « en » + participe présent exprime la simultanéité par rapport à la proposition principale, on emploie en allemand une proposition subordonnée introduite par une conjonction de subordination.

T

# Traduire « après » (temporel)

De même que « avant », « après » se traduit de différentes manières.

## ADVERBE

■ On emploie **danach** pour traduire « après » comme adverbe de temps s'il indique un moment précis du passé par rapport à un événement qui s'est déroulé auparavant :

danach sind wir ins Kino gegangen
*après (ça) on est allés au cinéma*

■ On emploie **nachher** pour traduire « après » comme adverbe de temps s'il indique une action se déroulant juste après un point dans le temps :

nachher gehen wir ins Kino
*après on ira au cinéma*
nachher sind wir einen trinken gegangen
*après on est allés boire un pot*

## PRÉPOSITION

■ Pour traduire « après » comme préposition, on emploie **nach** + datif :

ich treffe dich nach der Arbeit
*je te verrai après le travail*

## CONSTRUCTION

■ Pour traduire « après » + infinitif, on emploie la conjonction de subordination **nachdem** + verbe conjugué :

nachdem meine Mutter Deutschland besucht hatte, flog sie nach Italien
*après avoir visité l'Allemagne, ma mère s'est envolée pour l'Italie*

# Traduire « avant » (temporel)



Pour traduire « avant », on peut avoir recours à différentes expressions allemandes.

## ADVERBE

■ Pour traduire « avant » comme adverbe de temps (= auparavant), on emploie **vorher** ou **zuvor** :

vorher/zuvor war er Übersetzer
*avant il était traducteur*

## PRÉPOSITION

■ Pour traduire « avant » comme préposition, on emploie **vor** + datif :

vor dem Konzert war dieser Musiker sehr nervös
*avant le concert ce musicien était très nerveux*

## CONSTRUCTION

■ Pour traduire « avant que » + verbe conjugué ou « avant de » + infinitif, on emploie la conjonction de subordination **bevor** + verbe conjugué :

ich muss das Haus putzen, bevor er kommt/bevor ich abfahre
*je dois nettoyer la maison avant qu'il n'arrive/avant de partir*

Vous noterez que l'on n'emploie pas la négation après **bevor** en allemand, ni le subjonctif.

# Traduire « il y a »

La traduction de « il y a » peut poser quelques problèmes, car il faut être plus précis en allemand.

## « IL Y A » NON TEMPOREL

■ L'allemand emploie des verbes de position tels que **stehen** *être debout*, **sitzen** *être assis*, **liegen** *être couché*, **hängen** *être suspendu* pour traduire l'idée de « il y a » en français :

eine Zeitung liegt auf dem Sofa
*il y a un journal sur le canapé*
an der Ecke steht ein Parkhaus
*il y a un parking couvert au coin de la rue*

■ **Es gibt**

L'expression **es gibt** s'emploie dans des affirmations qui, en général, rapportent le fait que quelque chose existe (ou n'existe pas). Il est suivi de noms ou de pronoms, singuliers ou pluriels, à l'accusatif. Notez les formes aux différents temps : **es gab**, **es hat(te) gegeben**, **es wird geben**, etc. :

es gibt keine Giftschlangen in Irland
*il n'y a pas de serpents venimeux en Irlande*
es gab damals wenig zu tun
*il y avait peu de choses à faire en ce temps-là*
so was wird es nicht mehr geben!
*une telle chose ne se reproduira plus*

■ Notez les différentes expressions idiomatiques avec **es gibt** :

was gibt's?
*qu'est-ce qui se passe ?*
das gibt's doch nicht!
*ce n'est pas possible !*
heute Abend gibt es Milchreis
*ce soir il y a du gâteau de riz*

■ **Es ist, es sind**

On les emploie pour indiquer une présence, souvent temporaire, dans un espace défini ; **es ist** est suivi d'un nom singulier et **es sind** d'un nom pluriel, tous les deux au nominatif. Le **es** disparaît lorsqu'il n'occupe plus la première place. Vous noterez aussi **es war(en)**, etc. :

es sind Würstchen im Kühlschrank
Würstchen sind im Kühlschrank
*il y a des saucisses dans le frigo*
Herr Ober, in meiner Suppe ist eine Fliege!
*garçon, il y a une mouche dans ma soupe !*
es war jemand an der Tür

jemand war an der Tür
*il y avait quelqu'un à la porte*

Remarquez aussi l'expression suivante :

es war einmal...
*il était une fois...*

## « IL Y A » TEMPOREL

■ Quand « il y a » renvoie à un point précis du passé, on emploie **vor** + complément circonstanciel de temps au datif :

ich bin vor einer Woche im Theater gewesen
*il y a une semaine, j'étais au théâtre*

■ Quand « il y a » marque un point à partir duquel un événement s'est produit, on emploie **es ist/sind** + complément circonstanciel de temps à l'accusatif + **her, dass** :

es sind drei Monate her, dass er gestorben ist
*il y a trois mois qu'il est mort*

■ Si « il y a » insiste sur le début d'un événement et sur sa durée, on emploie **seit** + complément circonstanciel de temps au datif ou **schon** + complément circonstanciel de temps à l'accusatif :

ich habe diese Platten **seit langem** nicht gehört
ich habe diese Platten **schon lange** nicht gehört
*il y a longtemps que je n'ai pas écouté ces disques*

T

# Traduire « ne... que » : *nur* ou *erst* ?

L'adverbe **nur** signifie « seulement » ou « ne... que » dans le sens d'une restriction définitive (« en tout et pour tout », « uniquement »). On emploie **nur** pour traduire « ne... que » devant une quantité ou une durée :

ich habe nur drei Euro in meiner Tasche
*je n'ai que trois euros dans ma poche*
ich werde dort nur zwei Wochen bleiben
*je ne vais rester que quinze jours là-bas*

■ L'adverbe **erst** signifie aussi « seulement » ou "« ne... que » dans un sens temporel de restriction par rapport à un moment donné dans le temps (« pas avant », « pas plus tard que ») :

sie fährt erst nächste Woche nach Deutschland
*elle ne partira pour l'Allemagne que la semaine prochaine*
es ist erst drei Uhr
*il n'est que trois heures*
das mache ich erst morgen
*je le ferai seulement demain*
erst dann wurde mir klar, dass...
*c'est seulement à ce moment-là que j'ai compris que...*

■ Dans un sens quantitatif, **erst** peut indiquer une restriction provisoire d'une durée ou d'une quantité :

er ist erst zwei Stunden hier
*il n'est là que depuis deux heures (mais il va rester plus longtemps)*
zurzeit hat sie erst die Hälfte gemacht
*pour l'instant, elle n'a fait que la moitié*

■ Comparez :

ich hatte **erst/nur** zehn Minuten gewartet, da kam er schon
*cela ne faisait que dix minutes que j'attendais quand il est arrivé*
ich hatte **nur** zehn Minuten warten müssen
*je n'avais dû attendre que dix minutes (et pas plus)*
ich warte **erst** zehn Minuten, das ist nicht zu lang
*cela ne fait que dix minutes que j'attends, ce n'est pas trop long*

# Traduire « se trouver » et « être »



En allemand, « se trouver », « être », « rester », se traduisent par les verbes de position intransitifs qui indiquent comment des personnes ou des objets sont placés. Ces verbes indiquent une position, et les prépositions sont suivies du ***datif***. Ces verbes ont une conjugaison forte :

■ Le verbe **liegen** indique que le sujet est couché :

der Schein lag drei Wochen lang auf **meinem** Tisch
*le billet est resté sur ma table pendant trois semaines*

■ Le verbe **sitzen** indique que la personne est assise :

sie sitzt immer neben **dem** Kamin
*elle est toujours assise près de la cheminée*

■ Le verbe **stehen** indique que le sujet est debout :

eine alte Eiche stand mitten auf **dem** Feld
*il y avait un vieux chêne au milieu du champ*

■ Le verbe **hängen** indique que le sujet est pendu ou suspendu :

mein Rock hängt **im** Schrank
*ma robe est (suspendue) dans l'armoire*

■ Le verbe **stecken** :

der Schlüssel steckte **im** Schloss
*la clé était dans la serrure*

■ Pour indiquer la position dans laquelle on se met, on emploie les verbes de position intransitifs réfléchis :

sie legte sich auf das Bett
*elle s'est couchée sur le lit*
wir haben uns auf den Fußboden gesetzt
*nous nous sommes assis sur le plancher*

# Les verbes

Il existe deux types de verbes en allemand : les verbes faibles et les verbes forts. Il existe aussi un petit nombre de verbes faibles irréguliers.

■ La différence fondamentale entre ces deux types de verbes réside dans la formation du prétérit et du participe passé : pour les verbes faibles, on ajoute un **-t-** au radical du verbe (infinitif sans la terminaison en **-en**) à ces deux temps ; pour les verbes forts, c'est la voyelle du radical du verbe qui change au prétérit et au participe passé. La formation des verbes est donc régulière. Par exemple :

| | infinitif | prétérit | participe passé |
|---|---|---|---|
| faible | **pack**en | ich pack-**te** | gepack-**t** |
| fort | **sing**en | ich s**a**ng | ges**u**ng**en** |

■ Les verbes faibles sont de loin les plus nombreux. Les verbes nouvellement créés ou empruntés à d'autres langues sont toujours faibles (**managen** - **gemanagt** dérivé de l'anglais « to manage » – *diriger*) et certains verbes forts à l'origine ont de plus en plus une conjugaison faible (par exemple **stecken** *se trouver*, dont le prétérit **stak** est souvent remplacé par la forme faible **steckte**). De nombreux verbes forts sont cependant très courants : **sein** *être*, **gehen** *aller*, **kommen** *venir* etc.

■ Les verbes forts sont des verbes irréguliers. Il convient de retenir leur liste **voir les pages 250-7**.

## LES VERBES ET LEUR CAS

■ Comme en français, les verbes allemands sont obligatoirement accompagnés par certains compléments.

■ Tantôt un simple sujet (nominatif) suffit pour former une phrase complète :

ich schlafe *je dors*
er arbeitet *il travaille*

■ Souvent, le verbe a besoin de plusieurs compléments pour exprimer les informations qu'il contient. En plus du sujet, nous trouvons alors un complément d'objet direct (accusatif) :

wir trinken Tee
*nous buvons du thé*
sie isst ein Stück Kuchen
*elle mange une part de gâteau*

■ Ou un complément d'objet indirect (datif):

das Buch gehört meinem Bruder
*le livre appartient à mon frère*

■ Certains verbes sont accompagnés des deux compléments:

ich gebe die Tasse meiner Schwester
*je donne la tasse à ma soeur*
wir schenken unserem Lehrer eine Uhr
*nous offrons une montre à notre professeur*
sie erzählt den Kindern eine Geschichte
*elle raconte une histoire aux enfants*

■ L'allemand connaît aussi certains verbes, plutôt de la langue écrite, qui sont accompagnés en plus du sujet d'un complément de nom (génitif):

gedenke der Toten
*souvenez-vous des morts*
erinnerst du dich des Winters?
*te souviens-tu de l'hiver ?*

# Les verbes se construisant avec le datif

■ Le datif est le cas du complément d'objet indirect. Il se place après des verbes ayant le sens de « donner », « envoyer », « dire », etc. :

**bring mir** die Teller !
*apporte-moi les assiettes*

L'usage en allemand est parfois différent du français :

Sie wollten **mich** sprechen? *(acc.)*
*vous vouliez me parler ?*

■ Beaucoup de verbes ont à la fois un complément d'objet direct et un complément d'objet indirect :

er hat **mir alles** erzählt
*il m'a tout dit*

■ Les verbes comprenant les particules **bei-** et **nach-** ainsi que les verbes à particule inséparable comprenant le préfixe **ent-** (avec le sens général d'éloignement) prennent le datif :

| | |
|---|---|
| beistehen | *assister* |
| nachgeben | *céder à* |
| entkommen | *échapper à* |

■ Voici une liste de verbes les plus courants qui se construisent avec le datif. Les verbes qui entrent dans les catégories citées ci-dessus ont été en grande partie omis :

| | |
|---|---|
| auf\|fallen | *frapper, surprendre* |
| aus\|weichen | *faire place à* |
| befehlen | *ordonner à* |
| begegnen | *rencontrer* |
| danken | *remercier* |
| dienen | *servir* |
| drohen | *menacer* |
| empfehlen | *recommander à* |
| erlauben | *permettre à* |
| fehlen | *manquer à* |
| folgen | *suivre* |

# Les verbes se construisant avec le datif

| gefallen | *plaire à* |
|---|---|
| gehorchen | *obéir à* |
| gehören | *appartenir à* |
| gelingen | *réussir à* |
| genügen | *suffire à* |
| glauben | *croire* |
| gratulieren | *féliciter* |
| helfen | *aider* |
| misstrauen | *se méfier de* |
| passen | *aller (bien) à* |
| raten | *conseiller à* |
| reichen | *suffire à* |
| schaden | *nuire à* |
| schmeicheln | *flatter* |
| trauen | *avoir confiance en* |
| verbieten | *interdire à* |
| versichern | *assurer à* |
| vertrauen | *avoir confiance en* |
| verzeihen | *pardonner à* |
| vorstehen | *présider à* |
| weh\|tun | *faire mal à* |
| widersprechen | *contredire* |
| widerstehen | *résister à* |
| zusehen | *regarder* |
| zu\|stimmen | *approuver* |

V

# Les verbes faibles

Alors que la grande majorité de verbes faibles est régulière dans leur formation, il existe un groupe de verbes dits « mixtes » qu'il convient de garder en tête.

## LES VERBES FAIBLES IRRÉGULIERS

■ Certains verbes ont une conjugaison faible, mais la voyelle **e** de leur radical à l'infinitif et au présent devient **a** au prétérit et au participe passé. À part ce changement de voyelle, ces verbes se conjuguent comme des verbes faibles réguliers. Ils sont au nombre de quatre : **brennen** *brûler*, **kennen** *connaître*, **nennen** *nommer*, **rennen** *courir*. Par exemple:

| infinitif | présent | prétérit | participe passé |
|---|---|---|---|
| **brennen** | ich br**e**nne | ich br**a**nn**te** | gebr**a**nn**t** |
| **kennen** | ich k**e**nne | ich k**a**nn**te** | gek**a**nn**t** |

Le subjonctif II est lui aussi irrégulier dans la mesure où il ne correspond pas au prétérit de l'indicatif : ich brennte, ich kennte, etc.

■ Les deux verbes suivants, qui ont les mêmes caractéristiques, peuvent aussi avoir un prétérit et un participe passé faible régulier :

| infinitif | présent | prétérit | participe passé |
|---|---|---|---|
| **senden** | ich s**e**nde | ich s**a**nd**te** | ges**a**nd**t** |
| | | ich sendete | gesendet |
| **wenden** | ich w**e**nde | ich w**a**nd**te** | gew**a**nd**t** |
| | | ich wendete | gewendet |

■ Ils n'ont qu'une seule forme au subjonctif II qui est la même que l'indicatif prétérit faible régulier.

■ Vous noterez la différence de sens de **senden** :

senden *(verbe faible régulier)* = *diffuser*
*(verbe faible irrégulier)* = *envoyer*

Les deux formes peuvent s'employer pour la plupart des sens de **wenden**, la forme avec le changement de voyelle étant un peu plus littéraire.

■ Les verbes **bringen** (*apporter*) et **denken** (*penser*) subissent tous les deux un changement de voyelle et de consonne dans le radical au prétérit et au participe passé, mais ils ont une conjugaison faible :

# Les verbes faibles

| infinitif | présent | prétérit | participe passé |
|---|---|---|---|
| **bringen** | ich bri**n**ge | ich br**achte** | gebr**acht** |
| **denken** | ich de**n**ke | ich d**achte** | ged**acht** |

Le subjonctif II est : ich brächte, ich dächte, etc.

■ Le verbe **wissen** (*savoir*) a les mêmes formes que les verbes de modalité aux temps principaux :

| | présent | prétérit | subjonctif I (présent) | subjonctif II (prétérit) |
|---|---|---|---|---|
| ich | **weiß** | w**u**sste | wisse | w**ü**sste |
| du | **weißt** | w**u**sstest | wissest | w**ü**sstest |
| er/sie/es | **weiß** | w**u**sste | wisse | w**ü**sste |
| wir | wissen | w**u**ssten | wissen | w**ü**ssten |
| ihr | wisst | w**u**sstet | wisset | w**ü**sstet |
| Sie/sie | wissen | w**u**ssten | wissen | w**ü**ssten |
| | participe passé | | | |
| | gew**u**sst | | | |

■ Un petit nombre de verbes ont soit une conjugaison faible, soit une conjugaison forte, avec parfois une différence de sens entre les deux formes. Beaucoup ne s'emploient pas dans le langage courant, mais vous trouverez ci-dessous les formes des deux verbes les plus utilisés :

bewegen (bewegte, bewegt) = *mouvoir*
bewegen (bew**o**g, bew**o**g**en**) = *inciter*
schaffen (schaffte, geschafft) = *faire, accomplir*
schaffen (sch**u**f, geschaff**en**) = *créer*

■ Certains verbes ont une combinaison de formes faibles et fortes :

mahlen – mahl**te** – gemahl**en**
salzen – salz**te** – gesalz**en**

Dans certains cas, la forme faible moderne l'emporte sur la forme forte autrefois employée :

backen – back**te** (***autrefois :*** buk) – geback**en**

# Les verbes forts

Les verbes forts sont des verbes irréguliers. Le changement de voyelle qu'ils subissent dans leur conjugaison doit être retenu.

■ Les verbes suivis d'un astérisque (*) se conjuguent avec **sein**.

■ Les verbes à particule se conjuguent de la même manière que les verbes dont ils dérivent (les verbes sans particule). Par exemple, **versprechen** et **aus|sprechen** ont la même conjugaison que **sprechen**.

■ Certains verbes ont deux formes de participe passé. Par exemple, er hat nicht **gewollt** *il n'a pas voulu* et er hätte nicht bleiben **wollen** *il n'aurait pas voulu rester*. La forme normale est donnée dans la liste. La seconde forme, celle que l'on emploie après un infinitif, est donnée en note de bas de page.

| infinitif | | présent | prétérit 3ème pers. sing. | participe passé |
|---|---|---|---|---|
| backen | *faire cuire* | bäckt, backt | backte | gebacken |
| befehlen | *commander* | befiehlt | befahl | befohlen |
| beginnen | *commencer* | beginnt | begann | begonnen |
| beißen | *mordre* | beißt | biss | gebissen |
| bergen | *abriter, (se) cacher* | birgt | barg | geborgen |
| bersten | *éclater* | birst | barst | geborsten* |
| bewegen | *inciter* | bewegt | bewog | bewogen |
| biegen | *courber* | biegt | bog | gebogen |
| bieten | *offrir* | bietet | bot | geboten |
| binden | *lier* | bindet | band | gebunden |
| bitten | *prier, demander* | bittet | bat | gebeten |
| blasen | *souffler* | bläst | blies | geblasen |
| bleiben | *rester* | bleibt | blieb | geblieben* |
| braten | *rôtir* | brät | briet | gebraten |
| brechen | *casser* | bricht | brach | gebrochen |

# Les verbes forts



| infinitif | | présent | prétérit 3ème pers. sing. | participe passé |
|---|---|---|---|---|
| brennen | *brûler* | brennt | brannte | gebrannt |
| bringen | *apporter* | bringt | brachte | gebracht |
| denken | *penser* | denkt | dachte | gedacht |
| dreschen | *battre* (blé) | drischt | drosch | gedroschen |
| dringen | *pénétrer, presser* | dringt | drang | gedrungen* |
| dürfen | *pouvoir, devoir* | darf | durfte | gedurft |
| empfangen | *recevoir* | empfängt | empfing | empfangen |
| empfehlen | *recommander* | empfiehlt | empfahl | empfohlen |
| empfinden | *ressentir* | empfindet | empfand | empfunden |
| erschrecken | *s'effrayer* | erschreckt | erschrak | erschrocken* |
| essen | *manger* | isst | aß | gegessen |
| fahren | *aller* (véhicule) | fährt | fuhr | gefahren* |
| fallen | *tomber* | fällt | fiel | gefallen* |
| fangen | *attraper* | fängt | fing | gefangen |
| fechten | *faire de l'escrime* | ficht | focht | gefochten |
| finden | *trouver* | findet | fand | gefunden |
| flechten | *tresser* | flicht | flocht | geflochten |
| fliegen | *voler* | fliegt | flog | geflogen* |
| fliehen | *s'enfuir* | flieht | floh | geflohen* |
| fließen | *couler* | fließt | floss | geflossen* |
| fressen | *manger* (animal) | frisst | fraß | gefressen |
| frieren | *geler* | friert | fror | gefroren |
| gären | *fermenter* | gärt | gor | gegoren |

# Les verbes forts

| infinitif | | présent | prétérit 3ème pers. sing. | participe passé |
|---|---|---|---|---|
| gebären | *accoucher (de)* | gebiert | gebar | geboren |
| geben | *donner* | gibt | gab | gegeben |
| gedeihen | *prospérer* | gedeiht | gedieh | gediehen* |
| gehen | *aller* | geht | ging | gegangen* |
| gelingen | *réussir* | gelingt | gelang | gelungen* |
| gelten | *être valable* | gilt | galt | gegolten |
| genesen | *se rétablir* | genest | genas | genesen* |
| genießen | *savourer* | genießt | genoss | genossen |
| geschehen | *se produire* | geschieht | geschah | geschehen* |
| gewinnen | *gagner* | gewinnt | gewann | gewonnen |
| gießen | *verser* | gießt | goss | gegossen |
| gleichen | *ressembler à* | gleicht | glich | geglichen |
| gleiten | *glisser* | gleitet | glitt | geglitten* |
| glimmen | *rougeoyer* | glimmt | glomm | geglommen |
| graben | *creuser* | gräbt | grub | gegraben |
| greifen | *saisir* | greift | griff | gegriffen |
| haben | *avoir* | hat | hatte | gehabt |
| halten | *tenir* | hält | hielt | gehalten |
| hängen | *être suspendu* | hängt | hing | gehangen |
| hauen | *frapper* | haut | haute | gehauen |
| heben | *soulever* | hebt | hob | gehoben |
| heißen | *s'appeler* | heißt | hieß | geheißen |
| helfen | *aider* | hilft | half | geholfen |
| kennen | *connaître* | kennt | kannte | gekannt |
| klimmen | *grimper* | klimmt | klomm | geklommen* |

# Les verbes forts

| infinitif | | présent | prétérit 3ème pers. sing. | participe passé |
|---|---|---|---|---|
| klingen | *retentir* | klingt | klang | geklungen |
| kneifen | *pincer* | kneift | kniff | gekniffen |
| kommen | *venir* | kommt | kam | gekommen* |
| können | *pouvoir* | kann | konnte | gekonnt |
| kriechen | *ramper* | kriecht | kroch | gekrochen* |
| laden | *charger* | lädt | lud | geladen |
| lassen | *laisser* | lässt | ließ | gelassen |
| laufen | *courir* | läuft | lief | gelaufen* |
| leiden | *souffrir* | leidet | litt | gelitten |
| leihen | *prêter* | leiht | lieh | geliehen |
| lesen | *lire* | liest | las | gelesen |
| liegen | *être allongé* | liegt | lag | gelegen |
| lügen | *mentir* | lügt | log | gelogen |
| mahlen | *moudre* | mahlt | mahlte | gemahlen |
| meiden | *éviter* | meidet | mied | gemieden |
| melken | *traire* | melkt | melkte | gemolken |
| messen | *mesurer* | misst | maß | gemessen |
| misslingen | *échouer* | misslingt | misslang | misslungen* |
| mögen | *aimer* | mag | mochte | gemocht |
| müssen | *devoir* | muss | musste | gemusst |
| nehmen | *prendre* | nimmt | nahm | genommen |
| nennen | *nommer* | nennt | nannte | genannt |
| pfeifen | *siffler* | pfeift | pfiff | gepfiffen |
| preisen | *vanter* | preist | pries | gepriesen |
| quellen | *sourdre* | quillt | quoll | gequollen* |

# Les verbes forts

| infinitif | | présent | prétérit 3ème pers. sing. | participe passé |
|---|---|---|---|---|
| raten | *devenir* | rät | riet | geraten |
| reiben | *frotter* | reibt | rieb | gerieben |
| reißen | *déchirer* | reißt | riss | gerissen |
| reiten | *aller à cheval* | reitet | ritt | geritten |
| rennen | *courir* | rennt | rannte | gerannt* |
| riechen | *sentir* | riecht | roch | gerochen |
| ringen | *lutter* | ringt | rang | gerungen |
| rinnen | *couler* | rinnt | rann | geronnen* |
| rufen | *appeler* | ruft | rief | gerufen |
| salzen | *saler* | salzt | salzte | gesalzen |
| saufen | *boire* (animal) | säuft | soff | gesoffen |
| saugen | *sucer* | saugt | sog | gesogen |
| schaffen | *créer* | schafft | schuf | geschaffen |
| scheiden | *séparer* | scheidet | schied | geschieden |
| scheinen | *sembler, briller* | scheint | schien | geschienen |
| scheißen | *chier* | scheißt | schiss | geschissen |
| schelten | *gronder* | schilt | schalt | gescholten |
| scheren | *tondre* | schert | schor | geschoren |
| schieben | *pousser* | schiebt | schob | geschoben |
| schießen | *tirer* (arme) | schießt | schoss | geschossen |
| schinden | *éreinter* | schindet | schund | geschunden |
| schlafen | *dormir* | schläft | schlief | geschlafen |
| schlagen | *battre* | schlägt | schlug | geschlagen |
| schleichen | *se faufiler* | schleicht | schlich | geschlichen* |
| schleifen | *aiguiser* | schleift | schliff | geschliffen |

# Les verbes forts

| infinitif | | présent | prétérit 3ème pers. sing. | participe passé |
|---|---|---|---|---|
| schließen | *fermer* | schließt | schloss | geschlossen |
| schlingen | *enrouler* | schlingt | schlang | geschlungen |
| schmeißen | *flanquer* | schmeißt | schmiss | geschmissen |
| schmelzen | *fondre* | schmilzt | schmolz | geschmolzen |
| schneiden | *couper* | schneidet | schnitt | geschnitten |
| schreiben | *écrire* | schreibt | schrieb | geschrieben |
| schreien | *crier* | schreit | schrie | geschrien |
| schreiten | *marcher* | schreitet | schritt | geschritten* |
| schweigen | *se taire* | schweigt | schwieg | geschwiegen |
| schwellen | *gonfler* | schwillt | schwoll | geschwollen* |
| schwimmen | *nager* | schwimmt | schwamm | geschwommen |
| schwinden | *diminuer* | schwindet | schwand | geschwunden* |
| schwingen | *agiter* | schwingt | schwang | geschwungen* |
| schwören | *jurer* | schwört | schwor | geschworen |
| sehen | *voir* | sieht | sah | gesehen |
| sein | *être* | ist | war | gewesen* |
| senden | *envoyer* | sendet | sandte | gesandt |
| singen | *chanter* | singt | sang | gesungen |
| sinken | *sombrer* | sinkt | sank | gesunken* |
| sinnen | *méditer* | sinnt | sann | gesonnen |
| sitzen | *être assis* | sitzt | saß | gesessen |
| sollen | *devoir* | soll | sollte | gesollt |
| spalten | *fendre* | spaltet | spaltete | gespalten |
| speien | *cracher* | speit | spie | gespien |
| spinnen | *filer* | spinnt | spann | gesponnen |

# Les verbes forts

| infinitif | | présent | prétérit 3ème pers. sing. | participe passé |
|---|---|---|---|---|
| sprechen | *parler* | spricht | sprach | gesprochen |
| sprießen | *pousser, éclore* | sprießt | spross | gesprossen* |
| springen | *sauter* | springt | sprang | gesprungen* |
| stechen | *piquer* | sticht | stach | gestochen |
| stehen | *être debout* | steht | stand | gestanden |
| stehlen | *dérober* | stiehlt | stahl | gestohlen |
| steigen | *monter* | steigt | stieg | gestiegen* |
| sterben | *mourir* | stirbt | starb | gestorben* |
| stinken | *puer* | stinkt | stank | gestunken |
| stoßen | *pousser* | stößt | stieß | gestoßen |
| streichen | *peindre, supprimer* | streicht | strich | gestrichen |
| streiten | *se battre* | streitet | stritt | gestritten |
| tragen | *porter* | trägt | trug | getragen |
| treffen | *rencontrer* | trifft | traf | getroffen |
| treiben | *mener, chasser* | treibt | trieb | getrieben |
| treten | *marcher* | tritt | trat | getreten |
| trinken | *boire* | trinkt | trank | getrunken |
| trügen | *tromper* | trügt | trog | getrogen |
| tun | *faire* | tut | tat | getan |
| verderben | *gâter* | verdirbt | verdarb | verdorben |
| verdrießen | *contrarier* | verdrießt | verdross | verdrossen |
| vergessen | *oublier* | vergisst | vergaß | vergessen |
| verlieren | *perdre* | verliert | verlor | verloren |
| verschleißen | *user* | verschleißt | verschliss | verschlissen |
| verzeihen | *pardonner* | verzeiht | verzieh | verziehen |

# Les verbes forts

| infinitif | | présent | prétérit 3ème pers. sing. | participe passé |
|---|---|---|---|---|
| wachsen | *croître* | wächst | wuchs | gewachsen* |
| waschen | *laver* | wäscht | wusch | gewaschen |
| weben | *tisser* | webt | wob | gewoben |
| weichen | *s'écarter, céder* | weicht | wich | gewichen* |
| weisen | *montrer* | weist | wies | gewiesen |
| wenden | *tourner* | wendet | wandte**1** | gewandt |
| werben | *faire de la publicité, recruter* | wirbt | warb | geworben |
| werden | *devenir* | wird | wurde | geworden* |
| werfen | *lancer* | wirft | warf | geworfen |
| wiegen | *peser* | wiegt | wog | gewogen |
| winden | *tordre* | windet | wand | gewunden |
| winken | *faire des signes* | winkt | winkte | gewunken |
| wissen | *savoir* | weiß | wusste | gewusst |
| wollen | *vouloir* | will | wollte | gewollt |
| wringen | *tordre, essorer* | wringt | wrang | gewrungen |
| ziehen | *tirer* | zieht | zog | gezogen |
| zwingen | *contraindre* | zwingt | zwang | gezwungen |

V

# Les verbes de modalité

Les verbes de modalité permettent d'exprimer un rapport entre l'action et celui qui agit. L'allemand connait six verbes de modalité : **müsse, sollen, wollen, dürfen, können et mögen**.

## FORMATION

### Le présent

■ Au présent, on n'ajoute pas de terminaison au radical du verbe à la première et à la troisième personne du singulier ; la terminaison de la deuxième personne du singulier est **-st**. Pour les personnes du pluriel et la forme de politesse, la conjugaison de ces verbes redevient régulière et on ajoute les terminaisons **-en**, **-t**, **-en** au radical. La voyelle du radical du verbe au singulier est différente de celle de l'infinitif et des formes du pluriel, sauf pour **sollen**.

| | dürfen | können | mögen |
|---|---|---|---|
| ich | d**a**rf | k**a**nn | m**a**g |
| du | d**a**rf**st** | k**a**nn**st** | m**a**g**st** |
| er/sie/es | d**a**rf | k**a**nn | m**a**g |
| wir | dürf**en** | könn**en** | mög**en** |
| ihr | dürf**t** | könn**t** | mög**t** |
| Sie/sie | dürf**en** | könn**en** | mög**en** |
| | **müssen** | **sollen** | **wollen** |
| ich | m**u**ss | soll | w**i**ll |
| du | m**u**ss**t** | soll**st** | w**i**ll**st** |
| er/sie/es | m**u**ss | soll | w**i**ll |
| wir | müss**en** | soll**en** | woll**en** |
| ihr | müss**t** | soll**t** | woll**t** |
| Sie/sie | müss**en** | soll**en** | woll**en** |

# Les verbes de modalité

## Le prétérit

■ Le prétérit se forme avec les mêmes terminaisons que les verbes faibles (**-te**), mais il y a un changement de voyelle, sauf pour **sollen** et **wollen** :

| | dürfen | können | mögen |
|---|---|---|---|
| ich | durfte | konnte | mochte |
| du | durftest | konntest | mochtest |
| er/sie/es | durfte | konnte | mochte |
| wir | durften | konnten | mochten |
| ihr | durftet | konntet | mochtet |
| Sie/sie | durften | konnten | mochten |
| | **müssen** | **sollen** | **wollen** |
| ich | musste | sollte | wollte |
| du | musstest | solltest | wolltest |
| er/sie/es | musste | sollte | wollte |
| wir | mussten | sollten | wollten |
| ihr | musstet | solltet | wolltet |
| Sie/sie | mussten | sollten | wollten |

■ Vous noterez le changement de consonne de **mögen**.

■ Le parfait (ou passé composé) et le plus-que-parfait

Le parfait et le plus-que-parfait se forment avec **haben**. Lorsque les six verbes de modalité s'emploient dans leur fonction la plus courante avec un verbe principal, on emploie l'infinitif au lieu du participe passé. Par exemple :

| | |
|---|---|
| ich | habe/hatte… gehen dürfen *(double infinitif)* |
| du | hast/hattest… gehen dürfen |
| er/sie/es | hat/hatte… gehen dürfen |
| wir | haben/hatten… gehen dürfen |
| ihr | habt/hattet… gehen dürfen |
| Sie/sie | haben/hatten… gehen dürfen |

# Les verbes de modalité

■ Les verbes de modalité ont aussi un participe passé régulier formé sur le même modèle que le participe passé des verbes faibles. Cependant, les verbes de modalité ayant une inflexion la perdent au participe passé :

ged**u**rft gek**o**nnt gem**o**cht gem**u**sst ges**o**llt gew**o**llt

Cette forme s'emploie quand le verbe de modalité n'est pas l'auxiliaire d'un autre verbe :

er hat sie früher sehr gemocht
*il l'aimait bien à l'époque*

■ Il existe une autre forme de parfait construite à partir des verbes de modalité à l'indicatif présent et de l'infinitif passé du verbe, c'est-à-dire le participe passé + **sein** ou **haben** à l'infinitif :

| | |
|---|---|
| ich kann… gesehen haben | ich muss… gefahren sein |
| du kannst… gesehen haben | du musst… gefahren sein ***etc.*** |

## Le futur

■ Le futur se construit avec **werden** au présent + l'infinitif du verbe principal + l'infinitif du verbe de modalité. Par exemple :

| | |
|---|---|
| ich | werde… kommen können |
| du | wirst… kommen können |
| er/sie/es | wird… kommen können |
| wir | werden… kommen können |
| ihr | werdet… kommen können |
| Sie/sie | werden… kommen können |

## Le futur antérieur

■ Le futur antérieur se construit avec **werden** au présent + l'infinitif passé du verbe principal + l'infinitif du verbe de modalité. Cette forme assez lourde n'est pratiquement jamais employée. À une phrase telle que :

sie glaubt nicht, dass ich es bis morgen werde geschrieben haben können

On préfère, comme en français, une forme plus simple :

sie glaubt nicht, dass ich es bis morgen geschrieben habe
*elle ne croit pas que je l'aurai écrit demain*

# Les verbes de modalité

## Le subjonctif I

■ Le subjonctif présent se construit en ajoutant les terminaisons suivantes au radical du verbe à l'infinitif : **-e**, **-est**, **-e**, **-en**, **-et**, **-en** :

| | |
|---|---|
| ich | könn**e** |
| du | könn**est** |
| er/sie/es | könn**e** |
| wir | könn**en** |
| ihr | könn**et** |
| Sie/sie | könn**en** |

## Le subjonctif II

■ Le subjonctif prétérit a la même forme que le prétérit de l'indicatif. Cependant, les verbes de modalité dont la voyelle du radical a une inflexion portent aussi cette inflexion au subjonctif prétérit :

| | können | mögen | wollen |
|---|---|---|---|
| ich | k**ö**nnte | m**ö**chte | wollte |
| du | k**ö**nntest | m**ö**chtest | wolltest |
| er/sie/es | k**ö**nnte | m**ö**chte | wollte |
| wir | k**ö**nnten | m**ö**chten | wollten |
| ihr | k**ö**nntet | m**ö**chtet | wolltet |
| Sie/sie | k**ö**nnten | m**ö**chten | wollten |

Vous noterez le changement de consonne de **mögen**.

## Le subjonctif passé composé

■ Il existe deux formes de subjonctif passé composé.

L'une se construit avec **haben** au subjonctif I (présent) + l'infinitif du verbe principal + l'infinitif du verbe de modalité :

| ich | habe… sehen können *(double infinitif)* |
|---|---|
| du | habest… sehen können |
| er/sie/es | habe… sehen können |
| wir | haben… sehen können |
| ihr | habet… sehen können |
| Sie/sie | haben… sehen können |

■ L'autre se construit avec le verbe de modalité au subjonctif I + l'infinitif passé du verbe principal :

| ich | könne… gesehen haben | müsse… gefahren sein |
|---|---|---|
| du | könnest… gesehen haben | müssest… gefahren sein |
| er/sie/es | könne… gesehen haben | müsse… gefahren sein |
| wir | können… gesehen haben | müssen… gefahren sein |
| ihr | könnet… gesehen haben | müsset… gefahren sein |
| Sie/sie | können… gesehen haben | müssen… gefahren sein |

## Le subjonctif plus-que-parfait

■ Il existe deux formes de subjonctif plus-que-parfait.

L'une se construit avec **haben** au subjonctif II (prétérit) + l'infinitif du verbe principal + l'infinitif du verbe de modalité :

| ich | hätte… sehen können *(double infinitif)* |
|---|---|
| du | hättest… sehen können |
| er/sie/es | hätte… sehen können |
| wir | hätten… sehen können |
| ihr | hättet… sehen können |
| Sie/sie | hätten… sehen können |

■ L'autre se construit avec le verbe de modalité au subjonctif II + l'infinitif passé du verbe principal :

| | | |
|---|---|---|
| ich | könnte… gesehen haben | müsste… gefahren sein |
| du | könntest… gesehen haben | müsstest… gefahren sein |
| er/sie/es | könnte… gesehen haben | müsste… gefahren sein |
| wir | könnten… gesehen haben | müssten… gefahren sein |
| ihr | könntet… gesehen haben | müsstet… gefahren sein |
| Sie/sie | könnten… gesehen haben | müssten… gefahren sein |

## *DÜRFEN*

■ Il exprime la permission (*pouvoir, devoir, avoir le droit de*) :

niemand darf das Haus verlassen
*personne ne doit quitter la maison*
darf ich Sie stören?
*puis-je vous déranger ?*
das darfst du nicht sagen
*tu ne dois pas dire ça*

■ Au subjonctif II, **dürfen** exprime une hypothèse probable :

er dürfte gestern krank gewesen sein
*il devait être malade hier*
das dürfte wohl stimmen
*ça pourrait bien être vrai*

■ À la forme négative, **dürfen** correspond à une interdiction en français :

du darfst nicht bei Rot über die Straße gehen
*il ne faut pas traverser la rue au feu rouge*

■ Expression idiomatique :

was darf es sein ?
*que puis-je faire pour vous ?* (dans un magasin)
*qu'est-ce que vous voulez ?* (pour proposer une boisson)

# Les verbes de modalité

## KÖNNEN

■ Il exprime la capacité ou le savoir :

er kann gut schwimmen
*il sait bien nager*

kannst du Gitarre spielen?
*est-ce que tu sais jouer de la guitare ?*

leider können wir nicht kommen
*malheureusement nous ne pouvons pas venir*

kannst du Spanisch?
*est-ce que tu parles espagnol ?*

■ Il exprime aussi la possibilité :

er kann den Einbrecher gesehen haben
*il a pu voir le cambrioleur/il se peut qu'il ait vu le cambrioleur*

du kannst recht haben
*tu as peut-être raison*

■ On emploie souvent **können** à la place de **dürfen** pour exprimer une permission, en particulier dans le langage parlé :

du kannst machen, was du willst
*tu peux faire ce que tu veux*

■ **Können** s'emploie dans l'expression idiomatique **etwas/ jemand (gut) leiden können** :

ich kann diese Musik gut leiden
*j'aime bien cette musique*

## MÖGEN

### Bon à savoir

■ Le verbe **mögen** peut également être accompagné d'un complément d'objet direct ; il signifie alors « aimer » :

ich mag keine Rockmusik
*je n'aime pas la musique rock*

■ On emploie le plus souvent **mögen** pour exprimer un souhait ou un désir. Il est alors, en général, au subjonctif II :

ich möchte ihn kennenlernen
*j'aimerais faire sa connaissance*

ich möchte ein Eis
*je voudrais une glace*

■ Mais on le trouve aussi au présent :

ich mag nicht länger bleiben
*je ne veux pas rester plus longtemps*

■ Il s'emploie pour exprimer une hypothèse ou une possibilité :

du magst recht haben
*il se peut que tu aies raison*
wer mag das sein?
*qui ça peut bien être ?*
sie mochte etwa zwanzig sein
*elle devait avoir vingt ans*

■ Il s'emploie aussi pour exprimer la concession :

das mag sein, aber es gefällt mir nicht
*c'est peut-être le cas, mais ça ne me plaît pas*

■ Le subjonctif II de **mögen** s'emploie aussi à la place de l'impératif, cet usage étant plus poli :

Besucher möchten das Schloss bitte vor sechs Uhr verlassen
*les visiteurs sont priés de quitter le château avant six heures*

■ On l'emploie aussi dans l'expression idiomatique :

ich mag ihn gut leiden
*je l'aime bien*

## MÜSSEN

■ Il s'emploie pour exprimer une nécessité, une obligation :

ich muss schon sagen...
*je dois vraiment dire...*
ich musste mich beeilen
*il fallait que je me dépêche*

■ Il peut aussi exprimer une hypothèse :

jemand muss es versteckt haben
*quelqu'un doit l'avoir caché*

■ Au subjonctif II, il exprime un souhait ou un espoir :

das müsste eigentlich passen
*ça devrait aller*
Geld müsste man haben!
*ce serait bien d'avoir de l'argent !*

■ La forme négative de **müssen** a le sens de « ne pas être obligé de » :

du musst nicht kommen
*tu n'es pas obligé de venir*

■ Si on veut dire « tu ne dois pas venir », l'allemand emploie **dürfen** :

du darfst nicht kommen
*tu ne dois pas venir*

# Les verbes de modalité

## SOLLEN

■ Il exprime un devoir, une obligation relative. Cette obligation suppose une demande ou un souhait de la part d'une personne, de la société, etc., envers qui on se sent obligé :

er sollte seinem Vater helfen
*il devrait aider son père*
ich hätte es früher tun sollen
*j'aurais dû le faire plus tôt*
du sollst nicht töten
*tu ne tueras point*

### Faites la différence

■ Il y a parfois une distinction de sens entre le présent et le subjonctif II. Le présent sous-entend que l'obligation est imposée par un élément extérieur ; le subjonctif II sous-entend que c'est le locuteur qui s'impose cette obligation :

ich soll nicht rauchen
*je ne devrais pas fumer* (mon médecin me l'a dit)
ich sollte nicht rauchen
*je ne devrais pas fumer* (je sais que c'est mauvais pour moi)

■ **Sollen** s'emploie pour exprimer une rumeur ou une opinion générale :

dieser soll der beste sein
*il paraît que celui-ci est le meilleur*
es sollte heute regnen, hat aber nicht
*il devait pleuvoir aujourd'hui, mais il n'a pas plu*

■ Le prétérit de **sollen** peut s'employer pour exprimer un futur dans le passé :

das sollten wir später erfahren
*nous devions découvrir ça plus tard*

## WOLLEN

■ Il exprime une intention ou un désir :

er will nur dein Bestes
*il ne veut que ton bien*
ich will sie heiraten
*je veux l'épouser*

■ Comme en français, il peut s'employer avec des sujets inanimés :

der Regen wollte nicht enden
*la pluie ne voulait pas s'arrêter*
der Motor wollte nicht anspringen
*le moteur ne voulait pas démarrer*

■ Dans les constructions avec **dass**, l'allemand n'emploie pas de subjonctif :

alle wollen, dass du **kommst**
*tout le monde veut que tu viennes*
er will, dass ich ihm **helfe**
*il veut que je l'aide*

■ Il s'emploie lorsqu'une personne rapporte ce que quelqu'un d'autre a prétendu :

er will das Geld gar nicht gesehen haben
*il prétend n'avoir jamais vu l'argent*
er will immer recht haben
*il veut toujours avoir raison*

■ Au prétérit et lorsqu'il est suivi de **gerade**, il signifie « être sur le point de » :

er wollte gerade verschwinden
*il était sur le point de partir*

■ Il s'emploie avec un infinitif passif au sens de « devoir » :

dieser Fall will vorsichtig behandelt werden
*il faut s'occuper de ce cas avec précaution*

■ L'omission du verbe à l'infinitif avec un verbe de modalité :

Les infinitifs exprimant un mouvement peuvent être omis lorsque ce que l'on sous-entend est clair. Ceci se produit normalement avec un adverbe ou une locution adverbiale désignant un lieu, une direction :

du sollst sofort **in die** Schule
*tu dois aller à l'école tout de suite*
ich muss heute **nach** Dortmund
*je dois aller à Dortmund aujourd'hui*
ich darf nicht **nach** draußen
*je n'ai pas le droit de sortir*

■ L'emploi des verbes de modalité au parfait et au plus-que-parfait ont souvent différents sens :

er hat es tun sollen
*il devait le faire* *(c'était son devoir de le faire, mais on ne sait pas s'il l'a fait ou non)*
er hat es tun müssen
*il devait le faire* *(il était obligé de le faire et il l'a fait)*
er soll es getan haben
*on dit qu'il l'a fait*
er muss es getan haben
*il doit l'avoir fait*
er hat es tun können
*il a pu le faire* *(il en avait la possibilité)*
er kann es getan haben

*il peut l'avoir fait* *(il est peut-être coupable)*
er hätte es tun können
*il aurait pu le faire* *(s'il l'avait voulu)*
er könnte es getan haben
*il pourrait l'avoir fait* *(il est peut-être coupable)*

■ On omet souvent un verbe de mouvement après les verbes de modalité, si le verbe de modalité est accompagné d'un adverbe ou d'une locution indiquant une direction :

ich **muss** nach Hause
*je dois rentrer chez moi*

**willst** du mit ins Kino?
*tu veux venir au cinéma ?*

# Les verbes à particules



L'allemand connaît une grande quantité de verbes composés (voir page 149-50). Parmi les plus complexes figurent sans doute les verbes composés de mouvement.

■ Les verbes composés indiquant un mouvement ou un déplacement consiste généralement en trois parties : le verbe, une particule indiquant le positionnement et une particule indiquant le mouvement.

herauskommen: her-aus-kommen *sortir*
hineingehen: hin-ein-gehen *entrer*

■ Les particules **her** et **hin** indiquent le sens du mouvement (rapprochement vers la position de celui qui parle ou, au contraire, éloignement), les particules comme **aus** et **ein** ci-dessus précisent l'endroit où se trouvait l'objet ou la personne avant, et le verbe apporte finalement l'action.

En voici d'autres exemples :

hervorstechen *ressortir*
hinunterfallen *tomber*
heraufklettern *grimper*
herbeieilen *accourir*

## VERBES À PARTICULES (OU PRÉVERBES) INSÉPARABLES

■ Les particules inséparables modifient le sens du verbe de base :

hören *entendre*
gehören *appartenir*

■ Huit particules sont toujours inséparables : **be-, emp-, ent-, er-, ge-, miss-, ver-, zer-**. Il existe un moyen mnémotechnique pour retenir les particules inséparables : la phrase « *Cerbère gémit en Enfer* » les contient dans l'ordre **zer, be, er, ge, miss, ent, emp, ver.** Les particules inséparables sont inaccentuées :

gehören *appartenir*
das Haus gehört seinen Eltern
*la maison appartient à ses parents*

■ Le participe passé des verbes à particules inséparables se forme sans **ge-** :

erkennen *reconnaître*
er hat erkannt *il a reconnu*
verstehen *comprendre*
er hat verstanden *il a compris*

# Les verbes à particules

## VERBES À PARTICULES (OU PRÉVERBES) SÉPARABLES

■ La particule modifie le sens du verbe par rapport au verbe initial :

machen *faire*
aufmachen *ouvrir*

■ La particule se sépare du verbe et va se placer en fin de phrase lorsque le verbe est conjugué au présent ou au prétérit dans une phrase indépendante :

an|rufen *passer un coup de fil à*
ich rufe Sie morgen an
*je vous passerai un coup de fil demain*

■ Dans une subordonnée, la particule ne se sépare pas du verbe :

rs ist besser, wenn ihr einen Schirm mitnehmt
*il vaut mieux que vous preniez un parapluie*

■ Au participe passé, le **ge-** s'intercale entre la particule et le verbe :

der Zug ist gerade angekommen
*le train vient juste d'arriver*

■ Dans une proposition infinitive, le **-zu** se place également entre la particule et le verbe :

ich habe vergessen, Sie anzurufen
*j'ai oublié de vous passer un coup de fil*

■ La particule séparable est toujours accentuée.

# Les verbes suivis d'une préposition



Beaucoup de verbes allemands sont suivis d'une préposition. Il arrive très souvent qu'elles ne correspondent pas à leur équivalent français. Il faut donc apprendre le verbe, la préposition qui le suit et le cas que régit cette préposition :

ich fürchte mich **vor ihm**
*j'ai peur de lui*

■ Certains verbes peuvent être suivis de différentes prépositions, entraînant ainsi un changement de sens :

ich freue mich **auf** die Ferien
*j'ai hâte d'être en vacances*
sie hat sich **über** das Geschenk gefreut
*elle a été contente du cadeau*

■ Les verbes + préposition sont souvent suivis d'un nom. Cependant, ils peuvent aussi être suivis d'une proposition infinitive ou subordonnée, en général une proposition introduite par **dass**. Lorsqu'ils sont suivis d'une proposition infinitive ou subordonnée, la préposition se place le plus souvent dans la principale et prend le préfixe **da(r)-** :

ich erinnere mich **an** ihn
*je me souviens de lui*
ich erinnere mich **daran**, ihn gesehen zu haben
*je me souviens de l'avoir rencontré*

■ Voici une liste des verbes les plus couramment employés :

## AN + ACC.

| | |
|---|---|
| denken an | *penser à* |
| erinnern an | *rappeler à* |
| sich erinnern an | *se souvenir de* |
| sich gewöhnen an | *s'habituer à* |

## AN + DAT.

| | |
|---|---|
| es fehlt an | *il manque de* |
| leiden an | *souffrir de* (maladie) |

## AUF + ACC.

| | |
|---|---|
| achtgeben auf | *faire attention à* |
| auf\|passen auf | *faire attention à* |
| sich beschränken auf | *se limiter à* |
| sich freuen auf | *avoir hâte de* |
| hoffen auf | *espérer* |

# Les verbes suivis d'une préposition

| | |
|---|---|
| reagieren auf | *réagir à* |
| rechnen auf | *compter sur* |
| sich verlassen auf | *compter sur* |
| verzichten auf | *renoncer à* |
| warten auf | *attendre* |

## AUF + DAT.

| | |
|---|---|
| bestehen auf | *insister sur* |

## AUS + DAT.

| | |
|---|---|
| bestehen aus | *se composer de* |

## FÜR + ACC.

| | |
|---|---|
| sich bedanken für | *remercier pour* |
| sich ein\|setzen für | *s'employer à* |
| sich entscheiden für | *se décider pour* |
| halten für | *considérer comme* |
| sich interessieren für | *s'intéresser à* |
| sorgen für | *s'occuper de* |

## MIT + DAT.

| | |
|---|---|
| auf\|hören mit | *arrêter de* |
| einverstanden sein mit | *être d'accord avec* |
| rechnen mit | *tenir compte de, compter sur* |

## NACH + DAT.

| | |
|---|---|
| fragen nach | *s'enquérir de* |
| schmecken nach | *avoir le goût de* |
| suchen nach | *chercher* |

## ÜBER + ACC.

| | |
|---|---|
| sich freuen über | *se réjouir de* |
| lachen über | *rire de* |
| nach\|denken über | *réfléchir à* |

## UM + ACC.

| | |
|---|---|
| sich kümmern um | *se préoccuper de, s'occuper de* |
| sich sorgen um | *s'inquiéter pour* |
| es geht um | *il s'agit de* |
| es handelt sich um | *il s'agit de* |

# Les verbes suivis d'une préposition

## UNTER + DAT.

| | |
|---|---|
| leiden unter | *souffrir de* (bruit, etc.) |
| verstehen unter | *comprendre par* |

## VON + DAT.

| | |
|---|---|
| ab\|hängen von | *dépendre de* |
| sich erholen von | *se remettre de* |
| handeln von | *traiter de* |

## VOR + DAT.

| | |
|---|---|
| sich fürchten vor | *avoir peur de* |

## ZU + DAT.

| | |
|---|---|
| bei\|tragen zu | *contribuer à* |
| sich entschließen zu | *décider de* |

V

# Les verbes pronominaux

Les verbes pronominaux sont des verbes employés avec un pronom réfléchi et dont l'action renvoie au sujet. Dans "je me suis lavé", "me" est le pronom réfléchi.

■ En allemand, on a des pronoms réfléchis à l'accusatif et au datif :

| personne | accusatif | datif |
|---|---|---|
| ich | **mich** | **mir** |
| du | **dich** | **dir** |
| er/sie/es | **sich** | **sich** |
| wir | **uns** | **uns** |
| ihr | **euch** | **euch** |
| Sie/sie | **sich** | **sich** |

### Faites la différence

■ Certains verbes sont pronominaux en allemand alors qu'ils ne le sont pas en français :

ich schäme mich
*j'ai honte*

das Wetter ändert sich
*le temps change*

■ Et inversement, certains verbes pronominaux français ne le sont pas en allemand :

aufstehen
*se lever*

ertrinken
*se noyer*

## LA PLACE DU PRONOM RÉFLÉCHI

■ Le pronom réfléchi se place, en général, juste après le verbe :

mein Vater erinnert **sich** daran
*mon père s'en souvient*

■ Lorsque le verbe conjugué occupe la première place (dans une question par exemple) ou lorsqu'il est en fin de phrase, il suit en général un pronom sujet, mais se place devant les autres pronoms :

erinnert **sich** dein Vater daran?
*est-ce que ton père s'en souvient ?*

erinnert er **sich** daran?
*il s'en souvient ?*

erinnert **sich** einer daran?
*quelqu'un s'en souvient ?*

ich hoffe, dass er **sich** daran erinnert
*j'espère qu'il s'en souvient*

# Les verbes pronominaux

■ Dans une proposition infinitive, le pronom est en première place :

ich darf nicht vergessen, **mir** ein neues Taschentuch zu kaufen
*je ne dois pas oublier de m'acheter un nouveau mouchoir*

Attention !

■ Le pronom réfléchi allemand ne peut pas précéder le verbe conjugué dans l'ordre normal des mots.

■ Contrairement au français, tous les verbes pronominaux se conjuguent avec le verbe **haben**. Ils ont la même conjugaison que les autres verbes.

## L'EMPLOI DU PRONOM RÉFLÉCHI

■ Son usage le plus courant est de renvoyer l'action du verbe sur le sujet :

**du** schadest **dir** dabei bloß selbst
*tu ne fais du mal qu'à toi*

**ich** wasche **mich**
*je me lave*

■ Au pluriel, le pronom réfléchi peut être réciproque. Les verbes réciproques indiquent une action exercée par plusieurs sujets les uns sur les autres :

**wir** sehen **uns** morgen
*nous nous verrons demain*

■ On peut aussi l'exprimer par **einander** :

sie sehen einander jeden Tag
*ils se voient tous les jours*

■ L'accusatif du pronom réfléchi s'emploie avec beaucoup de verbes qui ont le préfixe **ver-** pour indiquer que l'action a été accomplie de manière incorrecte :

ich habe **mich** versprochen
*j'ai fait un lapsus*

er hat **sich** verzählt
*il s'est trompé en comptant*

■ Il existe une construction pronominale impersonnelle qui permet en général d'indiquer si une activité est agréable ou non :

in Turnschuhen läuft **es sich** bequem
*les chaussures de sport sont confortables pour courir*
in einem weichen Bett schläft **es sich** schlecht
*on dort mal dans un lit mou*

■ Avec la forme pronominale de **lassen**, le verbe qui suit a un sens passif :

das lässt sich leicht machen
*ça se fait facilement*

# Les verbes pronominaux

■ Le datif du pronom réfléchi peut indiquer que le complément d'objet direct appartient au sujet du verbe :

ich wasche **mir** die Hände
*je me lave les mains*

sie zog **sich** die Schuhe an
*elle mit ses chaussures*

■ Le datif du pronom réfléchi s'emploie aussi avec beaucoup de verbes pour insister sur l'intérêt du sujet ou sur sa participation dans l'action du verbe. Il s'agit là d'un emploi courant, mais non obligatoire :

den Film sehe ich **mir** bestimmt an
*je vais certainement voir ce film*
du solltest **dir** einen neuen Wagen kaufen
*tu devrais acheter une nouvelle voiture*

■ Lorsqu'un pronom accompagné d'une préposition renvoie sur le sujet, il faut obligatoirement employer le pronom réfléchi (en fait, il diffère uniquement des autres formes du pronom aux troisièmes personnes du singulier **er**/**sie**/**es** et du pluriel **sie**) :

vor **sich** sah er jemand laufen
*il a vu quelqu'un courir devant lui* *(lui-même)*
er sah jemand hinter **ihm**
*il a vu quelqu'un derrière lui* *(derrière quelqu'un d'autre)*

« Soi » se traduit par **sich** :

bei **sich** zu Hause
*chez soi*

# WENN



**Wenn** sert à introduire une proposition au futur.

■ Pour exprimer un événement dans le futur : **wenn**

wenn ich nächste Woche nach New York fliege, nehme ich dich mit
*quand j'irai à New York la semaine prochaine, je t'emmènerai avec moi*
wenn wir in Zukunft nichts zu tun haben, ruhen wir uns aus
*à l'avenir, quand nous n'aurons plus rien à faire, nous nous reposerons*

■ Dans ces phrases, **wenn** pourrait également se traduire par « si ». Seul le contexte vous indiquera s'il faut traduire **wenn** par « si » ou « quand ».

Contrairement au français, l'allemand emploie le ***présent*** après **wenn**.

■ Pour exprimer une action ou un état répété dans le présent, le passé ou le futur : **wenn**

wenn er abends Hunger hat, isst er immer Erdnüsse
*quand il a faim le soir, il mange toujours des cacahuètes*
wenn die Sonne schien, pflegten wir im Freien zu spielen
*lorsque le soleil brillait, nous jouions dehors*

■ Pour un événement ou un état unique dans le passé : **als**

als wir euch zum ersten Mal sahen, bekamen wir einen Schock
*quand nous vous avons vus pour la première fois, nous avons eu un choc*
als ich sechs Jahre alt war, konnte ich noch nicht lesen
*quand j'avais six ans, je ne savais encore pas lire*

■ Pour des questions (directes et indirectes) : **wann**

wann gehst du endlich ins Bett?
*quand vas-tu enfin aller te coucher ?*
wann war das?
*quand était-ce ?*
ich möchte wissen, wann du endlich ins Bett gehst
*je voudrais savoir quand tu vas enfin aller te coucher*

■ Au discours indirect, **wann** suit des verbes d'expression (dire, demander, etc.) ou des verbes ayant un sens équivalent, même s'il n'implique pas une question :

er hat mir erzählt, wann er die Entdeckung machte
*il m'a raconté quand il a fait la découverte*
ich habe vergessen, wann er sie getroffen hat
*j'ai oublié quand il l'a rencontrée*

# Faux amis

## Bluse ≠ blouse

■ En allemand, **eine Bluse** signifie *un chemisier*. *Une blouse* se traduit par **ein Kittel**.

Die junge Frau kaufte sich eine neue Bluse. *La jeune fille s'acheta un nouveau chemisier.*
*La blouse du médecin était tachée.* Der Kittel des Arztes war schmutzig.

## brav ≠ brave

■ L'adjectif **brav** signifie *sage, gentil, obéissant*. On traduit *brave* par **mutig**.

Der kleine Junge ging brav zur Schule. *Le petit garçon allait à l'école bien sagement.*
*Les braves hommes de nos armées.* Die mutigen Männer unserer Armee.

## demonstrieren ≠ démontrer

■ Le verbe **demonstrieren** signifie *manifester*. *Démontrer* se dit **beweisen**.

Die Studenten demonstrieren vor der Universität gegen die Studiengebühren. *Les étudiants manifestent contre les frais d'inscription devant l'université.*
*Galilée a démontré que la Terre tourne.* Galileo hat bewiesen, dass die Erde sich dreht.

## der Dirigent ≠ le dirigeant

■ Le terme **Dirigent** désigne *le chef d'orchestre*. *Le dirigeant* se dit **der Leiter, der Führer**.

Dank dem Dirigenten haben wir einen wundervollen Abend verbracht. *Grâce au chef d'orchestre, nous avons passé une soirée merveilleuse.*
*Les dirigeants de l'entreprise se sont réunis au Canada.* Die Firmenleiter haben sich in Kanada versammelt.

## der Dom ≠ le dôme

■ En allemand, **der Dom** signifie *la cathédrale*. *Le dôme* se traduit par **die Kuppel**.

Im Kölner Dom liegen Reliquien der Heiligen Drei Könige. *Dans la cathédrale de Cologne, on trouve les reliques des rois mages.*
*Cette cathédrale a un dôme imposant.* Diese Kathedrale hat eine beeindruckende Kuppel.

## die Fantasie ≠ la fantaisie

■ Le mot **die Fantasie** signifie *l'imagination, la capacité d'imaginer*. On traduit *la fantaisie* par **die Laune**.

Der kleine Junge hatte eine lebhafte Fantasie. *Le petit garçon avait une vive imagination.*
*Elle lui passe toutes ses fantaisies.* Sie lässt ihm alle Launen durchgehen.

## das Gymnasium ≠ le gymnase

■ **Das Gymnasium** signifie *le lycée*. *Le gymnase* se dit **die Turnhalle**.

Seit zwei Jahren geht das Kind schon auf ein Gymnasium. *Ça fait deux ans que l'adolescent va au lycée.*
*J'ai passé mon après-midi au gymnase.* Ich habe den Nachmittag in der Turnhalle verbracht.

## die Infusion ≠ l'infusion

■ **Die Infusion** désigne *la perfusion*. *L'infusion* se dit **der Kräutertee**.

Im Krankenhaus bekam sie eine Infusion. *À l'hôpital on lui a posé une perfusion.*
*Je voudrais une infusion s'il vous plaît.* Ich hätte gerne einen Kräutertee.

## das Lokal ≠ le local

■ En allemand, le mot **Lokal** veut dire *café, bistrot, restaurant*. *Le local* se dit **der Raum, die Räumlichkeiten**.

Er hat lange nach dem neuen Lokal gesucht. *Il a longtemps cherché le nouveau bistrot.*

*Ces nouveaux locaux sont parfaits pour notre entreprise.* Die neuen Räumlichkeiten sind für unsere Firma perfekt.

## das Klavier ≠ le clavier

■ En allemand, le mot **Klavier** veut dire *piano*. *Le clavier* se dit **die Tastatur**.

Er suchte eine Taste auf dem Klavier. *Il chercha une touche sur le piano.*

*Ce clavier est cassé.* Diese Tastatur ist kaputt.

## der Kompass ≠ le compas

■ **Der Kompass** désigne *la boussole*. *Un compas* se dit **ein Zirkel**.

Der Matrose hatte seinen Kompass vergessen. *Le marin avait oublié sa boussole.*

*Les élèves ont besoin d'un compas pour le cours de mathématiques.* Für den Mathematikunterricht brauchen die Schüler einen Zirkel.

## das Kostüm ≠ le costume

■ En allemand, **das Kostüm** désigne *le déguisement*. *Le costume* se traduit par **der Anzug**.

Ich habe mir gestern ein Kostüm für die Party gekauft. *Hier, je me suis acheté un déguisement pour la fête.*

*Il est obligatoire de porter un costume au bureau.* Man muss im Büro einen Anzug tragen.

## die Messe ≠ la messe

■ En allemand, **die Messe** peut avoir le sens de *la messe,* mais plus souvent, **Messe** veut dire *foire*.

Ich bin gestern ins Messezentrum gefahren. *Je suis allé au parc des expositions hier.*

## nett ≠ net(te)

■ L'adjectif **nett** signifie *gentil*. On traduit *net* par **sauber, einwandfrei**.

Anikas Freundin war wirklich nett. *L'amie d'Anika était vraiment gentille.*
*Après une longue journée au travail, son jean n'était plus très net.* Nach einem langen Arbeitstag war seine Hose nicht mehr ganz einwandfrei.

## die Prise ≠ la prise

■ Le nom **die Prise** a beau venir du français, aujourd'hui il veut dire *la pincée*. *La prise* se dit **der Fang** ou **die Eroberung**.

Abschließend geben Sie noch eine Prise Salz in die Suppe. *À la fin, rajoutez une pincée de sel dans la soupe.*
*Pour la police, ce fut une bonne prise.* Für die Polizei war es ein guter Fang.

## die Palme ≠ la palme

■ En allemand, **die Palme** veut dire *le palmier*. *La palme* se traduit par **die Schwimmflosse**.

Am Straßenrand standen viele Palmen. *Beaucoup de palmiers se trouvaient le long de la route.*
*J'ai oublié mes palmes à la plage.* Ich habe meine Schwimmflossen am Strand vergessen.

## der Rat ≠ le rat

■ **Der Rat** signifie *le conseil*. *Le rat* se dit **die Ratte**.

Ich habe meine Eltern um Rat gefragt. *J'ai demandé conseil à mes parents.*
*La ville a un problème de rats.* Die Stadt hat ein Rattenproblem.

## das Regal ≠ le régal

■ Le mot **Regal** signifie *rayonnage, étagère*. *Un régal* se dit der **Genuss**, **der Leckerbissen**.

Morgen kaufe ich mir ein neues Regal. *Je m'achèterai une nouvelle étagère demain.*
*L'exposition fut un vrai régal.* Die Ausstellung war ein wahrer Genuss.

## die Rute ≠ la route

■ Le nom **die Rute** veut dire *la baguette, la férule*. *La route* se traduit par **die Straße** ou par **die Strecke**.

Früher hatte der Lehrer im Klassenzimmer eine Rute. *Jadis, le professeur avait une férule dans sa classe.*
*La commune a refait la route.* Die Kommune hat die Straße neu gemacht.

## die Tablette ≠ la tablette

■ Le nom **die Tablette** désigne *un comprimé, un cachet*. On traduit *la tablette* par **das Brett** ou **die Tafel**.

Hast du schon deine Tabletten genommen? *As-tu déjà pris tes comprimés ?*
*Elle a mangé une tablette de chocolat au dîner.* Sie hat zum Abendbrot eine Tafel Schokolade gegessen.

## die Weste ≠ la veste

■ **Die Weste** signifie *le gilet*. *La veste* se dit **die Jacke** en allemand.

Der Mann trug im Winter immer eine Weste. *L'homme portait un gilet pendant l'hiver.*
*Est-ce que tu as vu ma nouvelle veste ?* Hast du meine neue Jacke gesehen?.

# Conjugaisons allemandes

# TABLEAUX DE CONJUGAISON

Les verbes suivants fournissent les principaux modèles de conjugaison, y compris la conjugaison de certains verbes forts courants :

- Verbe avec l'auxiliaire **haben** (voir pages 142-4) **brauchen**
- Verbe avec l'auxiliaire **sein** (voir page 143-4) **stürzen**
- Verbe pronominal (voir pages 274-6) **sich beeilen**
- Verbe à particule séparable (voir pages 149-50) **ab|lehnen**
- Auxiliaires

**haben**
**sein**
**werden**

- Verbes de modalité (voir pages 258-68)

**dürfen**

**können**

**mögen**

**müssen**

**sollen**

**wollen**

- Les tableaux de conjugaison de ces verbes sont classés par ***ordre alphabétique***.

# ABLEHNEN *refuser, rejeter*

| *INDICATIF* | | |
|---|---|---|
| **PRÉSENT** | **PRÉTÉRIT** | **FUTUR** |
| ich lehne ab | ich lehnte ab | ich werde ablehnen |
| du lehnst ab | du lehntest ab | du wirst ablehnen |
| er/sie/es lehnt ab | er/sie/es lehnte ab | er/sie/es wird ablehnen |
| wir lehnen ab | wir lehnten ab | wir werden ablehnen |
| ihr lehnt ab | ihr lehntet ab | ihr werdet ablehnen |
| Sie lehnen ab | Sie lehnten ab | Sie werden ablehnen |
| sie lehnen ab | sie lehnten ab | sie werden ablehnen |
| **PASSÉ COMPOSÉ** | **PLUS-QUE-PARFAIT** | ***CONDITIONNEL*** |
| ich habe abgelehnt | ich hatte abgelehnt | ich würde ablehnen |
| du hast abgelehnt | du hattest abgelehnt | du würdest ablehnen |
| er/sie/es hat abgelehnt | er/sie/es hatte abgelehnt | er/sie/es würde ablehnen |
| wir haben abgelehnt | wir hatten abgelehnt | wir würden ablehnen |
| ihr habt abgelehnt | ihr hattet abgelehnt | ihr würdet ablehnen |
| Sie haben abgelehnt | Sie hatten abgelehnt | Sie würden ablehnen |
| sie haben abgelehnt | sie hatten abgelehnt | sie würden ablehnen |

| *SUBJONCTIF* | | *INFINITIF* |
|---|---|---|
| **PRÉSENT** | **PASSÉ COMPOSÉ** | **PRÉSENT** |
| ich lehne ab | ich habe abgelehnt | ablehnen |
| du lehnest ab | du habest abgelehnt | **PASSÉ** |
| er/sie/es lehne ab | er/sie/es habe abgelehnt | abgelehnt haben |
| wir lehnen ab | wir haben abgelehnt | |
| ihr lehnet ab | ihr habet abgelehnt | ***PARTICIPE*** |
| Sie lehnen ab | Sie haben abgelehnt | **PRÉSENT** |
| sie lehnen ab | sie haben abgelehnt | ablehnend |
| | | **PASSÉ** |
| **PRÉTÉRIT** | **PLUS-QUE-PARFAIT** | abgelehnt |
| ich lehnte ab | ich hätte abgelehnt | |
| du lehntest ab | du hättest abgelehnt | |
| er/sie/es lehnte ab | er/sie/es hätte abgelehnt | ***IMPÉRATIF*** |
| wir lehnten ab | wir hätten abgelehnt | lehn(e) ab! |
| ihr lehntet ab | ihr hättet abgelehnt | lehnt ab! |
| Sie lehnten ab | Sie hätten abgelehnt | lehnen wir ab! |
| sie lehnten ab | sie hätten abgelehnt | lehnen Sie ab! |

| **FUTUR ANTÉRIEUR** | |
|---|---|
| ich werde abgelehnt haben<br>du wirst abgelehnt haben, etc. | |

# SICH BEEILEN *se dépêcher*

| *INDICATIF* | | |
|---|---|---|
| **PRÉSENT** | **PRÉTÉRIT** | **FUTUR** |
| ich beeile mich | ich beeilte mich | ich werde mich beeilen |
| du beeilst dich | du beeiltest dich | du wirst dich beeilen |
| er/sie/es beeilt sich | er/sie/es beeilte sich | er/sie/es wird sich beeilen |
| wir beeilen uns | wir beeilten uns | wir werden uns beeilen |
| ihr beeilt euch | ihr beeiltet euch | ihr werdet euch beeilen |
| Sie beeilen sich | Sie beeilten sich | Sie werden sich beeilen |
| sie beeilen sich | sie beeilten sich | sie werden sich beeilen |
| **PASSÉ COMPOSÉ** | **PLUS-QUE-PARFAIT** | ***CONDITIONNEL*** |
| ich habe mich beeilt | ich hatte mich beeilt | ich würde mich beeilen |
| du hast dich beeilt | du hattest dich beeilt | du würdest dich beeilen |
| er/sie/es hat sich beeilt | er/sie/es hatte sich beeilt | er/sie/es würde sich beeilen |
| wir haben uns beeilt | wir hatten uns beeilt | wir würden uns beeilen |
| ihr habt euch beeilt | ihr hattet euch beeilt | ihr würdet euch beeilen |
| Sie haben sich beeilt | Sie hatten sich beeilt | Sie würden sich beeilen |
| sie haben sich beeilt | sie hatten sich beeilt | sie würden sich beeilen |

| *SUBJONCTIF* | | *INFINITIF* |
|---|---|---|
| **PRÉSENT** | **PASSÉ COMPOSÉ** | **PRÉSENT** |
| ich beeile mich | ich habe mich beeilt | sich beeilen |
| du beeilest dich | du habest dich beeilt | **PASSÉ** |
| er/sie/es beeile sich | er/sie/es habe sich beeilt | sich beeilt haben |
| wir beeilen uns | wir haben uns beeilt | |
| ihr beeilet euch | ihr habet euch beeilt | ***PARTICIPE*** |
| Sie beeilen sich | Sie haben sich beeilt | **PRÉSENT** |
| sie beeilen sich | sie haben sich beeilt | mich/sich, etc. beeilend |
| | | **PASSÉ** |
| **PRÉTÉRIT** | **PLUS-QUE-PARFAIT** | mich/sich, etc. beeilt |
| ich beeilte mich | ich hätte mich beeilt | |
| du beeiltest dich | du hättest dich beeilt | |
| er/sie/es beeilte sich | er/sie/es hätte sich beeilt | ***IMPÉRATIF*** |
| wir beeilten uns | wir hätten uns beeilt | beeil(e) dich! |
| ihr beeiltet euch | ihr hättet euch beeilt | beeilt euch! |
| Sie beeilten sich | Sie hätten sich beeilt | beeilen wir uns! |
| sie beeilten sich | sie hätten sich beeilt | beeilen Sie sich! |

| **FUTUR ANTÉRIEUR** | |
|---|---|
| ich werde mich beeilt haben | |
| du wirst dich beeilt haben, etc. | |

# BRAUCHEN *avoir besoin de*

| ***INDICATIF*** | | |
|---|---|---|
| **PRÉSENT** | **PRÉTÉRIT** | **FUTUR** |
| ich brauche | ich brauchte | ich werde brauchen |
| du brauchst | du brauchtest | du wirst brauchen |
| er/sie/es braucht | er/sie/es brauchte | er/sie/es wird brauchen |
| wir brauchen | wir brauchten | wir werden brauchen |
| ihr braucht | ihr brauchtet | ihr werdet brauchen |
| Sie brauchen | Sie brauchten | Sie werden brauchen |
| sie brauchen | sie brauchten | sie werden brauchen |
| **PASSÉ COMPOSÉ** | **PLUS-QUE-PARFAIT** | ***CONDITIONNEL*** |
| ich habe gebraucht | ich hatte gebraucht | ich würde brauchen |
| du hast gebraucht | du hattest gebraucht | du würdest brauchen |
| er/sie/es hat gebraucht | er/sie/es hatte gebraucht | er/sie/es würde brauchen |
| wir haben gebraucht | wir hatten gebraucht | wir würden brauchen |
| ihr habt gebraucht | ihr hattet gebraucht | ihr würdet brauchen |
| Sie haben gebraucht | Sie hatten gebraucht | Sie würden brauchen |
| sie haben gebraucht | sie hatten gebraucht | sie würden brauchen |

| ***SUBJONCTIF*** | | ***INFINITIF*** |
|---|---|---|
| **PRÉSENT** | **PASSÉ COMPOSÉ** | **PRÉSENT** |
| ich brauche | ich habe gebraucht | brauchen |
| du brauchest | du habest gebraucht | **PASSÉ** |
| er/sie/es brauche | er/sie/es habe gebraucht | gebraucht haben |
| wir brauchen | wir haben gebraucht | |
| ihr brauchet | ihr habet gebraucht | ***PARTICIPE*** |
| Sie brauchen | Sie haben gebraucht | **PRÉSENT** |
| sie brauchen | sie haben gebraucht | brauchend |
| | | **PASSÉ** |
| **PRÉTÉRIT** | **PLUS-QUE-PARFAIT** | gebraucht |
| ich brauchte | ich hätte gebraucht | |
| du brauchtest | du hättest gebraucht | |
| er/sie/es brauchte | er/sie/es hätte gebraucht | ***IMPÉRATIF*** |
| wir brauchten | wir hätten gebraucht | brauch(e)! |
| ihr brauchtet | ihr hättet gebraucht | braucht! |
| Sie brauchten | Sie hätten gebraucht | brauchen wir! |
| sie brauchten | sie hätten gebraucht | brauchen Sie! |

| **FUTUR ANTÉRIEUR** | |
|---|---|
| ich werde gebraucht haben<br>du wirst gebraucht haben, etc. | |

## DÜRFEN *avoir le droit de, pouvoir*

| *INDICATIF* | | |
|---|---|---|
| **PRÉSENT** | **PRÉTÉRIT** | **FUTUR** |
| ich **darf** | ich **durf**te | ich werde dürfen |
| du **darf**st | du **durf**test | du wirst dürfen |
| er/sie/es **darf** | er/sie/es **durf**te | er/sie/es wird dürfen |
| wir dürfen | wir **durf**ten | wir werden dürfen |
| ihr dürft | ihr **durf**tet | ihr werdet dürfen |
| Sie dürfen | Sie **durf**ten | Sie werden dürfen |
| sie dürfen | sie **durf**ten | sie werden dürfen |
| **PASSÉ COMPOSÉ[1]** | **PLUS-QUE-PARFAIT[2]** | ***CONDITIONNEL*** |
| ich habe ge**durf**t | ich hatte ge**durf**t | ich würde dürfen |
| du hast ge**durf**t | du hattest ge**durf**t | du würdest dürfen |
| er/sie/es hat ge**durf**t | er/sie/es hatte ge**durf**t | er/sie/es würde dürfen |
| wir haben ge**durf**t | wir hatten ge**durf**t | wir würden dürfen |
| ihr habt ge**durf**t | ihr hattet ge**durf**t | ihr würdet dürfen |
| Sie haben ge**durf**t | Sie hatten ge**durf**t | Sie würden dürfen |
| sie haben ge**durf**t | sie hatten ge**durf**t | sie würden dürfen |

| *SUBJONCTIF* | | *INFINITIF* |
|---|---|---|
| **PRÉSENT** | **PASSÉ COMPOSÉ[1]** | **PRÉSENT** |
| ich dürfe | ich habe ge**durf**t | dürfen |
| du dürfest | du habest ge**durf**t | **PASSÉ** |
| er/sie/es dürfe | er/sie/es habe ge**durf**t | ge**durf**t haben |
| wir dürfen | wir haben ge**durf**t | |
| ihr dürfet | ihr habet ge**durf**t | ***PARTICIPE*** |
| Sie dürfen | Sie haben ge**durf**t | **PRÉSENT** |
| sie dürfen | sie haben ge**durf**t | dürfend |
| | | **PASSÉ** |
| **PRÉTÉRIT** | **PLUS-QUE-PARFAIT[3]** | ge**durf**t/dürfen |
| ich **dürf**te | ich hätte ge**durf**t | |
| du **dürf**test | du hättest ge**durf**t | |
| er/sie/es **dürf**te | er/sie/es hätte ge**durf**t | |
| wir **dürf**ten | wir hätten ge**durf**t | ***N.B. :*** lorsqu'il est précédé d'un infinitif : |
| ihr **dürf**tet | ihr hättet ge**durf**t | 1 ich habe… dürfen, etc. |
| Sie **dürf**ten | Sie hätten ge**durf**t | 2 ich hatte… dürfen, etc. |
| sie **dürf**ten | sie hätten ge**durf**t | 3 ich hätte… dürfen, etc. |

| **FUTUR ANTÉRIEUR** | |
|---|---|
| ich werde ge**durf**t haben/haben dürfen | |
| du wirst ge**durf**t haben/haben dürfen, etc. | |

# HABEN *avoir*

| *INDICATIF* | | |
|---|---|---|
| **PRÉSENT** | **PRÉTÉRIT** | **FUTUR** |
| ich habe | ich **hat**te | ich werde haben |
| du **hast** | du **hat**test | du wirst haben |
| er/sie/es **hat** | er/sie/es **hat**te | er/sie/es wird haben |
| wir haben | wir **hat**ten | wir werden haben |
| ihr habt | ihr **hat**tet | ihr werdet haben |
| Sie haben | Sie **hat**ten | Sie werden haben |
| sie haben | sie **hat**ten | sie werden haben |
| **PASSÉ COMPOSÉ** | **PLUS-QUE-PARFAIT** | ***CONDITIONNEL*** |
| ich habe gehabt | ich hatte gehabt | ich würde haben |
| du hast gehabt | du hattest gehabt | du würdest haben |
| er/sie/es hat gehabt | er/sie/es hatte gehabt | er/sie/es würde haben |
| wir haben gehabt | wir hatten gehabt | wir würden haben |
| ihr habt gehabt | ihr hattet gehabt | ihr würdet haben |
| Sie haben gehabt | Sie hatten gehabt | Sie würden haben |
| sie haben gehabt | sie hatten gehabt | sie würden haben |

| *SUBJONCTIF* | | *INFINITIF* |
|---|---|---|
| **PRÉSENT** | **PASSÉ COMPOSÉ** | **PRÉSENT** |
| ich habe | ich habe gehabt | haben |
| du habest | du habest gehabt | **PASSÉ** |
| er/sie/es habe | er/sie/es habe gehabt | gehabt haben |
| wir haben | wir haben gehabt | |
| ihr habet | ihr habet gehabt | ***PARTICIPE*** |
| Sie haben | Sie haben gehabt | **PRÉSENT** |
| sie haben | sie haben gehabt | habend |
| | | **PASSÉ** |
| **PRÉTÉRIT** | **PLUS-QUE-PARFAIT** | gehabt |
| ich **hät**te | ich hätte gehabt | |
| du **hät**test | du hättest gehabt | |
| er/sie/es **hät**te | er/sie/es hätte gehabt | ***IMPÉRATIF*** |
| wir **hät**ten | wir hätten gehabt | hab(e)! |
| ihr **hät**tet | ihr hättet gehabt | habt! |
| Sie **hät**ten | Sie hätten gehabt | haben wir! |
| sie **hät**ten | sie hätten gehabt | haben Sie! |

| **FUTUR ANTÉRIEUR** | |
|---|---|
| ich werde gehabt haben<br>du wirst gehabt haben, etc. | |

# KÖNNEN *pouvoir*

| *INDICATIF* | | |
|---|---|---|
| **PRÉSENT** | **PRÉTÉRIT** | **FUTUR** |
| ich **kann** | ich **konn**te | ich werde können |
| du **kann**st | du **konn**test | du wirst können |
| er/sie/es **kann** | er/sie/es **konn**te | er/sie/es wird können |
| wir können | wir **konn**ten | wir werden können |
| ihr könnt | ihr **konn**tet | ihr werdet können |
| Sie können | Sie **konn**ten | Sie werden können |
| sie können | sie **konn**ten | sie werden können |
| **PASSÉ COMPOSÉ**[1] | **PLUS-QUE-PARFAIT**[2] | ***CONDITIONNEL*** |
| ich habe ge**konn**t | ich hatte ge**konn**t | ich würde können |
| du hast ge**konn**t | du hattest ge**konn**t | du würdest können |
| er/sie/es hat ge**konn**t | er/sie/es hatte ge**konn**t | er/sie/es würde können |
| wir haben ge**konn**t | wir hatten ge**konn**t | wir würden können |
| ihr habt ge**konn**t | ihr hattet ge**konn**t | ihr würdet können |
| Sie haben ge**konn**t | Sie hatten ge**konn**t | Sie würden können |
| sie haben ge**konn**t | sie hatten ge**konn**t | sie würden können |

| *SUBJONCTIF* | | *INFINITIF* |
|---|---|---|
| **PRÉSENT** | **PASSÉ COMPOSÉ**[1] | **PRÉSENT** |
| ich könne | ich habe ge**konn**t | können |
| du könnest | du habest ge**konn**t | **PASSÉ** |
| er/sie/es könne | er/sie/es habe ge**konn**t | ge**konn**t haben |
| wir können | wir haben ge**konn**t | |
| ihr könnet | ihr habet ge**konn**t | ***PARTICIPE*** |
| Sie können | Sie haben ge**konn**t | **PRÉSENT** |
| sie können | sie haben ge**konn**t | könnend |
| | | **PASSÉ** |
| **PRÉTÉRIT** | **PLUS-QUE-PARFAIT**[3] | ge**konn**t/können |
| ich **könn**te | ich hätte ge**konn**t | |
| du **könn**test | du hättest ge**konn**t | |
| er/sie/es **könn**te | er/sie/es hätte ge**konn**t | |
| wir **könn**ten | wir hätten ge**konn**t | |
| ihr **könn**tet | ihr hättet ge**konn**t | |
| Sie **könn**ten | Sie hätten ge**konn**t | |
| sie **könn**ten | sie hätten ge**konn**t | |

**FUTUR ANTÉRIEUR**

ich werde ge**konn**t haben/haben können
du wirst ge**konn**t haben/haben können, etc.

***N.B. :*** lorsqu'il est précédé d'un infinitif :
1 ich habe… können, etc.
2 ich hatte… können, etc.
3 ich hätte… können, etc.

# MÖGEN *aimer*

| *INDICATIF* | | |
|---|---|---|
| **PRÉSENT** | **PRÉTÉRIT** | **FUTUR** |
| ich **mag** | ich **moch**te | ich werde mögen |
| du **mag**st | du **moch**test | du wirst mögen |
| er/sie/es **mag** | er/sie/es **moch**te | er/sie/es wird mögen |
| wir mögen | wir **moch**ten | wir werden mögen |
| ihr mögt | ihr **moch**tet | ihr werdet mögen |
| Sie mögen | Sie **moch**ten | Sie werden mögen |
| sie mögen | sie **moch**ten | sie werden mögen |
| **PASSÉ COMPOSÉ**[1] | **PLUS-QUE-PARFAIT**[2] | ***CONDITIONNEL*** |
| ich habe ge**moch**t | ich hatte ge**moch**t | ich würde mögen |
| du hast ge**moch**t | du hattest ge**moch**t | du würdest mögen |
| er/sie/es hat ge**moch**t | er/sie/es hatte ge**moch**t | er/sie/es würde mögen |
| wir haben ge**moch**t | wir hatten ge**moch**t | wir würden mögen |
| ihr habt ge**moch**t | ihr hattet ge**moch**t | ihr würdet mögen |
| Sie haben ge**moch**t | Sie hatten ge**moch**t | Sie würden mögen |
| sie haben ge**moch**t | sie hatten ge**moch**t | sie würden mögen |

| *SUBJONCTIF* | | *INFINITIF* |
|---|---|---|
| **PRÉSENT** | **PASSÉ COMPOSÉ**[1] | **PRÉSENT** |
| ich möge | ich habe ge**moch**t | mögen |
| du mögest | du habest ge**moch**t | **PASSÉ** |
| er/sie/es möge | er/sie/es habe ge**moch**t | ge**moch**t haben |
| wir mögen | wir haben ge**moch**t | |
| ihr möget | ihr habet ge**moch**t | ***PARTICIPE*** |
| Sie mögen | Sie haben ge**moch**t | **PRÉSENT** |
| sie mögen | sie haben ge**moch**t | mögend |
| | | **PASSÉ** |
| **PRÉTÉRIT** | **PLUS-QUE-PARFAIT**[3] | ge**moch**t/mögen |
| ich **möch**te | ich hätte ge**moch**t | |
| du **möch**test | du hättest ge**moch**t | |
| er/sie/es **möch**te | er/sie/es hätte ge**moch**t | |
| wir **möch**ten | wir hätten ge**moch**t | |
| ihr **möch**tet | ihr hättet ge**moch**t | |
| Sie **möch**ten | Sie hätten ge**moch**t | |
| sie **möch**ten | sie hätten ge**moch**t | |

| **FUTUR ANTÉRIEUR** |
|---|
| ich werde ge**moch**t haben/haben mögen |
| du wirst ge**moch**t haben/haben mögen, etc. |

***N.B. :*** lorsqu'il est précédé d'un infinitif :
1 ich habe… mögen, etc.
2 ich hatte… mögen, etc.
3 ich hätte… mögen, etc.

# MÜSSEN *devoir (obligation)*

| *INDICATIF* | | |
|---|---|---|
| **PRÉSENT** | **PRÉTÉRIT** | **FUTUR** |
| ich **muss** | ich **muss**te | ich werde müssen |
| du **muss**t | du **muss**test | du wirst müssen |
| er/sie/es **muss** | er/sie/es **muss**te | er/sie/es wird müssen |
| wir müssen | wir **muss**ten | wir werden müssen |
| ihr müsst | ihr **muss**tet | ihr werdet müssen |
| Sie müssen | Sie **muss**ten | Sie werden müssen |
| sie müssen | sie **muss**ten | sie werden müssen |
| **PASSÉ COMPOSÉ[1]** | **PLUS-QUE-PARFAIT[2]** | ***CONDITIONNEL*** |
| ich habe ge**muss**t | ich hatte ge**muss**t | ich würde müssen |
| du hast ge**muss**t | du hattest ge**muss**t | du würdest müssen |
| er/sie/es hat ge**muss**t | er/sie/es hatte ge**muss**t | er/sie/es würde müssen |
| wir haben ge**muss**t | wir hatten ge**muss**t | wir würden müssen |
| ihr habt ge**muss**t | ihr hattet ge**muss**t | ihr würdet müssen |
| Sie haben ge**muss**t | Sie hatten ge**muss**t | Sie würden müssen |
| sie haben ge**muss**t | sie hatten ge**muss**t | sie würden müssen |

| *SUBJONCTIF* | | *INFINITIF* |
|---|---|---|
| **PRÉSENT** | **PASSÉ COMPOSÉ[1]** | **PRÉSENT** |
| ich **müss**e | ich habe ge**muss**t | müssen |
| du **müss**est | du habest ge**muss**t | **PASSÉ** |
| er/sie/es **müss**e | er/sie/es habe ge**muss**t | ge**muss**t haben |
| wir müssen | wir haben ge**muss**t | |
| ihr **müss**et | ihr habet ge**muss**t | ***PARTICIPE*** |
| Sie müssen | Sie haben ge**muss**t | **PRÉSENT** |
| sie müssen | sie haben ge**muss**t | müssend |
| | | **PASSÉ** |
| **PRÉTÉRIT** | **PLUS-QUE-PARFAIT[3]** | ge**muss**t/müssen |
| ich **müss**te | ich hätte ge**muss**t | |
| du **müss**test | du hättest ge**muss**t | |
| er/sie/es **müss**te | er/sie/es hätte ge**muss**t | |
| wir **müss**ten | wir hätten ge**muss**t | |
| ihr **müss**tet | ihr hättet ge**muss**t | |
| Sie **müss**ten | Sie hätten ge**muss**t | |
| sie **müss**ten | sie hätten ge**muss**t | |

| **FUTUR ANTÉRIEUR** | ***N.B. :*** lorsqu'il est précédé d'un infinitif : |
|---|---|
| ich werde ge**muss**t haben/haben müssen | **1** ich habe… müssen, etc. |
| du wirst ge**muss**t haben/haben müssen, etc. | **2** ich hatte… müssen, etc. |
| | **3** ich hätte… müssen, etc. |

# SEIN *être*

| *INDICATIF* | | |
|---|---|---|
| **PRÉSENT** | **PRÉTÉRIT** | **FUTUR** |
| ich **bin** | ich **war** | ich werde sein |
| du **bist** | du **war**st | du wirst sein |
| er/sie/es **ist** | er/sie/es **war** | er/sie/es wird sein |
| wir **sind** | wir **war**en | wir werden sein |
| ihr **seid** | ihr **war**t | ihr werdet sein |
| Sie **sind** | Sie **war**en | Sie werden sein |
| sie **sind** | sie **war**en | sie werden sein |
| **PASSÉ COMPOSÉ** | **PLUS-QUE-PARFAIT** | ***CONDITIONNEL*** |
| ich bin ge**wes**en | ich war ge**wes**en | ich würde sein |
| du bist ge**wes**en | du warst ge**wes**en | du würdest sein |
| er/sie/es ist ge**wes**en | er/sie/es war ge**wes**en | er/sie/es würde sein |
| wir sind ge**wes**en | wir waren ge**wes**en | wir würden sein |
| ihr seid ge**wes**en | ihr wart ge**wes**en | ihr würdet sein |
| Sie sind ge**wes**en | Sie waren ge**wes**en | Sie würden sein |
| sie sind ge**wes**en | sie waren ge**wes**en | sie würden sein |

| *SUBJONCTIF* | | *INFINITIF* |
|---|---|---|
| **PRÉSENT** | **PASSÉ COMPOSÉ** | **PRÉSENT** |
| ich sei | ich sei ge**wes**en | sein |
| du sei(e)st | du sei(e)st ge**wes**en | **PASSÉ** |
| er/sie/es sei | er/sie/es sei ge**wes**en | ge**wes**en sein |
| wir seien | wir seien ge**wes**en | |
| ihr seiet | ihr seiet ge**wes**en | ***PARTICIPE*** |
| Sie seien | Sie seien ge**wes**en | **PRÉSENT** |
| sie seien | sie seien ge**wes**en | seiend |
| | | **PASSÉ** |
| **PRÉTÉRIT** | **PLUS-QUE-PARFAIT** | ge**wes**en |
| ich **wär**e | ich wäre ge**wes**en | |
| du **wär**(e)st | du wär(e)st ge**wes**en | |
| er/sie/es **wär**e | er/sie/es wäre ge**wes**en | ***IMPÉRATIF*** |
| wir **wär**en | wir wären ge**wes**en | sei! |
| ihr **wär**(e)t | ihr wär(e)t ge**wes**en | seid! |
| Sie **wär**en | Sie wären ge**wes**en | seien wir! |
| sie **wär**en | sie wären ge**wes**en | seien Sie! |

| **FUTUR ANTÉRIEUR** |
|---|
| ich werde ge**wes**en sein |
| du wirst ge**wes**en sein, etc. |

# SOLLEN *devoir*

| *INDICATIF* | | |
|---|---|---|
| **PRÉSENT** | **PRÉTÉRIT** | **FUTUR** |
| ich soll | ich sollte | ich werde sollen |
| du sollst | du solltest | du wirst sollen |
| er/sie/es soll | er/sie/es sollte | er/sie/es wird sollen |
| wir sollen | wir sollten | wir werden sollen |
| ihr sollt | ihr solltet | ihr werdet sollen |
| Sie sollen | Sie sollten | Sie werden sollen |
| sie sollen | sie sollten | sie werden sollen |
| **PASSÉ COMPOSÉ**[1] | **PLUS-QUE-PARFAIT**[2] | ***CONDITIONNEL*** |
| ich habe gesollt | ich hatte gesollt | ich würde sollen |
| du hast gesollt | du hattest gesollt | du würdest sollen |
| er/sie/es hat gesollt | er/sie/es hatte gesollt | er/sie/es würde sollen |
| wir haben gesollt | wir hatten gesollt | wir würden sollen |
| ihr habt gesollt | ihr hattet gesollt | ihr würdet sollen |
| Sie haben gesollt | Sie hatten gesollt | Sie würden sollen |
| sie haben gesollt | sie hatten gesollt | sie würden sollen |

| *SUBJONCTIF* | | *INFINITIF* |
|---|---|---|
| **PRÉSENT** | **PASSÉ COMPOSÉ**[1] | **PRÉSENT** |
| ich solle | ich habe gesollt | sollen |
| du sollest | du habest gesollt | **PASSÉ** |
| er/sie/es solle | er/sie/es habe gesollt | gesollt haben |
| wir sollen | wir haben gesollt | |
| ihr sollet | ihr habet gesollt | *PARTICIPE* |
| Sie sollen | Sie haben gesollt | **PRÉSENT** |
| sie sollen | sie haben gesollt | sollend |
| | | **PASSÉ** |
| **PRÉTÉRIT** | **PLUS-QUE-PARFAIT**[3] | gesollt/sollen |
| ich sollte | ich hätte gesollt | |
| du solltest | du hättest gesollt | |
| er/sie/es sollte | er/sie/es hätte gesollt | |
| wir sollten | wir hätten gesollt | |
| ihr solltet | ihr hättet gesollt | |
| Sie sollten | Sie hätten gesollt | |
| sie sollten | sie hätten gesollt | |

| **FUTUR ANTÉRIEUR** | ***N.B.* :** lorsqu'il est précédé d'un infinitif : |
|---|---|
| ich werde gesollt haben/haben sollen<br>du wirst gesollt haben/haben sollen, etc. | **1** ich habe… sollen, etc.<br>**2** ich hatte… sollen, etc.<br>**3** ich hätte… sollen, etc. |

## STÜRZEN *tomber lourdement*

| *INDICATIF* | | |
|---|---|---|
| **PRÉSENT** | **PRÉTÉRIT** | **FUTUR** |
| ich stürze | ich stürzte | ich werde stürzen |
| du **stürzt** | du stürztest | du wirst stürzen |
| er/sie/es stürzt | er/sie/es stürzte | er/sie/es wird stürzen |
| wir stürzen | wir stürzten | wir werden stürzen |
| ihr stürzt | ihr stürztet | ihr werdet stürzen |
| Sie stürzen | Sie stürzten | Sie werden stürzen |
| sie stürzen | sie stürzten | sie werden stürzen |
| **PASSÉ COMPOSÉ** | **PLUS-QUE-PARFAIT** | ***CONDITIONNEL*** |
| ich bin gestürzt | ich war gestürzt | ich würde stürzen |
| du bist gestürzt | du warst gestürzt | du würdest stürzen |
| er/sie/es ist gestürzt | er/sie/es war gestürzt | er/sie/es würde stürzen |
| wir sind gestürzt | wir waren gestürzt | wir würden stürzen |
| ihr seid gestürzt | ihr wart gestürzt | ihr würdet stürzen |
| Sie sind gestürzt | Sie waren gestürzt | Sie würden stürzen |
| sie sind gestürzt | sie waren gestürzt | sie würden stürzen |

| *SUBJONCTIF* | | *INFINITIF* |
|---|---|---|
| **PRÉSENT** | **PASSÉ COMPOSÉ** | **PRÉSENT** |
| ich stürze | ich sei gestürzt | stürzen |
| du stürzest | du sei(e)st gestürzt | **PASSÉ** |
| er/sie/es stürze | er/sie/es sei gestürzt | gestürzt sein |
| wir stürzen | wir seien gestürzt | |
| ihr stürzet | ihr seiet gestürzt | ***PARTICIPE*** |
| Sie stürzen | Sie seien gestürzt | **PRÉSENT** |
| sie stürzen | sie seien gestürzt | stürzend |
| | | **PASSÉ** |
| **PRÉTÉRIT** | **PLUS-QUE-PARFAIT** | gestürzt |
| ich stürzte | ich wäre gestürzt | |
| du stürztest | du wär(e)st gestürzt | |
| er/sie/es stürzte | er/sie/es wäre gestürzt | ***IMPÉRATIF*** |
| wir stürzten | wir wären gestürzt | stürz(e)! |
| ihr stürztet | ihr wär(e)t gestürzt | stürzt! |
| Sie stürzten | Sie wären gestürzt | stürzen wir! |
| sie stürzten | sie wären gestürzt | stürzen Sie! |

| **FUTUR ANTÉRIEUR** | |
|---|---|
| ich werde gestürzt sein<br>du wirst gestürzt sein, etc. | |

# WERDEN *devenir*

| *INDICATIF* | | |
|---|---|---|
| **PRÉSENT** | **PRÉTÉRIT** | **FUTUR** |
| ich werde | ich **wurd**e | ich werde werden |
| du **wirst** | du **wurd**est | du wirst werden |
| er/sie/es **wird** | er/sie/es **wurd**e | er/sie/es wird werden |
| wir werden | wir **wurd**en | wir werden werden |
| ihr werdet | ihr **wurd**et | ihr werdet werden |
| Sie werden | Sie **wurd**en | Sie werden werden |
| sie werden | sie **wurd**en | sie werden werden |
| **PASSÉ COMPOSÉ[1]** | **PLUS-QUE-PARFAIT[2]** | ***CONDITIONNEL*** |
| ich bin ge**word**en | ich war ge**word**en | ich würde werden |
| du bist ge**word**en | du warst ge**word**en | du würdest werden |
| er/sie/es ist ge**word**en | er/sie/es war ge**word**en | er/sie/es würde werden |
| wir sind ge**word**en | wir waren ge**word**en | wir würden werden |
| ihr seid ge**word**en | ihr wart ge**word**en | ihr würdet werden |
| Sie sind ge**word**en | Sie waren ge**word**en | Sie würden werden |
| sie sind ge**word**en | sie waren ge**word**en | sie würden werden |

| *SUBJONCTIF* | | *INFINITIF* |
|---|---|---|
| **PRÉSENT** | **PASSÉ COMPOSÉ[3]** | **PRÉSENT** |
| ich werde | ich sei ge**word**en | werden |
| du werdest | du sei(e)st ge**word**en | **PASSÉ[6]** |
| er/sie/es werde | er/sie/es sei ge**word**en | ge**word**en sein |
| wir werden | wir seien ge**word**en | |
| ihr werdet | ihr seiet ge**word**en | ***PARTICIPE*** |
| Sie werden | Sie seien ge**word**en | **PRÉSENT** |
| sie werden | sie seien ge**word**en | werdend |
| | | **PASSÉ** |
| **PRÉTÉRIT** | **PLUS-QUE-PARFAIT[4]** | ge**word**en |
| ich **würd**e | ich wäre ge**word**en | |
| du **würd**est | du wär(e)st ge**word**en | |
| er/sie/es **würd**e | er/sie/es wäre ge**word**en | ***IMPÉRATIF*** |
| wir **würd**en | wir wären ge**word**en | werde! |
| ihr **würd**et | ihr wär(e)t ge**word**en | werdet! |
| Sie **würd**en | Sie wären ge**word**en | werden wir! |
| sie **würd**en | sie wären ge**word**en | werden Sie! |

| **FUTUR ANTÉRIEUR[5]** |
|---|
| werde ge**word**en sein |
| du wirst ge**word**en sein, etc. |

***N.B. :*** lorsqu'il est précédé d'un participe passé ich à la voix passive :
1 ich bin… **word**en, etc. / 2 ich war… **word**en, etc.
3 ich sei… **word**en, etc. / 4 ich wäre… **word**en, etc.
5 ich werde...**word**en sein, etc. / 6 … **word**en sein

## WOLLEN *vouloir*

| *INDICATIF* | | |
|---|---|---|
| **PRÉSENT** | **PRÉTÉRIT** | **FUTUR** |
| ich **will** | ich wollte | ich werde wollen |
| du **will**st | du wolltest | du wirst wollen |
| er/sie/es **will** | er/sie/es wollte | er/sie/es wird wollen |
| wir wollen | wir wollten | wir werden wollen |
| ihr wollt | ihr wolltet | ihr werdet wollen |
| Sie wollen | Sie wollten | Sie werden wollen |
| sie wollen | sie wollten | sie werden wollen |
| **PASSÉ COMPOSÉ**[1] | **PLUS-QUE-PARFAIT**[2] | ***CONDITIONNEL*** |
| ich habe gewollt | ich hatte gewollt | ich würde wollen |
| du hast gewollt | du hattest gewollt | du würdest wollen |
| er/sie/es hat gewollt | er/sie/es hatte gewollt | er/sie/es würde wollen |
| wir haben gewollt | wir hatten gewollt | wir würden wollen |
| ihr habt gewollt | ihr hattet gewollt | ihr würdet wollen |
| Sie haben gewollt | Sie hatten gewollt | Sie würden wollen |
| sie haben gewollt | sie hatten gewollt | sie würden wollen |

| *SUBJONCTIF* | | |
|---|---|---|
| **PRÉSENT** | **PASSÉ COMPOSÉ**[1] |
| ich wolle | ich habe gewollt |
| du wollest | du habest gewollt |
| er/sie/es wolle | er/sie/es habe gewollt |
| wir wollen | wir haben gewollt |
| ihr wollet | ihr habet gewollt |
| Sie wollen | Sie haben gewollt |
| sie wollen | sie haben gewollt |
| **PRÉTÉRIT** | **PLUS-QUE-PARFAIT**[3] |
| ich wollte | ich hätte gewollt |
| du wolltest | du hättest gewollt |
| er/sie/es wollte | er/sie/es hätte gewollt |
| wir wollten | wir hätten gewollt |
| ihr wolltet | ihr hättet gewollt |
| Sie wollten | Sie hätten gewollt |
| sie wollten | sie hätten gewollt |

| *INFINITIF* |
|---|
| **PRÉSENT** |
| wollen |
| **PASSÉ** |
| gewollt haben |

| *PARTICIPE* |
|---|
| **PRÉSENT** |
| wollend |
| **PASSÉ** |
| gewollt/wollen |

| *IMPÉRATIF* |
|---|
| wolle! |
| wollt! |
| wollen wir! |
| wollen Sie! |

| **FUTUR ANTÉRIEUR** |
|---|
| ich werde gewollt haben/haben wollen<br>du wirst gewollt haben/haben wollen, etc. |

***N.B. :*** lorsqu'il est précédé d'un infinitif :
1 ich habe… wollen, etc.
2 ich hatte… wollen, etc.
3 ich hätte… wollen, etc.

# Exercices

Exercices

## 1

### Soulignez le ou les accusatif(s) dans les phrases suivantes :

1. Ich habe gestern meine Oma im Supermarkt getroffen.
2. Hast du schon den neuen Freund deines Bruders gesehen?
3. Ich verstehe das Problem nicht, ich habe ihr genau das Buch gekauft, das sie wollte…
4. Soeben ist ein Paket für Sie geliefert worden, ich habe es unter den Tisch gestellt.
5. Sie brauchen für die Suppe ein Kilo Kartoffeln, zwei Bund Möhren, Zwiebeln, Salz, Pfeffer und einen Blumenkohl.
6. Meine Eltern haben sich im letzten Jahr ein neues Haus in der Toskana gekauft.
7. Joachim hatte seiner Frau Ute einen schönen Blumenstrauß ohne Rosen mitgebracht.
8. Obwohl sie ihre Frage nicht beantworten konnte, war die Schülerin mit dem Unterricht der Lehrerin zufrieden.

## 2

### Complétez les phrases suivantes avec les adjectifs entre parenthèses.

1. Zu Weihnachten gibt es bei uns ___ Jahr **(jed-)** einen ___ Entenbraten **(echt-)**.
2. Die Nachbarn hören die ___ Woche **(ganz-)** wirklich ___ Musik **(laut-, schrecklich-)**
3. Die ___ Katze **(schwarz-)** schlief den ___ Tag **(lieb- lang-)** auf dem ___ Sofa **(groß-)** ohne aufzusehen.
4. Wenn ich ___ bin **(groß-)**, kaufe ich mir ein ___ Auto **(schnell-)**, ein ___ Haus **(schön-)** und ___ Kleidung **(schick-)**.
5. Denkst du daran, deiner ___ Mutter **(alt-)** ein bisschen ___Obst **(frisch-)** aus dem ___ Supermarkt **(neu-)** mitzubringen?
6. ___ Linsen **(rot-)** benutzt man ___ **(oft-)** in ___ Speisen **(indisch-)**, da sie schnell ___ **(weich-)** und überaus ___ **(bekömmlich-)** sind.
7. Auf dem Bauernhof gibt es ___ Kühe **(viel-)** und Schweine, ___ Schafe **(einig-)** und zwei ___ Ziegen **(nett-)**.
8. Auf dem Markt kaufe ich ___ Beete **(rot-)**, ___ Bohnen **(grün-)**, ___ Milch **(frisch-)** und ___ Brot **(frisch- gebacken-)**.

## 3 Complétez les phrases en choisissant la bonne forme de l'adjectif parmi les propositions :

1. Er hat ein ___ Haus.
   (a) **schönes** (b) **schön** (c) **schönen**
2. Meine Freundin ist _____.
   (a) **wütender** (b) **wütend** (c) **wütende**
3. Ihr ___ Pullover liegt auf dem Tisch.
   (a) **rot** (b) **rote** (c) **roter**
4. Wir singen ein ___ Lied.
   (a) **schöne** (b) **schönes** (c) **schön**
5. Das Auto meiner Mutter ist _____?
   (a) **kaputtes** (b) **kaputt** (c) **kaputte**
6. Es ist ein _____ Problem.
   (a) **dringendes** (b) **dringende** (c) **dringend**

## 4 Complétez avec le bon article :

1. Ich kaufe ihm ___ Buch.
   (a) **den** (b) **das** (c) **die**
2. Gehst du in _____ Schule?
   (a) **dem** (b) **die** (c) **der**
3. Wir brauchen dringend ___ neuen Tisch.
   (a) **eines** (b) **ein** (c) **einen**

## 5 Complétez le texte avec les formes correctes de ces adjectifs : **hoch, groß, schön, alt** ou **dunkel** :

Wir waren im Urlaub in einer ______ Stadt. Die Straßen standen voll ___ Häuser. Schon früh am Abend wurde es daher auf den Straßen _______. Doch auch wenn sie lang waren, waren die Abende sehr _____. Es gab ___ Restaurants, mit _____ Möbeln und _____ Blumen auf den _______ Tischen.

Gegen Ende des Urlaubs besuchten wir meine _____ Tante. Sie wohnt am Rande der Stadt, in der Nähe eines ________ Parks.

Exercices

## 6 Placez la bonne forme des articles dans les phrases ci-dessous.

1. Die Unlust viel___ alt___ Menschen ist ein Problem.
2. Ich habe letztes Jahr mehrer___ schön___ Kirchen gesehen.
3. Welch___ amerikanisch___ Filme siehst du gern?
4. Unser__ neu__Nachbarn sind gestern ihr__ beid___ neu__ Autos gestohlen worden.
5. All_ falsch geparkt__ Autos werden umgesetzt.
6. Manch___ Leuten kann nicht geholfen werden.
7. Hast du schon sein___ letzt___ Fundstücke angeschaut?
8. Ich kann mir solch__ kostbar__ Schmuck nicht leisten.
9. Einig__ d__ letzt__ Ausgaben sind wirklich interessant.

pour les as !

## 7 Complétez avec **schnell**, **schnelle** ou **schnellen** :

1. Im Park spielen viele ______ Hunde.
2. Beide laufen _____ zum Ausgang.
3. Jedes _____ Kind bekommt ein Eis geschenkt.
4. Kannst du mir _______ dieses Buch geben?
5. Alle _____ Autos sind teuer.
6. Das ist das Auto welches ______ Mannes?

## 8 Ajoutez le bon cas ou la bonne préposition aux adjectifs :

pour les as !

1. Ich bin ___ ihre Anwesenheit sehr froh.
2. Ihm ist ___ Teilnahme egal.
3. Sie war neidisch ___ d___ Erfolge ___ älter___ Bruders.
4. Frankreich ist reich ___ Ideen.
5. Der Richter war entsetzt ____ d___ Äußerungen des Zeugen.
6. Sind Sie ___ dies___ Termin einverstanden?
7. Wir sind ___ unser___ Ergebnis selbst schuld.
8. BIst du ___ dein___ neu___ Wohnung zufrieden?
9. Seid ihr ___ ein___ Änderung des Plans bereit?

## 9 Complétez avec les bonnes formes des adjectifs proposés :

1. Ich esse gerne ______ Kirschen. **(rot)**
2. Ein Kilo der ______ Kartoffeln bitte. **(neu)**
3. ______ Kleider kaufe ich nicht. **(teuer)**
4. ______ Kinder schlafen viel. **(viel)**
5. Bringst du ______ Brot mit? **(frisch)**

## 10 Reformulez les phrases suivantes :

1. Ihr Hund schläft. Es ist ein _____ Hund.
2. Das Kind weint. Es ist ein _____ Kind.
3. Das Schiff ist gesunken. Es ist ein ______ Schiff.
4. Wäschst du das Geschirr ab? Das Geschirr ist schon _____.
5. Die Bäckerei liegt in Paris. Es ist eine ______ Bäckerei.

## 11 Complétez les destinations de vacances avec les bons articles, si nécessaire, et les prépositions correctes.

1. Meine Familie würde gerne einmal ______ Iran reisen.
2. Leider ist das ziemlich kompliziert und daher waren wir erst ein Mal ___ mittleren Osten.
3. Das hat sich aber gelohnt: Wir waren ___ Libanon und ___ Jordanien.
4. Außerdem würde ich gerne einmal ___ Ägypten reisen.
5. Von dort aus wäre man schnell ___ Algerien oder ___ Marokko.
6. Wahrscheinlich fahren wir nächstes Jahr aber ___ Australien, ___ meiner Tante.
7. Jetzt wohnt sie ___ Sydney, aber vorher lebte sie ___ Balkan.
8. Ich verreise sehr gerne, nur ___ Belgien und ___ Schweiz interessieren mich nicht.

## 12 Complétez avec les bons articles (directs ou indirects) et les terminaisons qui conviennent :

pour les as !

1. Es war einmal ___ klein___ Mädchen.
2. Es wohnte mit sein___ Mutter in _____ Wald.
3. Da wurde plötzlich sein___ Oma sehr krank.
4. ___ kleine Mädchen wollte sein__ Oma ___ Korb mit Nahrung bringen.
5. ___ Mutter legte alles zurecht und bat ___ Kind, bei ___ Wanderung durch ___ Wald vorsichtig zu sein.
6. Tatsächlich wohnte in _____ Wald ____ bekannt___ Wolf.
7. Als ____ Mädchen sich auf ____ Weg machte, traf es sehr bald den bös____ Wolf.

## 13 Majuscules ou minuscules ?

1. Ich habe schon __ieles von ihm gehört.
2. Heute ist nichts __esonderes passiert.
3. Hast du aus dem Urlaub etwas __esonderes mitgebracht?
4. Ich bin gegen den Rat __inzelner meiner Freunde weggefahren.

## 14 S'agit-il d'une bonne substantivation ? Répondez en cochant « vrai » ou « faux ».

| | vrai | faux |
|---|---|---|
| 1. Ein Deutscher kommt selten allein. | ☐ | ☐ |
| 2. Alle Franzose essen gern Käse. | ☐ | ☐ |
| 3. Die Ersten werden die Letzten sein. | ☐ | ☐ |
| 4. Hast du schon mal so etwas leckeres gegessen? | ☐ | ☐ |

## 15 Formez l'adverbe.

1. folgend - ___
2. glücklich - ___
3. schön - ___
4. mehr - ___
5. Dienstag - ___
6. Abend - ___

## 16 Connectez les phrases suivantes à l'aide des adverbes **also / außerdem / nämlich / trotzdem / sonst.**

1. Ich bin müde. Ich gehe schlafen.
   ______________________
2. Er schuldet mir etwas. Ich habe für ihn gekocht.
   ______________________
3. Sie ist krank. Sie geht zur Schule.
   ______________________
4. Bleib nicht so lange im Büro. Ich werde alleine essen.
   ______________________
5. Ich gehe einkaufen. Ich habe keine Butter mehr.
   ______________________
6. Ich habe keine Butter mehr. Ich gehe einkaufen.
   ______________________
7. Er mag keinen Sport. Er geht zum Fußball.
   ______________________
8. Heute ist kein guter Tag: Mir ist kalt. Es regnet draußen.
   ______________________

## 17 Hin ou Her ?

1. Paul, komm mal kurz _____ bitte, ich habe eine Frage.
2. Hast du gesehen? Der Hund schaut hinter der Hütte ____vor!
3. Du musst von hier nur die Treppe ____unter gehen, dann siehst du es.
4. Stell die Vase bitte da hinten ____, hier stört sie mich.
5. Von oben schaute sie den Berg ____unter, bevor sie abfuhr.
6. Lisa, bring mir mal das Heft ____ , ich muss etwas aufschreiben.

## 18 Choisissez et complétez ces phrases avec le bon adverbe parmi ces choix : **viel**, **sehr**, **noch**, **ziemlich**, **wieder**, **genug**, **wohl**, **gut**.

1. Es hat gestern nacht _____ geschneit.
2. Ich bin _____ müde.
3. Ich fühle mich heute nicht sehr ____.
4. Ich habe Hunger, es gibt nicht ____ zu essen.
5. Hast du _____ Zeit für einen Kaffee?
6. Bist du sicher, dass es dir _____ geht?

## 19 Déclinez les articles.

1. Hast du ____ schöne Haus gesehen?
2. Wir wollen bald in ____ neue Wohnung ziehen.
3. ____ Kuchen sieht sehr lecker aus.
4. Ich habe ____ Uhr verloren, die du mir gegen hast.
5. Vergiss nicht, ____ Kater zu füttern!
6. Das Auto _____ jungen Frau ist kaputt gegangen.

## 20 Mettez la bonne forme contractée d'article ou de préposition.

1. Gehst du gerne ____ Schule?
2. Jeden Sommer fahren wir ____ Meer.
3. _____ Sonntag schlafe ich bis Mittag.
4. Kaufst du dein Brot _____ Bäcker?
5. _____ Wald wachsen viele Bäume.
6. Gehst du jede Woche ____ Kino?

## 21 Faut-il ici un article ou non ? Complétez si oui, et cochez si non.

1. Im Sommer fährt er durch halb _____ Europa.
2. _____ Nudeln esse ich nicht gerne.
3. _____ Jahre 2007 regnete es viel.
4. Ich fange _____ nächstes Jahr mit der Arbeit an.
5. Ihn ergriff ein Gefühl ___ Trauer.
6. Er kommt mit _____ Auto.

## 22 Complétez avec les articles indéfinis qui conviennent.

1. Gestern habe ich _____ Kuh gesehen.
2. Sie stand auf _____ Wiese neben dem Haus.
3. Als ich sie sah, saß ich gerade in _____ Café.
4. Im Café arbeitete _____ junger Kellner.
5. Der trug _____ weiße Schürze.
6. Er brachte mir ___ Kaffee mit _____ Stück Zucker.

## 23 Choisissez la bonne réponse parmi les propositions :

1. Paul ist so groß ____ Klaus.
   (a) **Ø** (b) **so** (c) **als** (d) **wie**
2. Claudia steht früher auf ____ ihr Bruder.
   (a) **wie** (b) **Ø** (c) **als** (d) **so**
3. Immer langsam, ich habe ________ schnelles Auto.
   (a) **ein wie** (b) **ein** (c) **Ø** (d) **kein so**
4. Hier ist es _______ laut ______ nebenan.
   (a) **so - als** (b) **genauso - eben** (c) **Ø** (d) **genauso - wie**
5. Ihr seid viel lauter ______ wir.
   (a) **als** (b) **Ø** (c) **so** (d) **wie**

## 24

**Formez le comparatif ou superlatif dans les phrases suivantes :**

1. schnell ____________ am schnellsten
2. groß größer ____________
3. ________ lauter ____________
4. viel ____________ ____________
5. gut ____________ ____________
6. ____________ ____________ am leisesten
7. alt ____________ ____________
8. stark ____________ ____________

## 25

**Comparez Paul et Tom :**
**Par exemple : Paul hat eine alte Mutter. Aber Toms Mutter ist noch älter.**

pour les as !

1. Paul geht gerne zur Schule.____________
2. Paul hat viele Freunde.____________
3. Paul hat ein großes Zimmer.____________
4. Paul ist ein guter Läufer.____________
5. Paul hat ein teures Telefon.____________
6. Paul kann hoch springen.____________
7. Paul geht oft ins Theater.____________
8. Paul kann lang die Luft anhalten.____________

## 26

**Complétez les phrases avec les bonnes conjonctions de comparaison (als, wie, denn je, je desto, noch).**

1. _____ eher du kommst, _______ besser.
2. Es ist heute teurer ____________.
3. _____ später der Abend, ______ schöner die Gäste.
4. Sie hat ein größeres Haus ______ ich.
5. Ich kenne _____ ein besseres Restaurant.

## 27 Choisissez la bonne réponse parmi les choix suivants :

1. Er rennt bei weitem __________ gut wie ich.
   (a) **ebenso** (b) **als** (c) **wie** (d) **nicht so**
2. Madame Bovary finde ich jetzt ____ besser ____ früher.
   (a) **so als** (b) **noch wie** (c) **noch als** (d) **so wie**
3. Ich lese gerne Bücher, aber ich gehe ________ ins Kino.
   (a) **gerner** (b) **noch gerner** (c) **so liebe** (d) **noch lieber**
4. Unser Nachbar wird __________ reicher.
   (a) **immer** (b) **reicher und** (c) **als** (d) **ebenso**
5. Es ist eine Dame ______ reiferen Alters..
   (a) **eines** (b) **Ø** (c) **wie** (d) **von**

## 28 Complétez ces phrases conditionnelles.

1. Wenn du gestern früher gekommen _________, _________ wir den Film nicht verpasst.
2. Wenn es morgen regnet _________, _________ gehe ich nicht aus dem Haus.
3. Wenn es nicht so teuer _________, _________ ich mehr einkaufen.
4. Wenn ich nicht so müde _________. _________ ich mit dir ins Kino gehen.
5. Wenn wir den Zug nicht verpasst _________. ___________ wir jetzt am Meer.

## 29 Liez les phrases suivantes à l'aide des conjonctions de coordination et de subordination suivantes :

**und / aber / oder / denn / dass / weil / da / obwohl / nachdem**

1. Ich bin müde. Ich habe nicht gut geschlafen. (weil)
2. Trinkst du Kaffe? Trinkst du Tee? (oder)
3. Er denkt über seine Familie nach. Er findet sie anstrengend. (dass)
4. Wir kommen am Montag. Wir haben sehr viel zu tun. (obwohl)
5. Erst gehe ich in die Uni. Dann komme ich nach Hause. (nachdem)
6. Mir ist kalt. Die Heizung ist kaputt. (denn)
7. Du möchtest arbeiten. Du bist zu müde. (aber)
8. Sie trinken Bier. Sie essen Chips. (und)
9. Sie ist traurig. Ihr Hund ist krank. (da)

## 30 Fusionnez les deux phrases grâce aux connecteurs en deux parties.

pour les as !

1. Ich kann heute Abend _____ Tomaten _____ Gurken essen.
2. Sibylle sprich ______ Spanisch _____ Chinesisch.
3. Ich mag _____ Tomaten ____ Gurken, Gemüse ist nichts für mich.
4. Mit dieser Kamera können Sie _____ filmen ____ Videos abspielen.
5. _____ dein Vater _____ ich sind der Meinung, dass das keine gute Idee ist.
6. _____ du kommst in Zukunft pünktlich _____ du arbeitest hier nicht mehr.
7. ____du ____ ich wissen, wovon hier die Rede ist.
8. Sie ist ____ klug, sie ist ____ schön.

## 31 Formulez les phrases avec **weil**, puis avec **denn**.

pour les as !

1. Mir ist kalt. Ich bleibe im Bett.

   ______________________

2. Anna geht in die Bibliothek. Sie muss arbeiten.

   ______________________

3. Ich esse keinen Joghurt. Ich mag keine Milch.

   ______________________

4. Wir kommen morgen nicht. Wir haben keine Lust.

   ______________________

5. Sie müssen zu Hause bleiben. Sie sind krank.

   ______________________

## 32 Formulez les phrases avec **damit**, puis avec **um…zu**.

pour les as !

1. Ich gehe in die Schule. Ich lerne dort.

   ______________________

2. Großmutter geht in den Garten. Sie holt Karotten.

   ______________________

3. Er studiert Medizin. Er will den Menschen helfen.

   ______________________

4. Ich möchte dich in den Urlaub mitnehmen. Du musst dich ausruhen.

   ______________________

5. Sie geht zum Arzt. Sie braucht Medikament.

   ______________________

6. Ich bringe das Fahrrad in die Werkstatt. Es muss repariert werden.

   ______________________

7. Du musst dich vorstellen. Du darfst hereinkommen.

   ______________________

Exercices

## 33

### Formez les dates.

1. Die Tage der Woche sind: Montag, __________, Mittwoch, __________, Freitag.
2. Das Wochenende hat zwei Tage: __________ und __________
3. Das Jahr hat 12 __________ und 4 __________-
4. Der __________ besteht aus __________, Februar und März. Zum __________ zählt man den April, __________ und __________.
5. Der __________ besteht aus __________, Januar und __________. Zum __________ zält man den __________, April und __________.

## 34

### Soulignez le ou les datif(s) dans les phrases suivantes :

1. Hast Du mir heute endlich mein Buch mitgebracht?
2. Warum hat der Professor bei der Vorlesung immer auf die Tafel an der Wand gestarrt?
3. Manchmal ist es besser, den Leuten zu geben, was sie wollen.
4. Schneiden Sie die Kartoffeln in Stücke und braten Sie sie mit den Zwiebeln in einer Pfanne an.
5. Jedes Jahr im Mai fahren meine Frau und ich für eine Woche ans Meer und bleiben den ganzen Tag im Bett.
6. Der Postbote brachte ihr in seinem Auto ein großes Paket.
7. Er schenkt mir jedes Jahr ein Kilo Äpfel zum Geburtstag.
8. Bitte vergessen Sie beim Aussteigen keines ihrer Gepäckstücke in den Ablagen.

## 35

### Choisissez la bonne réponse pour ces phrases :

1. Ein __________ kommt nur alle vier Jahre.
   (a) **bissetisches Jahr** (b) **sextiles Jahr** (c) **Schalterjahr** (d) **Schaltjahr**
2. __________ suchen wir Schokolade im Garten.
   (a) **Pfingsten** (b) **Weihnachten** (c) **Ostern** (d) **Himmelfahrt**
3. Und an __________ gibt es ein Feuerwerk und Sekt.
   (a) **Silvester** (b) **Neujahr** (c) **Weihnachten** (d) **Ostern.**

4 ________________ ist das Brot immer teurer geworden.
(a) **im Faden der Zeit** (b) **im Laufen der Zeit** (c) **zeitig** (d) **im Laufe der Zeit**

5 Sein ________________ Einkommen beläuft sich auf 3500€.
(a) **Monats** (b) **Jahres** (c) **monatliches** (d) **jährlich**

## 36 Quel cas suit ces verbes ?

1 Ich esse __________
(a) **einem Brot** (b) **eines Brotes** (c) **ein Brot**

2 Er dankt ___________
(a) **seines Vaters** (b) **seinem Vater** (c) **seinen Vater**

3 Helfen wir ___________
(a) **sie** (b) **euch** (c) **ihnen**

4 Trinkst du ______________ Wein mit mir?
(a) **einem Glas** (b) **ein Glas** (c) **eines Glases**

5 Du bist ___________ ähnlich
(a) **deines Vaters** (b) **deiner Vater** (c) **deinem Vater**

## 37 Composez les bonnes réponses sous forme de verbes composés.

**Par exemple : Ich stehe vor dem Zimmer meines Bruders Wenn ich will, dass er kommt, sage ich… : Komm heraus.**

1 Wir stehen mit dem Schlitten oben auf dem Berg. Meine Tante steht neben uns und ermutigt uns : ______________

2 Der Chef bittet seinen Mitarbeiter in sein Zimmer. Er öffnet die Tür für ihn, lässt ihn dann passieren und bittet : ______________

3 Ein Mann soll seiner Frau ein Paket von einem hohen Schrank holen. Sie wartet unten, um es aufzufangen und ruft : ______________

4 Zwei Freunde stehen vor einem Baum. Ein dritter sitzt schon oben im Baum. Er will, dass seine Freunde zu ihm klettern und ruft : _____

5 Die Katze versteckt sich hinter dem Sofa. Ich will sie locken und sage : ______________

6 Die alte Tante hat etwas interessantes entdeckt. Sie ruft ihre alten Freundinnen zu sich : ______________

## 38 Choisissez la bonne forme du génitif :

1. das Haus =
(a) **des Haus** (b) **dem Hause** (c) **des Hauses** (d) **des Hausses**
2. das Geheimnis =
(a) **des Geheimnis'** (b) **des Geheimnis's** (c) **des Geheimnisse** (d) **des Geheimnisses**
3. der Platz =
(a) **des Platzes** (b) **des Platze** (c) **des Platz'** (d) **des Platze's**
4. das Epos =
(a) **des Epos'** (b) **des Eposses** (c) **des Eposs** (d) **des Epos**
5. das Grün =
(a) **des Grüns** (b) **des Grünes** (c) **des Grün's** (d) **des Grün**

## 39 Soulignez le ou les génitif(s) dans les phrases suivantes :

1. Ich finde die Musik der jungen Leute heute einfach unerträglich.
2. Die Geschichte Frankreichs ist eine Geschichte der Kriege und Eroberungen.
3. Immer wenn ich das Fahrrad meines Bruders benutze, mache ich es kaputt.
4. Ich erinnere mich noch genau des Tages an dem ich deine Mutter traf.
5. Die Durchführung großer Sportveranstaltungen ist oft mit hohen Ausgaben verbunden.
6. Sie ist wegen des schlechten Wetters schließlich im Haus ihrer Mutter geblieben anstatt zur Arbeit zu fahren.
7. Das Flugzeug muss aufgrund des schlechten Wetters leider am Boden bleiben.
8. Noch während der Sommerferien ist das neue Auto meines Vaters kaputt gegangen.

## 40 Mettez les mots entre parenthèses dans le cas qui convient.

______ Pullover kostet 50€ (dies). Das ist teuer, aber immer noch billiger als ______ für 75€ (jen). _____ möchtest du (welch)? Ich weiß es nicht, im Moment trägt ____ den billigen (jed), ____ aber auch den teuren (manch) und überhaupt ist ein ____ Pullover nicht mehr als 30€ wert (solch).

## 41 Complétez les phrases suivantes avec les terminaisons d'articles appropriées :

1. In welch___ Restaurant willst du heute Abend mit dein___ Freunden gehen?
2. Bei dies___ Wetter bleibt man am besten zu Hause.
3. Ich kann unmöglich d___ Namen all__ dein___ Freunde kennen.
4. Das Angebot dies___ groß___ Supermarkts ist wirklich unschlagbar.
5. Kann d___ Tante ihr__ Mann bei d___ Aufgaben helfen?
6. Ich habe erst Ende d___ Jahr___ Zeit, in d___ Urlaub zu fahren.
7. Er hat d___ Telefon zwischen d___ Fenster und d___ Bett gestellt.

## 42 Choisissez la bonne réponse :

1. ___, der den Preis nicht will, ist selber schuld.
   (a) **derjenige** (b) **denjenigen** (c) **demjenigen** (d) **desjenige**
2. Die Frau ist _____, der das Buch gehört.
   (a) **derjenige** (b) **dienjeniger** (c) **diejenige** (d) **demjenigen**
3. Das rote Auto ist _____, das wir kaufen werden :
   (a) **denjenigen** (b) **demjenigen** (c) **dasjenige** (d) **dasjenige**
4. _____ Kinder, die nicht krank sind, werden kommen :
   (a) **derjenigen** (b) **diejenigen** (c) **diejenigen** (d) **denjenigen**

## 43 Der- / die- / dasselbe ou der / die / das gleiche ?

1. Wir haben _______ Stift!
2. Ja, ich weiß, ich hatte gestern ________ Hose an.
3. In beiden Fällen gilt _______ Prinzip.
4. Hast du das gesehen? Der Typ da hinten hat _____ Hemd wie ich!
5. Geschichte wiederholt sich, es ist eine ewige Wiederkehr _______
6. Ich kann es nicht mehr hören, immer _______ Fragen.
7. Das ist ______Katze, die wir gestern gesehen haben.

## 44 Reformulez l'énoncé dans le discours indirect.

Par exemple : **Er sagt, er kommt gleich.**
**Er sagt, er komme gleich.**

1. Der Politiker sagt:
   Ich werde die Steuern senken, wenn Sie mich wählen.
   ______________________________
2. Ich habe eine Lösung für Ihre Probleme.
   ______________________________
3. Meine Partei ist die einzige Partei, die Ihnen helfen kann.
   ______________________________
4. In meinem Wahlprogramm stehen alle wichtigen Informationen.
   ______________________________
5. Ich bitte Sie, am Sonntag zur Wahl zu kommen.
   ______________________________
6. Ich bin überzeugt, dass Sie Ihre Entscheidung nicht bereuen werden.
   ______________________________
7. Ich glaube an Sie und an mich.
   ______________________________

## 45 Choisissez la bonne forme au discours indirect parmi les verbes donnés.

1. ich komme
   (a) **ich käme** (b) **ich kam**
2. er denkt
   (a) **er dachte** (b) **er denke**
3. wir spielen
   (a) **wir spielten** (b) **wir spielen**
4. er isst
   (a) **er äße** (b) **er esse**
5. sie kaufen
   (a) **sie kaufen** (b) **sie würden kaufen**

## 46 Formez le discours indirect :

Er sagt: Es ist eine kleine Frau; von Natur aus recht schlank, ist sie doch stark geschnürt; ich sehe sie immer im gleichen Kleid, es ist aus gelblich-grauem, gewissermaßen holzfarbigem Stoff und ist ein wenig mit Troddeln oder knopfartigen Behängen von gleicher Farbe versehen; sie ist immer ohne Hut, ihr stumpfblondes Haar ist glatt und nicht unordentlich, aber sehr locker gehalten. Trotzdem sie geschnürt ist, ist sie doch leicht beweglich, sie übertreibt freilich diese Beweglichkeit, gern hält sie die Hände in den Hüften und wendet den Oberkörper mit einem Wurf überraschend schnell seitlich. Den Eindruck, den ihre Hand auf mich macht, kann ich nur wiedergeben, wenn ich sage, daß ich noch keine Hand gesehen habe, bei der die einzelnen Finger derart scharf voneinander abgegrenzt wären, wie bei der ihren; doch hat ihre Hand keineswegs irgendeine anatomische Merkwürdigkeit, es ist eine völlig normale Hand.

## 47 Utilisez les éléments de la parenthèse pour montrer que l'action est "en train de" se faire.

1. Warte einen Augenblick. Ich esse.
   **(dabei sein)**

   ______________________________

2. Er kommt. Er kauft noch ein Eis.
   **(gerade)**

   ______________________________

3. Die Schüler sind konzentriert. Sie lösen eine Aufgabe.
   **(dabei sein)**

   ______________________________

4. Stör' sie nicht. Sie schläft.
   **(am)**

   ______________________________

5. Du kannst den Computer jetzt nicht benutzen. Paul spielt.
   **(beim)**

   ______________________________

## 48 Traduisez les phrases suivantes :

1. D'où vient-il ?
______________________
2. Où vas-tu ?
______________________
3. Entre !
______________________
4. Sors !
______________________
5. Viens !
______________________

## 49 Reformulez avec une expression impersonnelle :

1. Schnee fällt
______________________
2. die Sonne geht unter
______________________
3. wir haben einen Geist im Haus
______________________
4. langsam kommt der Sommer
______________________
5. jemand ist an der Tür
______________________

## 50 Choisissez la bonne option :

1. Heute ________ Spaghetti zum Mittag.
(a) **sind es** (b) **gibt es** (c) **war es**
2. Da _____ eine Katze auf dem Stuhl.
(a) **gibt es** (b) **hat es** (c) **ist**
3. Letzten Winter _____ wenig Schnee.
(a) **war es** (b) **gab es** (c) **hatte es**
4. Thomas! ______ ein Freund von dir am Telefon.
(a) **es gibt** (b) **es hat** (c) **es ist**
5. Hier _____ ein Problem.
(a) **hat es** (b) **ist es** (c) **gibt es**

## 51 Trouvez la bonne orthographe du résultat :

1. 12 + 15 = 27

(a) **zwei plus fünfzehn ist gleich zweiundsiebzig**
(b) **zwölf plus fünfzehn gleich zweiundsiebzig**
(c) **zwölf plus fünfzehn ist gleich siebenundzwanzig**

2. 81 - 47 = 34

(a) **einundachtzig weniger siebenundvierzig gleich vierunddreißig**
(b) **achtzehn weniger vierundsiebzig gleich vierunddreißig**
(c) **einundachtzig minus siebenundvierzig gleich dreiundvierzig**

3. 17 * 13 = 221

(a) **siebzehn mal dreizehn gleich hundertzweieinundzwanzig**
(b) **siebzig mal dreizehn gleich zweihunderteinundzwanzig**
(c) **siebzehn mal dreizehn gleich zweihunderteinundzwanzig**

4. 135 : 15 = 9

(a) **hundertdreiundfünfzig durch fünfzehn gleich neun**
(b) **einhundertfünfunddreißig durch fünfzehn gleich neun**
(c) **einhunderfünfundreißig durch fünfzig gleich neun**

## 52 Réécrivez le texte en nombres :

1. zweiundsiebzig plus achtzehn gleich neunzig

______________________________

2. einhundertzweiundachzig minus zwei gleich einhundertachtzig

______________________________

3. sieben mal sieben mal sieben gleich dreihundertdreiundvierzig

______________________________

4. dreihundertdreiundvierzig durch vierzehn gleich vierundzwanzig einhalb

______________________________

## 53 Complétez avec la forme correcte du futur.

Ich ________ morgen ___________ (einkaufen).
____________ er dieses Jahr in die Ferien __________ (fahren)?
Denk dran, dass deine Mutter bald _______________ (kommen)
Keine Sorge, ich __________ es nicht __________ (vergessen)
__________ ihr sie nach dem Preis __________ (fragen)?

## 54

**Choisissez le bon genre :**

1. Schule
   (a) **der** (b) **die** (c) **das**
2. Schulhaus
   (a) **der** (b) **die** (c) **das**
3. Höflichkeit
   (a) **der** (b) **die** (c) **das**
4. Höflichkeitsgeste
   (a) **der** (b) **die** (c) **das**
5. Haus
   (a) **der** (b) **die** (c) **das**
6. Hausmeister
   (a) **der** (b) **die** (c) **das**
7. Hausmeisterwohnung
   (a) **der** (b) **die** (c) **das**

## 55

**Quels sont les genres possibles pour les mots suivants ? Traduisez.**

pour les as !

1. Mangel
   (a) **der** (b) **die** (c) **das**
2. Leiter
   (a) **der** (b) **die** (c) **das**
3. Stift
   (a) **der** (b) **die** (c) **das**
4. Verdienst
   (a) **der** (b) **die** (c) **das**
5. Heide
   (a) **der** (b) **die** (c) **das**
6. Erbe
   (a) **der** (b) **die** (c) **das**
7. Kunde
   (a) **der** (b) **die** (c) **das**

## 56 Donnez le bon genre des mots suivants :

1. Haus
   (a) **der** (b) **die** (c) **das**
2. Kirche
   (a) **der** (b) **die** (c) **das**
3. Topf
   (a) **der** (b) **die** (c) **das**
4. Auto
   (a) **der** (b) **die** (c) **das**
5. Tür
   (a) **der** (b) **die** (c) **das**
6. Stuhl
   (a) **der** (b) **die** (c) **das**
7. Fenster
   (a) **der** (b) **die** (c) **das**
8. Tisch
   (a) **der** (b) **die** (c) **das**
9. Küche
   (a) **der** (b) **die** (c) **das**

## 57 Traduisez en allemand les gérondifs suivants.

1. Je regarde la télé en mangeant.

   ______________________________

2. En écoutant de la musique, ils parlèrent politique.

   ______________________________

3. Il souriait à la petite fille en jouant la batterie.

   ______________________________

4. J'ouvre la boîte en enlevant le couvercle.

   ______________________________

5. Il oubliait en buvant.

   ______________________________

6. Il lui fit peur en menaçant le chat.

   ______________________________

7. En allumant la lumière elle chassa les rats.

   ______________________________

## 58 Choisissez la bonne réponse :

1. 7h45
(a) **drei viertel sieben** (b) **drei viertel acht** (c) **viertel acht**
2. 17h30
(a) **halb sieben** (b) **siebzehn und halb** (c) **halb sechs**
3. 11h10
(a) **elf nach zehn** (b) **zehn vor elf** (c) **zehn nach elf**
4. 9h35
(a) **fünf nach halb neun** (b) **fünf vor halb zehn** (c) **fünf nach halb zehn**
5. 20h50
(a) **neun minus zehn** (b) **zehn nach neun** (c) **zehn vor neun**

## 59 Reformulez ces phrases à l'impératif :

1. Kannst du bitte dein Zimmer aufräumen?
______________________________
2. Könnt ihr bitte herkommen?
______________________________
3. Könnten Sie mir bitte den Stift geben ?
______________________________
4. Wollt ihr nicht ein Lied singen?
______________________________
5. Willst du nicht die neue Hose anziehen?
______________________________
6. Kannst du bitte an die Äpfel denken?
______________________________

## 60 Mettez ces instructions à l'impératif.
**Ich möchte, dass…**

1. du dein Zimmer aufräumst.
__________________
2. du den Müll runterbringst.
__________________
3. du das Bad putzt.
__________________

4. du dich beeilst.
______________
5. du mir die Füße massierst.
______________
6. du die Katze fütterst.
______________
7. du das Bett machst.
______________
8. du mir einen Tee machst.
______________

## 61 Infinitif avec ou sans **zu** ? Complétez les phrases :

1. Ich versuche mich __________ (**konzentrieren**)
2. Siehst du ihn im Garten __________ (**spielen**).
3. Er lässt mich immer für ihn _______ (**einkaufen**)
4. Keine Sorge, du kannst ruhig _________ bleiben. (**sitzen**)
5. Hast du Lust, morgen ____________ (**essen gehen**)
6. Ich war sehr zufrieden, sie ___________ (**sehen**).

## 62 Infinitif avec **zu** ou pas ? Choisissez la bonne réponse :

1. Ich versuche ___.
   **a) schlafen** (b) **zu schlafen**
2. Er will gleich ___.
   **a) kommen** (b) **zu kommen**
3. Ich habe Lust ___!
   **a) dich sehen** (b) **dich zu sehen**
4. Kannst du mich nachher ___?
   **a) anrufen** (b) **anzurufen**
5. Sei ruhig, ich muss ___.
   **a) arbeiten** (b) **zu arbeiten**
6. Sie denkt daran ___.
   **a) aufhören** (b) **aufzuhören**
7. Darf ich nachher noch ___?
   **a) ausgehen** (b) **auszugehen**
8. Ich fürchte dich ___.
   **a) beleidigen** (b) **zu beleidigen**

## 63 Traduisez les pronoms interrogatifs suivants :

pour les as !

1. qui? ___
2. où ? ___
3. quand? ___
4. comment? ___
5. pourquoi?___
6. combien? ___
7. quel âge? ___
8. quelle heure? ___
9. combien de fois? _____

## 64 Complétez avec une forme de **kein** ou **nicht** :

1. Im Park spielen _______ viele Hunde.
2. Er kann ________ laufen.
3. ______ Kind bekommt ein Eis geschenkt.
4. Du bekommst ________ Buch von mir.
5. Alte Autos sind _______ teuer.
6. Ich habe _______ Verständnis für deine Situation.

## 65 Complétez avec les formes exactes de **kein.**

1. Ich habe wirklich _________ Lust, ihn heute zu sehen.
2. Es stört mich überhaupt ______ bisschen, wenn ihr morgen kommt.
3. Vergiss nicht, dass wir morgen _________ Unterricht haben!
4. Sie hat heute _______ Zeit für dich.
5. Ich kann dieses Jahr ______ einziges Mal in die Ferien fahren.
6. Wir haben nämlich ________ Ferien.

## 66

### Comment traduirait-on « mettre », « être » ou bien « poser » dans les phrases suivantes ?

1. Die Flasche ________ auf dem Tisch.
2. Auf dem Ast ________ ein kleiner Vogel!
3. Ich ________ den Stuhl in die Ecke.
4. Gestern Abend habe ich ein neues Bild ins Schlafzimmer ________
5. Er _____ sich einen Stift in die Hemdtasche.
6. Das Kissen _______ auf dem Boden.

## 67

### Quel mot faut-il utiliser pour traduire « mettre » ?

1. Sie __ die Flasche auf den Tisch.
   **a) setzt** (b) **legt** (c) **stellt** (d) **sitzt**
2. __ er auf dem Stuhl?
   **a) setzt** (b) **legt** (c) **stellt** (d) **sitzt**
3. Die Katze __ sich auf das Bett.
   **a) liegt** (b) **legt** (c) **stellt** (d) **sitzt**
4. __ die Tasche neben dein Bett!
   **a) lieg** (b) **leg** (c) **stell** (d) **setz**
5. Die Vögel __ auf dem Baum.
   **a) setzen** (b) **legen** (c) **stehen** (d) **sitzen**
6. Der Junge __ sich in die Ecke.
   **a) steht** (b) **legt** (c) **stellt** (d) **setzt**
7. In meinem Garten __ ein großer Baum.
   **a) setzt** (b) **legt** (c) **stellt** (d) **steht.**
8. __ die Jacke auf mein Bett, da passiert ihr nichts.
   **a) setz** (b) **leg** (c) **stell** (d) **sitz**

## 68 Placez la négation au bon endroit :

1. Sie steckt das Geld in ihre Geldbörse.

   ________________

2. Er hielt seine Freunde auf dem Laufenden.

   ________________

3. Die Klimaerwärmung ist die entschiedene Ursache für die gegenwärtigen Umweltkatastrophen.

   ________________

4. Warum bist du auf den Punkt deines Bruders eigentlich eingegangen?

   __________

5. Ich habe mich in der Schweiz zu Hause gefühlt.

   ___________

6. Die Katze legt sich wegen der Wärme gerne auf die Heizung.

   _________

7. Das Möbelhaus kann die Möbel bis ins Wohnzimmer liefern.

   _________

## 69 Quelle est la place correcte pour **nicht** ?

1. Ich ________ habe __________ verstanden, was ________ passiert.
2. Er ________ wohnt _______ in München ______.
3. Wir ________ kommen _______ morgen ______.
4. Seid ihr _____ mit dem Essen _____ zufrieden ________?
5. Sie _______ braucht _______ das Geld __________.

## 70 Écrivez les nombres suivants en toutes lettres :

1. 1435 : ____________________________
2. 275 : ____________________________
3. 2789 : ____________________________
4. 865: ____________________________

## 71

**Formez les nombres ordinaux :**

1. 1 - ______________
2. 2 - ______________
3. 3 - ______________
4. 7 - ______________
5. 10 - ______________
6. 12 - ______________

## 72

**Faites des composés des éléments suivants :**
**Par exemple : kochen + das Buch = das Kochbuch**

1. das Zimmer + die Pflanze = ______________________
2. der Preis + die Frage = ______________________
3. die Medizin + der Mann = ______________________
4. die Dauer + der Lauf = ______________________
5. das Eis + das Bein = ______________________
6. die Eier + der Lauf = ______________________

## 73

**Soulignez le ou les nominatif(s) dans les phrases suivantes :**

1. Ich denke nicht, dass mein Hund gerne in der Küche schläft.
2. Die Palmen, die im Wald stehen, haben grüne Blätter.
3. Er ist Arzt.
4. Er ähnelt seinem Bruder wie ein Ei einem anderen.
5. Wohin auch immer du in den Urlaub fahren willst, ich komme mit!
6. Aus dem Radio kommt klassische Musik, während der alte Mann sein Auto putzt.
7. Ich muss noch den Abwasch machen, meine Mutter ist sonst unzufrieden.
8. In sanftes Kerzenlicht getaucht, hielt der Pastor eine flammende Rede.

## 74

**Placez les éléments dans le bon ordre pour recréér la phrase.**
Par exemple : **ich / auf / stehe/ früh / montags.**
**Ich stehe montags früh auf.**

1. spielt / das Kind / auf dem Spielplatz / am Nachmittag.

   ___________________________

2. kommst / warum / du / mit / nicht

   ___________________________

3. ihre Hausaufgaben / Claudia / machen / noch / muss

   ___________________________

4. er / seine Tante/ nicht / lange / hat / gesehen

   ___________________________

5. keine Zeit / ich / zu / habe / verlieren

   ___________________________

6. wir / in Paris / letzte Woche / sind / angekommen

   ___________________________

## 75

**Mettez les compléments suivants dans le bon ordre :**

1. Ich bin ________________ gewesen.
   **(im Supermarkt/gestern/deinetwegen)**
2. Er kommt ____________ an.
   **(mit dem Zug/um 5Uhr/am Bahnhof)**
3. Wir gehen ______________ .
   **(sonntags/ ins Theater/regelmäßig)**
4. Fährst du ______________ ?
   **(in den Urlaub/mit dem Auto/dieses Jahr)**

## 76 Rangez les groupes de mots dans le bon ordre pour former les phrases.

1. Ich / Zeitung / jeden Tag / lese / beim Frühstück.

   ____________

2. Die politische Situation / hat / in den letzten Monaten / sich / verbessert

   ____________

3. Einmal im Jahr / mein Vater / muss / neue Schuhe / sich / kaufen

   ____________

4. Zu Weihnachten / gibt / Geschenke / es / viele

   ____________

5. Immer / wenn / müde / ist / sie , die Katze / sich / setzt / auf meinen Schoß.

   ____________

6. Im Sommer / wenn / scheint / die Sonne , ich / viel / gehe / spazieren

   ____________

7. In der Schule / wir / viele Hausaufgaben / bekommen / immer

   ____________

8. Ich / muss / wirklich / zum Essen / morgen / kommen ?

   ____________

## 77 Construisez la subordonnée dans l'ordre qui convient:

Par exemple : **Ich denke, …er / dass / verstanden / nicht / hat /das = Ich denke, dass er das nicht verstanden hat.**

1. Weißt du, … die Kirschen / wer / hat / gegessen ?

   ________________________

2. Ich frage mich, … wir / morgen / ob / können / ausschlafen.

   ________________________

3. Versteht jemand, … hier / es / warum / so teuer / ist ?

   ________________________

4. Das ist der Hund, … ich / gestern / den / im Park / habe / gesehen

   ________________________

5. Wusstest du schon, … er / wieder / dass / allein / lebt ?

   ________________________

## 78 Choisissez la bonne forme du passé :

1. Ich ___ ihn nach mehr Geld ___
   (a) **habe ___ fragt** (b) **bin ___frage** (c) **habe ___ gefragt** (d) **habe___ gefrugt**
2. Wir ___ gestern spät nach Hause ___
   (a) **sind___kommen** (b) **haben ___gekommt** (c) **haben___ gekomment** (d) **sind ___gekommen**
3. ___ du gestern rechtzeitig ___?
   (a) **hast___aufgestanden** (b) **bist___aufgestanden** (c) **bist___ aufgesteht** (d) **hast___aufgesteht**
4. Er ___ sich ein Auto ___
   (a) **hat ___ gekauft** (b) **hat ___ gekauten** (c) **hat___kaufen** (d) **ist___gekauft**
5. Sie ___ lange zur Schule ___
   (a) **ist ___ gegeht** (b) **ist___gegangen** (c) **hat___gegangen** (d) **hat ___ gegeht**

## 79 Formez les participes passés :

1. essen: ___
2. schlafen: ___
3. reden: ___
4. kaufen: ___
5. übersetzen: ___
6. studieren: ___

## 80 S'agit-il de particules séparables ou non ? Choisissez la bonne reformulation :

1. aufstehen
   (a) **Ich aufstehe.** (b) **Ich stehe auf.**
2. einschlafen
   (a) **Er einschläft.** (b) **Er schläft ein.**
3. missverstehen
   (a) **Er missversteht mich.** (b) **Er versteht mich miss.**
4. umfahren
   (a) **Wir umfahren die Baustelle.** (b) **Wir fahren die Baustelle um.**
5. bestellen
   (a) **Sie bestellt ein Klavier.** (b) **Sie stellt ein Klavier be.**

## 81 Créez les formes au passif des phrases ci-dessous:

1. Ich lese ein Buch : ____________
2. Ich las ein Buch : ____________
3. Ich werde ein Buch lesen : ____________
4. Er aß Kartoffeln : ____________
5. Er hat Kartoffeln gegessen : ____________
6. Er wird Kartoffeln gegessen haben : ____________

## 82 Passif d'état ou passif d'action ?

1. Sie öffnet die Tür.
   (a) **Die Tür wird geöffnet** (b) **Die Tür ist geöffnet.**
2. Ich verkaufe mein Haus.
   (a) **Mein Haus wird verkauft.** (b) **Mein Haus ist verkauft.**
3. Er hatte die Messe gelesen.
   (a) **Die Messe wurde gelesen.** (b) **Die Messe war gelesen.**
4. Sie hat das Problem gelöst.
   (a) **Das Problem wird gelöst.** (b) **Das Problem ist gelöst.**
5. Ich beschreibe die Landschaft.
   (a) **Die Landschaft wird beschrieben.** (b) **Die Landschaft ist beschrieben.**

## 83 Formulez le passif :

pour les as !

1. Wir folgen der schwarzen Katze im Park.
   ______
2. Ein starker Windstoß hob das Fenster aus seinem Rahmen.
   ______
3. Ich denke, dass ich dieses Buch lesen werde.
   ______
4. Ich muss ihnen leider sagen, dass ich dieses Sofa schon verkauft habe.
   ______
5. Und so kam es dann, dass ich die Sache habe erledigen müssen.
   ______
6. Er wird sein Zimmer schon aufgeräumt haben.
   ______

## 84 Choisissez le bon pluriel :

1. die Blume
(a) **Blume** (b) **Blümen** (c) **Blumes** (d) **Blumen**
2. der Stuhl
(a) **Stuhls** (b) **Stühle** (c) **Stühls** (d) **Stuhle**
3. die Schwester
(a) **Schwester** (b) **Schwesters** (c) **Schwestern** (d) **Schwäster**
4. das Spiel
(a) **Spiele** (b) **Spielen** (c) **Spieler** (d) **Spiels**
5. das Kleid
(a) **Kleide** (b) **Kleider** (c) **Kleide** (d) **Kleiden**

## 85 Transformez ces singuliers en pluriels :

1. das Rad: die __
2. das Auto: die __
3. das Messer: die __
4. das Haar: die __
5. die Feder: die __
6. der Laden: die __
7. der Braten: die __
8. die Tochter: die __

## 86 Placez les virgules au bon endroit dans les phrases suivantes.

1. Ich weiß nicht mehr wo mein Auto steht.
2. Ich habe vergessen wie er heißt.
3. Denkst du daran Milch mitzubringen.
4. Er kommt morgen um seine Hose abzuholen.
5. Wir werden früh losfahren und spät zurückkommen.
6. Ich denke nicht dass er das Richtige tut.
7. Mein Vater obgleich manchmal etwas zu stur muss sich wirklich durchsetzen.
8. «Woher kommst du so spät» fragte sie.

## 87 Complétez, avec le bon cas, après les prépositions suivantes.

1. Ich wohne bei ____ Mutter
   (a) **meine** (b) **meinem** (c) **meinen** (d) **meiner**
2. Er denkt an ____ Freundin
   (a) **seine** (b) **seinem** (c) **seinen** (d) **seiner**
3. Kommst du aus ____ Stadt?
   (a) **die** (b) **dem** (c) **der** (d) **den**
4. Wir essen heut Abend ohne ____ Mitbewohner
   (a) **den fehlenden** (b) **dem fehlenden** © **die fehlende** (d) **der fehlende**
5. Sie stellt die Flasche auf ____ Tisch.
   (a) **dem** (b) **der** (c) **den** (d) **des**
6. Ich fahre zu _____ Oma.
   (a) **meine** (b) **meinem** (c) **meinen** (d) **meiner**

## 88 Complétez les bons cas avant et après les prépositions.

pour les as !

1. Nachdem ich d___ Tasche auf ___ Tisch gelegt hatte, nahm ich mein___ Telefon und steckte es zu_ Laden in ____ Steckdose.
2. D___ Palme, d___ zwischen d___ Meer und d___ Hotels wuchs, hatte kleine Wassertropfen an ____ großen Blättern.
3. Neben d___ schwarzen Katze lag gewöhnlich e___ klein___ grau___ Hund, d___ mit d___ Schwanz wedelte, wenn er sein Herrchen sah.
4. D___ junge Mann saß d___ ganz___ Abend vor d___ Computer und arbeitete an ____ Vortrag, d____ er a___ nächst___ Tag zu halten hatte.
5. Gemäß d___ Straßenverkehrsordnung ist es untersagt neben und vor d___ Gerichtsgebäude zu parken.
6. In wenig___ Stunden wird hier d___ königlich___ Kutsche d___ Fluss entlang fahren und schließlich an d___ Ecke rechts abbiegen.
7. Zu d___ Linsen wird grün___ Spargel an weiß___ Soße gereicht.

## 89 Datif ou accusatif ?

1. Das Buch liegt auf ____ Bett.
   (a) **dem** (b) **den**
2. Wir fahren an ____ Meer.
   (a) **das** (b) **dem**
3. Der Stift ist hinter ____ Tisch gefallen.
   (a) **dem** (b) **den**
4. Er setzt sich neben ____
   (a) **ihr** (b) **sie**
5. Sie hat den ganzen Tag ____ Strand gesessen.
   (a) **am** (b) **an den**
6. Zwischen ____ und ____ lief der Hund hin und her.
   (a) **ihr und mir** (b) **sie und mich**

## 90 Complétez les phrases suivantes en mettant le nom entre parenthèses dans le cas qui convient.

1. Ich wohne außerhalb ____ (Stadt)
2. Er dankt ____ (sein Vater)
3. Um ___ Willen (Himmel), fahr da bloß nicht hin!
4. Während ____ (Ferien) waren wir in Spanien.
5. Trotz ____ (schlechtes Wetter) gehe ich spazieren.
6. Das ist alles nur wegen ____ (du).

## 91 Complétez les phrases suivantes en utilisant un pronom indéfini variable (**man**, **jemand**, **meinesgleichen**, **unsereiner**):

1. Hast Du schon mal _____ gesehen, der das so gut kann wie er?
2. ____ wird das nicht schaffen, da können wir uns noch so anstrengen.
3. Wenn ____ etwas wirklich will, kann ___ es auch schaffen.
4. Er spricht nur mit schicken Leute, nicht mit ____
5. ____ hat je die Rückseite des Mondes gesehen!
6. Hallo? Ist hier ___?

## 92 Mettez le texte suivant au prétérit.

pour les as !

Diese kleine Frau nun ist mit mir sehr unzufrieden, immer hat sie etwas an mir auszusetzen, immer geschieht ihr Unrecht von mir, ich ärgere sie auf Schritt und Tritt; wenn man das Leben in allerkleinste Teile teilen und jedes Teilchen gesondert beurteilen könnte, wäre gewiß jedes Teilchen meines Lebens für sie ein Ärgernis. Ich habe oft darüber nachgedacht, warum ich sie denn so ärgere; mag sein, daß alles an mir ihrem Schönheitssinn, ihrem Gerechtigkeitsgefühl, ihren Gewohnheiten, ihren Überlieferungen, ihren Hoffnungen widerspricht, es gibt derartige einander widersprechende Naturen, aber warum leidet sie so sehr darunter? Es besteht ja gar keine Beziehung zwischen uns, die sie zwingen würde, durch mich zu leiden. Sie müßte sich nur entschließen, mich als völlig Fremden anzusehn, der ich ja auch bin und der ich gegen einen solchen Entschluß mich nicht wehren, sondern ihn sehr begrüßen würde, sie müßte sich nur entschließen, meine Existenz zu vergessen, die ich ihr ja niemals aufgedrängt habe oder aufdrängen würde – und alles Leid wäre offenbar vorüber. Ich sehe hiebei ganz von mir ab und davon, daß ihr Verhalten natürlich auch mir peinlich ist, ich sehe davon ab, weil ich ja wohl erkenne, daß alle diese Peinlichkeit nichts ist im Vergleich mit ihrem Leid.

## 93 Choisissez la bonne réponse :

1. Bringst du mir aus dem Urlaub ____ mit?
   (a) **nichts** (b) **viel** (c) **etwas** (d) **ein bisschen**
2. Er hat heut noch ____ gegessen.
   (a) **nichts** (b) **viel** (c) **etwas** (d) **ein bisschen**
3. Warum sich entscheiden? Kaufen Sie einfach____.
   (a) **jedermann** (b) **nichts** (c) **beide** (d) **ein bisschen**
4. Lass ihn doch, wenn er nicht will, er schadet sich nur ___.
   (a) **selbst** (b) **etwas** (c) **viel** (d) **ein bisschen**
5. Ich brauche ____ frische Luft!
   (a) **jedermann** (b) **nichts** (c) **viel** (d) **ein bisschen**
6. So ist das im Leben, hat man ____, ist man ____.
   (a) **selbst** (b) **etwas** (c) **viel** (d) **nichts**

## 94

**Posez la question qui correspond.**
**Par exemple : Antwort: Deine Mutter klopft an der Tür.**
**Frage: Wer klopft an der Tür?**

1. Frage:____
   Antwort: Ich habe Paul im Park getroffen.
2. Frage:____
   Antwort: Gestern? Hab ich nichts besonderes gemacht.
3. Frage:____
   Antwort: Das rote Auto gehört unserm Nachbarn.
4. Frage:____
   Antwort: Ich denke an nichts.
5. Frage:____
   Antwort: Ich denke an niemanden.
6. Frage:____
   Antwort: Es ist das Fahrrad meiner Mutter, das vor der Tür steht.

## 95

**Reformulez l'énoncé en utilisant un ou plusieurs pronoms personnels.**
**Par exemple : Ich sehe Thomas morgen.**
**Ich sehe ihn morgen.**

1. Der Hund gehört zu Familie Mayer.
   ____________________
2. Sie mag ihren neuen Nachbarn.
   ____________________
3. Erinnerst du dich an die nette Verkäuferin?
   ____________________
4. Dieses Haus ist ziemlich teuer.
   ____________________
5. Die chinesische Delegation übergab dem deutschen Botschafter ein Geschenk.
   ____________________
6. Das hat sich die Frau schon oft gefragt.
   ____________________
7. Die Familien vertrauen ihrem Vermieter.
   ____________________

## 96 Choisissez la bonne forme du pronom personnel :

1. Ich bin für diesen Vorschlag. Ich bin __
   (a) **für ihn** (b) **dafür**
2. Er denkt an seine Katze. ___ denkt er?
   (a) **an wen** (b) **woran**
3. Die Blumen sind für seine Frau. Sie sind___
   (a) **für sie** (b) **dafür**
4. Stell den Tisch neben den Baum. Stell ihn __
   (a) **neben ihn** (b) **daneben**
5. Hast du auf deinen Bruder gehört? Ja, ich habe___ gehört.
   (a) **auf ihn** (b) **darauf**

## 97 Reformulez les phrases en utilisant un pronom possessif.

Par exemple : **Paul liest das Buch, das er sich gekauft hat. Paul liest sein Buch.**

1. Ich habe gestern die Mutter von Franz angerufen. ______________________________
2. Hast Du Utes Auto gesehen?
   ______________________________
3. Die Schüler lösen die Aufgabe, die der Lehrer ihnen gegeben hat.
   ______________________________
4. Wo ist denn die Tasche, mit der ihr gekommen seid?
   ______________________________
5. Hier sind die Nüsse, die dir zustehen.
   ______________________________

## 98 Choisissez la bonne option.

1. Sie hat ___ Mantel verloren.
   (a) **seinen** (b) **seine** (c) **ihren** (d) **ihre**
2. Das ist ___ neue Freundin.
   (a) **seinen** (b) **seine** (c) **ihren** (d) **ihre**
3. Und das ist die Freundin ___ Bruders.
   (a) **seines** (b) **seiner** (c) **ihres** (d) **ihrer**
4. Hat sie schon mit ___ Mutter gesprochen?
   (a) **seines** (b) **seine** (c) **ihres** (d) **ihrer**
5. Das ist nur die Folge ___ Unfähigkeit.
   (a) **seinem** (b) **seiner** (c) **ihrem** (d) **ihrer**

## 99 Complétez le pronom réfléchi :

1. Ich wasche ___.
2. Ich wasche ___ die Hände.
3. Wir kaufen ___ ein neues Haus.
4. Sie verstehen ___ nicht.
5. Sie hat ___ den Arm gebrochen.
6. Er wollte ___ nicht unterordnen, musste aber nachgeben.
7. Ihr solltet ___ schämen!

## 100 Choisissez la bonne option parmi les propositions suivantes.

1. Die guten Vorsätze, ___ wir für das nächste Jahr fassen.
   (a) **der** (b) **die** (c) **das**
2. Hast du das Kind gesehen, ___ da hinten sitzt?
   (a) **der** (b) **die** (c) **das**
3. Es ist doch deine Frau, ___ nicht kommen will!
   (a) **der** (b) **die** (c) **das**
4. Das sind die Linsen, ___ wir gestern gegessen haben.
   (a) **der** (b) **die** (c) **das**
5. Sie wohnt in dem Haus, ___ am Stadtrand steht?
   (a) **der** (b) **die** (c) **das**

## 101 Mettez le pronom relatif à la bonne forme.

1. Ich sitze auf dem Stuhl, _____ gestern kaputt ging.
2. Glaubst du an das Versprechen, ____ dir deine Mutter gab?
3. Es ist Thomas, ___ Freund gestern nicht kam.
4. Familie Schmidt? _____ glaube ich nicht ein Wort!
5. Hier ist die Frau, _____ der Mantel gehört.
6. Eine Kiste, ____ Inhalt ich nicht kenne.

## 102 Complétez les phrases en mettant les verbes entre parenthèses au **Konjunktiv II** :

1. Ich wünschte, ich (sein) reich.

   ______________________________

2. Wenn er doch endlich (kommen).

   ______________________________

3. Wenn ich (können), (fahren) ich drei Mal im Jahr in den Urlaub.

   ______________________________

4. (Denken) nur jemand an mich!

   ______________________________

5. Wenn du nicht so lange (schlafen), (haben) mehr Zeit für deine Aufgaben.

   ______________________________

6. Ich denke nicht, dass das eine gute Idee (sein).

   ______________________________

## 103 Complétez avec le superlatif de l'adjectif entre parenthèses.

1. Da ist das _____ Brot, das ich je gegessen habe! (gut).
2. Der _____Park der Stadt, liegt im Norden (groß).
3. In den ____ Fällen kann man nichts machen (viel).
4. Das machst du bei der _____ Gelegenheit (nah).
5. Er ist einer der ____ Männer, die ich kenne (mutig).

Exercices

## 104 Danach, nachdem, nach ou nachher ?

1. Er ist aufgestanden, ___ ich gegangen war.
2. Ich komme ___, erst muss ich noch arbeiten.
3. Denkst du daran, ___ deine Mutter anzurufen?
4. ___ der Schule gehen sie auf den Spielplatz.
5. ___ sie im Urlaub war, hat sie ihre Familie besucht.
6. Wollen wir ___ ein Bier trinken?

## 105 Vorher, zuvor, vor ou bevor ?

1. Er ist aufgestanden, ___ ich gegangen war.
2. Ich komme, aber ___ muss ich noch etwas erledigen.
3. ___ deine Mutter anruft, solltest du den Abwasch machen.
4. ___ der Schule gehen sie auf den Spielplatz.
5. ___ sie im Urlaub war, hat sie ihre Familie besucht.
6. Wollen wir ___ noch ein Bier trinken?

## 106 Nur ou erst ?

1. Ich komme ___ um 15 Uhr.
2. Wie kannst du ihn das fragen? Er ist ___ 16 Jahre alt!
3. Er verdient ___ 1500€ im Monat!
4. So eine Chance bekommt man ___ nur ein Mal im Leben.
5. ___ wer wagt, gewinnt.
6. Sie ist ___ vor zwei Stunden angekommen.

## 107 Dürfen ou können ? Complétez avec le bon verbe dans la bonne forme.

1. Ich muss erst zu Hause fragen, ob ich morgen mitkommen.
2. Er ___ nicht arbeiten, da er krank war.
3. ___ wir nach dem Essen noch fernsehen?
4. Chinesisch ___ ich leider nicht sprechen.
5. Der Chef sagt, du ___ heut früher nach Hause!

## 108 Donnez les formes du présent, du prétérit et le participe passé des verbes suivants.

**Par exemple : essen:** isst - aß - gegessen

1. schlagen:__
2. senden:__
3. kennen:__
4. kaufen:__
5. gewinnen:__
6. rufen:__
7. schneiden:__
8. rennen:__
9. lieben:__
10. finden:__
11. geben:__
12. fühlen:__
13. sprechen:__
14. wollen:__
15. wissen:__
16. denken:__
17. vergessen:__
18. trinken:__
19. nehmen:__

## 109 wollen ou mögen ?

1. ___ du noch eine Tasse Tee?
2. ___ er mit ins Kino kommen?
3. Wir ___ nächstes Jahr nach Peru fahren.
4. Sie weiß nicht, was sie ___
5. Sind Sie sicher, dass Sie nichts mehr ___?

## 110 Mettez les phrases suivantes soit au passé soit au présent :

pour les as !

1. Ich muss aufstehen.

   ___

2. Er übersetzt einen Text.

   ___

3. Wir essen auf.

   ___

4. Wann bist du gestern angekommen?

   ___

5. Warum ist er nicht mitgekommen?

   ___

6. Denkt sie daran, Wasser einzukaufen?

   ___

7. Ich verspreche ihm ein Eis.

   ___

8. Sie hat in der Schule gut aufgepasst.

   ___

## 111 **müssen** ou **sollen** ?

1. ____ das sein?
2. Die Bibel sagt, man ____ nicht töten.
3. ____ ich dir etwas mitbringen?
4. Ich ____ dringend nach Hause.
5. Mein Mann sagt, ich ____ schnell nach Hause kommen.

## 112 Complétez la phrase avec la bonne préposition et l'article décliné qui convient :

1. Ich bestehe ____ ____ Entschädigung.
2. Er hast sich sehr ____ ____ Geschenk gefreut!
3. Fürchtest du dich etwa ____ ____ Spinnen?
4. Wir haben überall ____ ____ Buch gesucht.
5. Die Frau kümmert sich ____ ____ kranken Mann.
6. Wo warst du? Ich habe eine halbe Stunde ____ ____ gewartet!
7. Er leidet ____ ____ seltenen Krankheit.
8. Denkst du auch manchmal ____ ____?

## 113 Traduisez **quand** pour chacune de ces phrases.

1. ___ kommst du zurück?
   (a) **wann** (b) **wenn** (c) **als**
2. Sagst du mir Bescheid, ____ ich dran bin?
   (a) **wann** (b) **wenn** (c) **als**
3. ___ ich klein war, war ich oft krank.
   (a) **wann** (b) **wenn** (c) **als**
4. Jedes Mal, ____ wir zu meiner Oma fuhren, wurde ich krank.
   (a) **wann** (b) **wenn** (c) **als**
5. Ich weiß nicht, ____ er Geburtstag hat.
   (a) **wann** (b) **wenn** (c) **als**
6. ____ du willst, erledige ich das für dich.
   (a) **wann** (b) **wenn** (c) **als**

# Corrigé des exercices

**1)** 1. meine Oma 2. den neuen Freund 3. das Problem, das Buch, das 4. es, den Tisch 5. die Suppe ein Kilo Kartoffeln, zwei Bund Möhren, Zwiebeln, Salz, Pfeffer und einen Blumenkohl. 6. ein neues Haus 7. einen schönen Blumenstrauß, Rosen 8. ihre Frage

**2)** 1. Zu Weihnachten gibt es bei uns jedes Jahr (jed-) einen echten Entenbraten (echt-). 2. Die Nachbarn hören die ganze Woche ( ganz-) wirklich laute, schreckliche Musik (laut-, schrecklich-) 3. Die schwarze Katze (schwarz-) schlief den lieben langen Tag (lieb- lang-) auf dem großen Sofa (groß-) ohne aufzusehen. 4. Wenn ich groß bin (groß-), kaufe ich mir ein schnelles Auto (schnell-), ein schönes Haus (schön-) und schicke Kleidung (schick-). 5. Denkst du daran, deiner alten Mutter (alt-) ein bisschen frisches Obst (frisch-) aus dem neuen Supermarkt (neu-) mitzubringen? 6. Rote Linsen (rot-) benutzt man oft (oft-) in indischen Speisen (indisch-), da sie schnell weich (weich-) und überaus bekömmlich (bekömmlich-) sind. 7. Auf dem Bauernhof gibt es viele Kühe (viel-) und Schweine, einige Schafe (einig-) und zwei nette Ziegen (nett-). 8. Auf dem Markt kaufe ich rote Beete (rot-), grüne Bohnen (grün-), frische Milch (frisch-) und frisch gebackenes Brot (frisch- gebacken-).

**3)** 1. schönes 2. wütend. 3. roter 4. schönes 5. kaputt 6. dringendes.

**4)** 1. das 2. die 3. einen

**5)** Wir waren im Urlaub in einer großen Stadt. Die Straßen standen voll hoher Häuser. Schon früh am Abend wurde es daher auf den Straßen dunkel. Doch auch wenn sie lang waren, waren die Abende sehr schön. Es gab schöne Restaurants, mit alten Möbeln und schönen Blumen auf den großen Tischen. Gegen Ende des Urlaubs besuchten wir meine alte Tante. Sie wohnt am Rande der Stadt, in der Nähe eines großen Parks.

**6)** 1. vieler 2. mehrere schöne. 3. Welche amerikanischen 4. Unsere neuen, ihre beiden neuen 5. Alle, geparkten 6. Manchen 7. seine letzten 8. solchen kostbaren 9. Einige der letzten

**7)** 1. Im Park spielen viele schnelle Hunde. 2. Beide laufen schnell zum Ausgang. 3. Jedes schnelle Kind bekommt ein Eis geschenkt. 4. Kannst du mir schnell dieses Buch geben? 5. Alle schnellen Autos sind teuer. 6. Das ist das Auto welches schnellen Mannes?

**8)** 1. Ich bin über ihre Anwesenheit sehr froh. 2. Ihm ist die Teilnahme egal. 3. Sie war neidisch auf die Erfolge ihres ätleren Bruders. 4. Frankreich ist reich an Ideen. 5. Der Richter war entsetzt über die Äußerungen des Zeugen. 6. Sind Sie mit diesem Termin einverstanden? 7. Wir sind an unserem Ergebnis selbst schuld. 8. BIst du mit deiner neuen Wohnung zufrieden? 9. Seid ihr zu einer Änderung des Plans bereit?

**9)** 1. Ich esse gerne rote Kirschen. 2. Ein Kilo der neuen Kartoffeln bitte. 3. Teure Kleider kaufe ich nicht. 4. Viele Kinder schlafen viel. 5. Bringst du frisches Brot mit?

**10)** 1. Ihr Hund schläft. Es ist ein schlafender Hund. 2. Das Kind weint. Es ist ein weinendes Kind. 3. Das Schiff ist gesunken. Es ist ein gesunkenes Schiff. 4. Wäschst du das Geschirr ab? Das Geschirr ist schon abgewaschen. 5. Die Bäckerei liegt in Paris. Es ist eine Pariser Bäckerei.

**11).** 1. Meine Familie würde gerne einmal in den Iran reisen. 2. Leider ist das ziemlich kompliziert und daher waren wir erst ein Mal im mittleren Osten. 3. Das hat sich aber gelohnt: Wir waren im Libanon und in Jordanien. 4. Außerdem würde ich gerne einmal nach Ägypten reisen. 5. Von dort aus wäre man schnell in Algerien oder in Marokko. 6. Wahrscheinlich fahren wir nächstes Jahr aber nach Australien, zu meiner Tante. 7. Jetzt wohnt sie in Sydney, aber vorher lebte sie auf dem Balkan. 8. Ich verreise sehr gerne, nur Belgien und die Schweiz interessieren mich nicht.

12) 1. Es war einmal ein kleines Mädchen. 2. Es wohnte mit seiner Mutter in einem Wald. 3. Da wurde plötzlich seine Oma sehr krank. 4. Das kleine Mädchen wollte seiner Oma einen Korb mit Nahrung bringen. 5. Die Mutter legte alles zurecht und bat das Kind, bei der Wanderung durch den Wald vorsichtig zu sein. 6. Tatsächlich wohnte in dem Wald ein bekannter Wolf. 7. Als das Mädchen sich auf den Weg machte, traf es sehr bald den bösen Wolf.

13) 1. Ich habe schon Vieles von ihm gehört. 2. Heute ist nichts Besonderes passiert. 3. Hast du aus dem Urlaub etwas Besonderes mitgebracht? 4. Ich bin gegen den Rat einzelner meiner Freunde weggefahren.

14) 1. vrai 2. faux : Franzosen 3. vrai 4. faux : Leckeres

15) 1. folgend - folgendermaßen 2. glücklich - glücklicherweise 3. schön - schön 4. mehr - mehr 5. Dienstag - dienstags 6. Abend - abends

16) 1. Ich bin müde, also gehe ich schlafen. 2. Er schuldet mir etwas, ich habe nämlich für ihn gekocht. 3. Sie ist krank und geht trotzdem zur Schule. 4. Bleib nicht so lange im Büro, sonst werde ich alleine essen. 5. Ich gehe einkaufen, ich habe nämlich keine Butter mehr. 6. Ich habe keine Butter mehr, also gehe ich einkaufen. 7. Er mag keinen Sport und geht trotzdem zum Fußball. 8. Heute ist kein guter Tag: Mir ist kalt und außerdem regnet es.

17) 1. her 2. her 3. hin 4. hin 5. hinunter 6. her

18) 1. viel. 2. sehr 3. wohl- 4. genug 5. noch 6. gut

19) 1. Hast du das schöne Haus gesehen? 2. Wir wollen bald in die neue Wohnung ziehen. 3. Der Kuchen sieht sehr lecker aus. 4. Ich habe die Uhr verloren, die du mir gegen hast. 5. Vergiss nicht, den Kater zu füttern! 6. Das Auto der jungen Frau ist kaputt gegangen.

20) 1. Gehst du gerne zur Schule? 2. Jeden Sommer fahren wir ans Meer. 3. Am Sonntag schlafe ich bis Mittag. 4. Kaufst du dein Brot beim Bäcker? 5. Im Wald wachsen viele Bäume. 6. Gehst du jede Woche ins Kino?

21) 1. Im Sommer fährt er durch halb Europa. 2. Nudeln esse ich nicht gerne. 3. Im Jahre 2007 regnete es viel. 4. Ich fange nächstes Jahr mit der Arbeit an. 5. Ihn ergriff ein Gefühl der Trauer. 6. Er kommt mit dem Auto.

22) 1. Gestern habe ich eine Kuh gesehen. 2. Sie stand auf einer Wiese neben dem Haus. 3. Als ich sie sah, saß ich gerade in einem Café. 4. Im Café arbeitete ein junger Kellner. 5. Der trug eine weiße Schürze. 6. Er brachte mir einen Kaffee mit einem Stück Zucker.

23) 1. Paul ist so groß wie Klaus. 2. Claudia steht früher auf als ihr Bruder. 3. Immer langsam, ich habe kein so schnelles Auto. 4. Hier ist es genauso laut wie nebenan. 5. Ihr seid viel lauter als wir.

24) 1. schnell - schneller - am schnellsten 2. groß - größer - am größten 3. laut - auter - am lautesten 4. viel - mehr - am meisten 5. gut - besser - am besten 6. leise - leiser - am leisesten 7. alt - älter - am ältesten 8. stark - stärker - am stärksten

25) 1. Paul geht gerne zur Schule. Tom geht noch lieber zur Schule. 2. Paul hat viele Freunde. Tom hat noch mehr Freunde. 3. Paul hat ein großes Zimmer. Tom hat ein noch größeres Zimmer. 4. Paul ist ein guter Läufer. Tom ist ein noch besserer Läufer. 5. Paul hat ein teures Telefon. Tom hat ein noch teureres Telefon. 6. Paul kann hoch springen. Tom kann noch höher springen. 7. Paul geht oft ins Theater. Tom geht noch öfter ins Theater. 8. Paul kann lang die Luft anhalten. Tom kann noch länger die Luft anhalten.

26) 1. Je eher du kommst, desto besser. 2. Es ist heute teurer. 3. Je später der Abend, umso schöner die Gäste. 4. Sie hat ein größeres Haus als ich. 5. Ich kenne ein besseres Restaurant.

27) 1. Er rennt bei weitem nicht so gut wie ich. 2. Madame Bovary finde ich jetzt noch besser als früher. 3. Ich lese gerne Bücher, aber ich gehe noch lieber ins Kino. 4. Unser Nachbar wird reicher und reicher. 5. Es ist eine Dame reiferen Alters.

28) 1. Wenn du gestern früher gekommen wärest, hätten wir den Film nicht verpasst. 2. Wenn es morgen regnet, gehe ich nicht aus dem Haus. 3. Wenn es nicht so teuer wäre, würde ich mehr einkaufen. 4. Wenn ich nicht so müde wäre, würde ich mit dir ins Kino gehen. 7 . Wenn wir den Zug nicht verpasst hätten. wären wir jetzt am Meer.

29) 1. Ich bin müde, weil ich gestern nicht gut geschlafen habe. 2. Trinkst du gern Kaffee oder Tee? 3. Er denkt, dass seine Familie anstrengend ist. 4. Wir kommen Montag, obwohl wir sehr viel zu tun haben. 5. Nach dem ich in der Uni war, komme ich nach Hause. 6. Mir ist

kalt, denn die Heizung ist kaputt. 7. Du möchtest arbeiten, aber du bist zu müde. 8. Sie trinken Bier und essen Chips. 9. Sie ist traurig, da ihr Hund krank ist.

30) 1. Ich kann heute Abend entweder Tomaten oder Gurken essen. 2. Sibylle sprich sowohl Spanisch als auch Chinesisch. 3. Ich mag weder Tomaten noch Gurken, Gemüse ist nichts für mich. 4. Mit dieser Kamera können Sie sowohl filmen als auch Videos abspielen. 5. Sowohl dein Vater als auch ich sind der Meinung, dass das keine gute Idee ist. 6. Entweder du kommst in Zukunft pünktlich oder du arbeitest hier nicht mehr. 7. Sowohl du als auch ich wissen, wovon hier die Rede ist. 8. Sie ist nicht nur klug, sie ist auch noch schön.

31) 1. Ich bleibe im Bett, weil mir kalt ist. - Ich bleibe im Bett, denn mir ist kalt. 2. Anna geht in die Bibliothek, weil sie arbeiten muss. - Anna geht in die Bibliothek, denn sie muss arbeiten. 3. Ich esse keinen Joghurt, weil ich keine Milch mag. - Ich esse keinen Joghurt, denn ich mag keine Milch. 4. Weil wir keine Lust haben, kommen wir morgen nicht - Wir kommen morgen nicht, denn wir haben keine Lust. 5. Sie müssen zu Hause bleiben, weil sie krank sind. - Sie müssen zu Hause bleiben, denn sie sind krank.

32) 1. Ich gehe in die Schule, damit ich etwas lerne. Ich gehe in die Schule, um dort zu lernen. 2. Großmutter geht in den Garten, damit sie Karotten holen kann. Großmutter geht in den Garten, um Karotten zu holen. 3. Er studiert Medizin, damit er den Menschen helfen kann. Er studiert Medizin, um den Menschen zu helfen. 4. Ich möchte dich in den Urlaub mitnehmen, damit du dich ausruhen kannst. Du solltest mit mir in den Urlaub kommen, um dich auszuruhen. 5. Sie geht zum Arzt, damit sie Medikamente bekommt. Sie geht zum Arzt, um Medikamente zu bekommen. 6. Ich bringe das Fahrrad in die Werkstatt, damit es repariert wird. Um es zu reparieren, muss ich das Fahrrad in die Werkstatt bringen. 7. Du musst dich vorstellen, damit du hereinkommen darfst. Um hereinzukommen, musst du dich vorstellen.

33) 1. Die Tage der Woche sind: Montag, Dienstag, Mittwoch, Donnerstag, Freitag. 2. Das Wochenende hat zwei Tage: Samstag und Sonntag3 . Das Jahr hat 12 Monate und 4 Jahreszeiten - 4. Der Winter besteht aus Dezember, Januar und Februar. Zum Frühling zählt man den März, April und Mai. 5. Der Sommer sind der Juni, Juli und August. Und schließlich kommt der Herbst mit September, Oktober und November.

34) 1. mir 2. der Vorlesung , an der Wand 3. den Leuten 4. den Zwiebeln, einer Pfanne 5. im Mai, im Bett. 6. ihr, seinem Auto 7. mir, zum Geburtstag. 8. beim Aussteigen, in den Ablagen.

35) 1. Ein Schaltjahr kommt nur alle vier Jahre. 2. Ostern suchen wir Schokolade im Garten. 3. Und an Silvester gibt es ein Feuerwerk und Sekt. 4. Im Laufe der Zeit ist das Brot immer teurer geworden. 5. Sein monatliches Einkommen beläuft sich auf 3500€.

36) 1. Ich esse ein Brot. 2. Er dankt seinem Vater. 3. Helfen wir ihnen. 4. Trinkst du ein Glas Wein mit mir? 5. Du bist deinem Vater ähnlich.

38) 1. das Haus = des Hauses 2. das Geheimnis = des Geheimnisses 3. der Platz = des Platzes 4. das Epos = des Epos 5. das Grün = des Grüns

40) Dieser Pullover kostet 50€. Das ist teuer, aber immer noch billiger als jener für 75€. Welchen möchtest du? Ich weiß es nicht, im Moment trägt jeder den billigen, mancher aber auch den teuren und überhaupt ist ein solcher Pullover nicht mehr als 30€ wert.

41) 1. In welches Restaurant willst du heute Abend mit deinen Freunden gehen? 2. Bei diesem Wetter bleibt man am besten zu Hause. 3. Ich kann unmöglich die Namen all deiner Freunde kennen. 4. Das Angebot dieses großen Supermarkts ist wirklich unschlagbar. 5. Kann die Tante ihrem Mann bei den Aufgaben helfen? 6. Ich habe erst Ende des Jahres Zeit, in den Urlaub zu fahren. 7. Er hat das Telefon zwischen das Fenster und das Bett gestellt.

42) 1. Derjenige, der den Preis nicht will, ist selber schuld. 2. Die Frau ist diejenige, der das Buch gehört. 3. Das rote Auto ist dasjenige, das wir kaufen werden. 4. Diejenigen Kinder, die nicht krank sind, werden kommen.

43) 1. Wir haben den gleichen Stift! 2. Ja, ich weiß, ich hatte gestern dieselbe Hose an. 3. In beiden Fällen gilt dasselbe Prinzip. 4. Hast du das gesehen? Der Typ da hinten hat das gleiche Hemd wie ich! 5. Geschichte wiederholt sich, es ist eine ewige Wiederkehr des Gleichen. 6. Ich kann es nicht mehr hören, immer dies gleichen Fragen. 7. Das ist dieselbe, die wir gestern gesehen haben.

**44)** 1. Der Politiker sagt: er werde die Steuern senken, wenn man ihn wähle. 2. er habe eine Lösung für unsere Probleme. 3. eine Partei sei die einzige, die uns helfen könne. 4. in seinem Wahlprogramm stünden alle wichtigen Informationen. 5. wir mögen am Sonntag bitte zur Wahl kommen. 6. er sei überzeugt, dass wir unsere Entscheidung nicht bereuen würden. 7. er glaube an uns und sich.

**45)** 1. ich käme 2. er denke 3. wir spielten 4. er äße 5. wie würden kaufen

**46)** Er sagt: sie sei eine kleine Frau, von Natur aus recht schlank, sei sie doch stark geschnürt; er sehe sie immer in dem gleichen Kleid, es sei aus gelblich-grauem gewissermaßen holzfarbigem Stoff und ein wenig mit Troddeln oder knopfartigen Behängen von gleicher Farbe versehen; sie sei immer ohne Hut, ihr stumpfblondes Haar sei glatt und nicht unordentlich, aber sehr locker gehalten. Trotzdem sie geschnürt sei, sei sie doch leicht beweglich, sie übertreibe freilich diese Beweglichkeit, gerne halte sie die Händen in den Hüften und wende den Oberkörper mit einem Wurf überraschend schnell seitlich. Den Eindruck, den ihre Hand auf ihn mache, könne er nur wiedergeben, indem er sage, dass er noch keine Hand gesehen habe, bei der die einzelnen Finger derart scharf voneinander abgegrenzt waren, wie bei der ihren; doch ihre Hand habe keineswegs irgendeine anatomische Merkwürdigkeit, es sei eine völlig normale Hand.

**47)** 1. Warte einen Augenblick, ich bin dabei, zu essen. 2. Er kommt, er kauft gerade noch ein Eis. 3. Die Schüler sind konzentriert, sie sind dabei, eine Aufgabe zu lösen. 4. Stör sie nicht, sie ist am schlafen. 5. Du kannst den Computer jetzt nicht benutzen, Paul ist beim spielen.

**48)** 1. Woher kommt er? 2. Wohin gehst du? 3. Herein!4. Raus! 5. Komm her!

**49)** 1. Es schneit. 2. Es dämmert. 3. Es spukt. 4. Es wird Sommer. 5. Es klingelt.

**50)** 1. Heute gibt es Spaghetti zum Mittag. 2. Da ist eine Katze auf dem Stuhl. 3. Letzten Winter gab es wenig Schnee. 4. Thomas! Es ist ein Freund von dir am Telefon 5. Hier gibt es ein Problem.

**51)** 1. (c) 2. (a) 3. (c) 4. (b)

**52)** 1. 72 + 18 = 90 2. 182 - 2 = 180 3. 7 * 7 * 7 = 343 4. 343 : 14 = 24,5

**53)** Ich werde morgen einkaufen. Wird er dieses Jahr in die Ferien fahren? Denk dran, dass deine Mutter bald kommt. Keine Sorge, ich werde es nicht vergessen. Werdet ihr sie nach dem Preis fragen?

**54)** 1. Schule : die 2. Schulhaus : das 3. Höflichkeit : die 4. Höflichkeitsgeste : die 5. Haus : das 6. Hausmeister: der 7. Hausmeisterwohnung : die

**55)** 1. der / die 2. der / die 3. der / das 4. der / das 5. der / die 6. der / das7. der / die

**57)** 1. Während des Essens schaue ich fernsehen. 2. Sie diskutieren über Politik, während sie Musik hören. 3. Er lächelte er das kleine Mädchen an, während er Schlagzeug spielte. 4. Ich öffne die Dose indem ich den Deckel abnehme. 5. Er verlor sich im Alkohol. 6. Er machte ihr Angst, indem er die Katze bedrohte. 7. Sie verscheuchte die Ratte, indem sie das Licht anmachte.

**58)** 1. drei viertel acht 2. halb sechs 3. zehn nach elf 4. fünf nach hallb zehn 5. zehn vor neun

**59)** 1. Räum dein Zimmer auf! 2. Kommt her! 3. Geben Sie mir den Stift! 4. Singt ein Lied! 5. Zieh die neue Hose an! 6. Denk an die Äpfel!

**60)** 1. Räum dein Zimmer auf! 2. Bring den Müll runter! 3. Putz das Bad! 4. Beeil dich! 5. Massier mir die Füße! 6. Füttere die Katze! 7. Mach das Bett! 8. Mach mir einen Tee!

**61)** 1. Ich versuche mich zu konzentrieren. 2. Siehst du ihn im Garten spielen? 3. Er lässt mich immer für ihn einkaufen. 4. Keine Sorge, du kannst ruhig sitzen bleiben. 5. Hast du Lust, morgen essen zu gehen? 6. Ich war sehr zufrieden, sie zu sehen.

**63)** 1. Wer? 2. Wo? 3. Wann? 4. Wie? 5. Warum? 6. Wie viel? 7. Wie alt? 8. Um welche Zeit? 9. Wie oft?

**64)** 1. Im Park spielen nicht viele Hunde. 2. Er kann nicht laufen. 3. Kein Kind bekommt ein Eis geschenkt. 4. Du bekommst kein Buch von mir. 5. Alte Autos sind nicht teuer.6. Ich habe kein Verständnis für deine Situation.

**65)** 1. Ich habe wirklich keine Lust, ihn heute zu sehen. 2. Es stört mich überhaupt nicht, wenn ihr morgen kommt. 3. Vergiss nicht, dass wir morgen keinen Unterricht haben! 4. Sie hat heute keine Zeit für dich. 5. Ich kann dieses Jahr nicht in die Ferien fahren. 6. Wir haben nämlich keine Ferien.

**66)** 1. Die Flasche steht auf dem Tisch. 2. Auf dem Ast sitzt ein kleiner Vogel! 3. Ich stelle den Stuhl in die Ecke. 4. Gestern Abend habe ich ein neues Bild ins Schlafzimmer gehängt- 5. Er steckt sich einen Stift in die Hemdtasche. 6. Das Kissen liegen auf dem Boden.

68) 1. Sie steckt das Geld nicht in ihre Geldbörse. 2. Er hielt seine Freunde nicht auf dem Laufenden. 3. Die Klimaerwärmung ist nicht die entschiedene Ursache für die gegenwärtigen Umweltkatastrophen. 4. Warum bist du auf den Punkt deines Bruders eigentlich nicht eingegangen? 5. Ich habe mich in der Schweiz nicht zu Hause gefühlt 6. Die Katze legt sich wegen der Wärme nicht gerne auf die Heizung. 7. Das Möbelhaus kann die Möbel nicht bis ins Wohnzimmer liefern.

69) 1. Ich habe nicht verstanden, was passiert. 2. Er wohnt nicht in München. 3. Wir kommen morgen nicht. 4. Seid ihr mit dem Essen nicht zufrieden? 5. Sie braucht das Geld nicht.

70) 1. eintausendvierhundertfünfunddreißig 2. zweihundertfünfundsiebzig 3. zweitausendsiebenhundertneunundachtzig 4. achthundertfünfundsechtzig

71) 1. erstens 2. zweitens 3. drittens 4. siebentens 5. zehntens 6. zwölftens

72) 1. die Zimmerpflanze 2. die Preisfrage 3. der Medizinmann 4. der Dauerlauf 5. das Eisbein 6. der Eierlauf

74) 1. Ich lese jeden Tag beim Frühstück Zeitung. 2. Die politische Situation hat sich in den letzten Monaten verbessert. 3. Einmal im Jahr muss mein Vater sich neue Schuhe kaufen. 4. Zu Weihnachten gibt es viele Geschenke. 5. Immer wenn sie müde ist, setzt sich die Katze auf meinen Schoß. 6. Wenn im Sommer die Sonne scheint, gehe ich viel spazieren. 7. In der Schule bekommen wir immer viele Hausaufgaben. 8. Muss ich wirklich morgen zum Essen kommen?

75) 1. Ich bin gestern deinetwegen im Supermarkt gewesen. 2. Er kommt um 5 Uhr mit dem Zug am Bahnhof an. 3. Wir gehen sonntags regelmäßig ins Theater. 4. Fährst du dieses Jahr mit dem Auto in den Urlaub?

76) 1. Das Kind spielt am Nachmittag auf dem Spielplatz. 2. Warum kommst du nicht mit? 3. Claudia muss noch ihre Hausaufgaben machen. 4. Er hat seine Tante lange nicht gesehen. 5. Ich habe keine Zeit zu verlieren. 6. Wir sind letzte Woche in Paris angekommen.

77) 1. Weißt du, wer die Kirschen gegessen hat? 2. Ich frage mich, ob wir morgen ausschlafen können. 3. Versteht jemand, warum es hier so teuer ist? 4. Das ist der Hund, den ich gestern im Park gesehen habe. 5. Wusstest du schon, dass er wieder allein lebt?

78) 1. Ich habe ihn nach mehr Geld gefragt. 2. Wir sind gestern spät nach Hause gekommen. 3. Bist du gestern rechtzeitig aufgestanden? 4. Er hat sich ein Auto gekauft 5. Sie ist lange zur Schule gegangen.

79) 1. gegessen 2. geschlafen 3. geredet 4. gekauft 5. übersetzen: übersetzt 6. studieren: studiert

80) 1. (b) 2. (b) 3. (a) 4. (a) (mais b est possible dans d'autres contextes !) 5. (a)

81) 1. Das Buch wird gelesen. 2. Das Buch wurde gelesen. 3. Das Buch wird gelesen werden. 4. Die Kartoffeln wurden gegessen. 5. Die Kartoffeln sind gegessen worden. 6. Die Kartoffeln werden gegessen worden sein.

82) 1. (a) 2. (a) 3. (b) 4. (b) 5. (a)

83) 1. Der schwarzen Katze wird im Park gefolgt. 2. Das Fenster wurde von einem starken Windstoß aus seinem Rahmen gehoben.3. Ich denke, dass dieses Buch gelesen werden wird. 4. Ich muss Ihnen leider sagen, dass dieses Sofa schon verkauft worden ist. 5. Und so kam es denn, dass die Sache hat erledigt werden müssen. 6. Das Zimmer wird schon aufgeräumt worden sein.

84) 1. Blumen 2. Stühle 3. Schwestern 4. Spiele 5. Kleider

85) 1. die Räder 2. die Autos 3. die Messer 4. die Haare 5. die Federn 6. die Läden 7. die Braten 8. die Töchter

86) 1. Ich weiß nicht mehr, wo mein Auto steht. 2. Ich habe vergessen, wie er heißt. 3. Denkst du daran, Milch mitzubringen. 4. Er kommt morgen, um seine Hose abzuholen. 5. Wir werden früh losfahren und spät zurückkommen. 6. Ich denke nicht, dass er das Richtige tut. 7. Mein Vater, obgleich manchmal etwas zu stur, muss sich wirklich durchsetzen. 8. «Woher kommst du so spät», fragte sie.

87) 1. Ich wohne bei meiner Mutter 2. Er denkt an seine Freundin 3. Kommst du aus der Stadt? 4. Wir essen heut Abend ohne den fehlenden Mitbewohner 5. Sie stellt die Flasche auf den Tisch. 6. Ich fahre zu meiner Oma.

88) 1. Nachdem ich die Tasche auf den Tisch gelegt hatte, nahm ich mein Telefon und steckte es zum Laden in die Steckdose. 2. Die Palme, die zwischen dem Meer und den Hotels wuchs, hatte kleine Wassertropfen an ihren großen Blättern. 3. Neben der schwarzen Katze lag

gewöhnlich ein kleiner grauer Hund, der mit dem Schwanz wedelte, wenn er sein Herrchen sah. 4. Der junge Mann saß den ganzen Abend vor dem Computer und arbeitete an dem Vortrag, den er am nächsten Tag zu halten hatte. 5. Gemäß derStraßenverkehrsordnung ist es untersagt neben und vor dem Gerichtsgebäude zu parken. 6. In wenigen Stunden wird hier die königliche Kutsche den Fluss entlang fahren und schließlich an der Ecke rechts abbiegen. 7. Zu den Linsen wird grüner Spargel an weißer Soße gereicht.

89) 1. Das Buch liegt auf dem Bett. 2. Wir fahren an das Meer. 3. Der Stift ist hinter den Tisch gefallen. 4. Er setzt sich neben sie. 5. Sie hat den ganzen Tag am Strand gesessen. 6. Zwischen ihre und mir lief der Hund hin und her.

90) 1. Ich wohne außerhalb der Stadt. 2. Er dankt seinem Vater. 3. Um Himmels Willen, fahr da bloß nicht hin! 4. Während der Ferien waren wir in Spanien. 5. Trotz des schlechten Wetters gehe ich spazieren. 6. Das ist alles nur deinetwegen.

91) 1. Hast Du schon mal jemanden gesehen, der das so gut kann wie er? 2. Unsereiner wird das nicht schaffen, da können wir uns noch so anstrengen. 3. Wenn man etwas wirklich will, kann man es auch schaffen. 4. Er spricht nur mit schicken Leute, nicht mit meinereiner. 5. Niemand hat je die Rückseite des Mondes gesehen! 6. Hallo? Ist hier jemand?

92) Diese kleine Frau nun war mit mir sehr unzufrieden, immer hatte sie etwas an mir auszusetzen, immer geschah ihr Unrecht von mir, ich ärgerte sie auf Schritt und Tritt; wenn man das Leben in allerkleinste Teile teilen und jedes Teilchen gesondert hätte beurteilen könnte, wäre gewiß jedes Teilchen meines Lebens für sie ein Ärgernis gewesen. Ich hatte oft darüber nachgedacht, warum ich sie denn so ärgerte; mag sein, daß alles an mir ihrem Schönheitssinn, ihrem Gerechtigkeitsgefühl, ihren Gewohnheiten, ihren Überlieferungen, ihren Hoffnungen widersprach, es gab derartige einander widersprechende Naturen, aber warum litt sie so sehr darunter? Es bestand ja gar keine Beziehung zwischen uns, die sie gezwungen hätte, durch mich zu leiden. Sie hätte sich nur entschließen müssen, mich als völlig Fremden anzusehn, der ich ja auch war und der ich gegen einen solchen Entschluß mich nicht gewehrt, sondern ihn sehr begrüßt hätte, sie hätte sich nur entschließen müssen, meine Existenz zu vergessen, die ich ihr ja niemals aufgedrängt hatte oder aufdrängen würde – und alles Leid wäre offenbar vorüber gewesen. Ich sah hiebei ganz von mir ab und davon, daß ihr Verhalten natürlich auch mir peinlich war, ich sah davon ab, weil ich ja wohl erkannte, daß alle diese Peinlichkeit nichts war im Vergleich mit ihrem Leid.

93) 1. Bringst du mir aus dem Urlaub etwas mit? 2. Er hat heut noch nichts gegessen. 3. Warum sich entscheiden? Kaufen Sie einfach beide. 4. Lass ihn doch, wenn er nicht will, er schadet sich nur selbst. 5. Ich brauche ein bisschen frische Luft! 6. So ist das im Leben, hat man viel, ist man viel.

94) 1. Frage: Wen hast du im Park getroffen? 2. Frage: Was hast du gestern gemacht? 3. Frage: Wem gehört das rote Auto? 4. Frage: Woran denkst du? 5. Frage: An wen denkst du? 6. Frage: Wessen Fahrrad steht vor der Tür?

95) 1. Er gehört ihr. 2. Sie mag ihn. 3. Erinnerst du dich an die nette Verkäuferin? 4. Es ist ziemlich teuer. 5. Sie übergab es ihm. 6. Das hat sie sich schon oft gefragt. 7. Sie vertrauen ihm.

96) 1. Ich bin für diesen Vorschlag. Ich bin dafür. 2. Er denkt an seine Katze. Woran denkt er? 3. Die Blumen sind für seine Frau. Sie sind für sie. 4. Stell den Tisch neben den Baum. Stell ihn daneben. 5. Hast du auf deinen Bruder gehört? Ja, ich habe auf ihn gehört.

97) 1. Ich habe gestern seine Mutter angerufen. 2. Hast Du Utes Auto gesehen? 3. Die Schüler lösen ihre Aufgabe. 4. Wo ist denn eure Tasche? 5. Hier sind deine Nüsse.

98) 1. Sie hat ihren Mantel verloren. 2. Das ist seine neue Freundin. 3. Und das ist die Freundin seines Bruders. 4. Hat sie schon mit ihrer Mutter gesprochen? 5. Das ist nur die Folge seiner Unfähigkeit.

99) 1. Ich wasche mich. 2. Ich wasche mir die Hände. 3. Wir kaufen uns ein neues Haus. 4. Sie verstehen sich nicht. 5. Sie hat sich den Arm gebrochen. 6. Er wollte sich nicht unterordnen, musste aber nachgeben. 7. Ihr solltet euch schämen!

100) 1. Die guten Vorsätze, die wir für das nächste Jahr fassen. 2. Hast du das Kind gesehen, das da hinten sitzt? 3. Es ist doch deine Frau, die nicht kommen will! 4. Das sind die Linsen, die wir gestern gegessen haben. 5. Sie wohnt in dem Haus, das am Stadtrand steht?

**101)** 1. Ich sitze auf dem Stuhl, der gestern kaputt ging. 2. Glaubst du an das Versprechen, das dir deine Mutter gab? 3. Es ist Thomas, dessen Freund gestern nicht kam. 4. Familie Schmidt? Der glaube ich nicht ein Wort! 5. Hier ist die Frau, der der Mantel gehört. 6. Eine Kiste, deren Inhalt ich nicht kenne.

**102)** 1. Ich wünschte, ich wäre reich. 2. Wenn er doch endlich käme. 3. Wenn ich könnte, führe ich drei Mal im Jahr in den Urlaub. 4. Dächte nur jemand an mich! 5. Wenn du nicht so lange schliefest, hättest du mehr Zeit für deine Aufgaben. 6. Ich denke nicht, dass das eine gute Idee wäre.

**103)** 1. Da ist das das beste Brot, das ich je gegessen habe! 2. Der größte Park der Stadt, liegt im Norden. 3. In den meisten Fällen kann man nichts machen. 4. Das machst du bei der nächster Gelegenheit. 5. Er ist einer der mutigsten Männer, die ich kenne.

**104)** 1. Er ist aufgestanden, nachdem ich gegangen war. 2. Ich komme danach, erst muss ich noch arbeiten. 3. Denkst du daran, nachher deine Mutter anzurufen? 4. Nach der Schule gehen sie auf den Spielplatz. 5. Nachdem sie im Urlaub war, hat sie ihre Familie besucht. 6. Wollen wir nachher ein Bier trinken?

**105)** 1. Er ist aufgestanden, bevor ich gegangen war. 2. Ich komme, aber vorher muss ich noch etwas erledigen. 3. Bevor deine Mutter anruft, solltest du den Abwasch machen. 4. Vor der Schule gehen sie auf den Spielplatz. 5. Bevor sie im Urlaub war, hat sie ihre Familie besucht. 6. Wollen wir vorher noch ein Bier trinken?

**106)** 1. Ich komme erst um 15 Uhr. 2. Wie kannst du ihn das fragen? Er ist erst 16 Jahre alt! 3. Er verdient nur 1500€ im Monat! 4. So eine Chance bekommt man nur ein Mal im Leben. 5. Nur wer wagt, gewinnt. 6. Sie ist erst vor zwei Stunden angekommen.

**107)** 1. Er kann nicht arbeiten, da er krank war. 2. Dürfen wir nach dem Essen noch fernsehen? 3. Chinesisch kann ich leider nicht sprechen. 4. Der Chef sagt, du darfst heut früher nach Hause!

**108)** 1. schlug geschlagen 2. sandte gesandt 3. kannte gekannt 4. kaufte gekauft 5. gewann gewonnen 6. rief gerufen 7. schnitt geschnitten 8. rannte gerannt 9. liebte geliebt 10. fand gefunden 11. gab gegeben 12. fühlte gefühlt 13. sprach gesprochen 14. wollte gewollt 15. wusste gewusst 16. dachte gedacht 17. vergaß vergessen 18. trank getrunken 19. nahm genommen

**109)** 1. Möchtest du noch eine Tasse Tee? 2. Will er mit ins Kino kommen? 3. Wir wollen nächstes Jahr nach Peru fahren. 4. Sie weiß nicht, was sie will. 5. Sind Sie sicher, dass Sie nichts mehr möchten?

**111)** 1. Muss das sein? 2. Die Bibel sagt, man soll nicht töten. 3. Soll ich dir etwas mitbringen? 4. Ich muss dringend nach Hause. 5. Mein Mann sagt, ich soll schnell nach Hause kommen.

**112)** 1. Ich bestehe auf eine Entschädigung. 2. Er hast sich sehr über das Geschenk gefreut! 3. Fürchtest du dich etwa vor Spinnen? 4. Wir haben überall nach dem Buch gesucht. 5. Die Frau kümmert sich um ihren kranken Mann. 6. Wo warst du? Ich habe eine halbe Stunde auf dich gewartet! 7. Er leidet an einer seltenen Krankheit. 8. Denkst du auch manchmal an mich?

**113)** 1. Wann kommst du zurück? 2. Sagst du mir Bescheid, wenn ich dran bin? 3. Als ich klein war, war ich oft krank. 4. Jedes Mal, wenn wir zu meiner Oma fuhren, wurde ich krank. 5. Ich weiß nicht, wann er Geburtstag hat. 6. Wenn du willst, erledige ich das für dich.

Achevé d'imprimer chez Macrolibros (Espagne)
Dépôt légal : janvier 2015 – 315774/01
N° de projet : 11029629 – janvier 2015